GÜNTER LEIFHEIT

ES MUSS DEN MENSCHEN DIENEN!

Eine Dokumentation von Wolfgang Redwanz

© G. und I. Leifheit Stiftung, Nassau
1. Auflage 2017
Alle Rechte vorbehalten
Gestaltung und Satz: Werbeagentur KOHN GmbH, Nassau
Druck: Görres-Druckerei und Verlag GmbH, Neuwied
ISBN 978-3-86972-041-8

INHALT

Auf den Spuren von Günter Leifheit – Ein Streifzug durch Nassau	7
Zeitzeugen und Dokumente – Zur Quellenlage	11
Die „KAISER"-Zeit von Beierfeld über Witten nach Nassau	14
Die Gründung der Günter Leifheit KG im Jahr 1959	22
Günter Leifheits unternehmerisches Wirken	25
Abschied aus Nassau	105
Die Verleihung der Ehrenbürgerwürde an Günter Leifheit	114
Günter Leifheit als Förderer der Stadt Nassau und der Region	124
Nassau trauert um den Ehrenbürger Günter Leifheit	184
Biografische Ergänzungen	193
Das Wirken der G. und I. Leifheit Stiftung	230
Günter Leifheits Vermächtnis	269
Anmerkungen und Quellenverzeichnis	274

AUF DEN SPUREN VON GÜNTER LEIFHEIT – EIN STREIFZUG DURCH NASSAU

Wer im Jahr 2015 Nassau an der Lahn, eine Kleinstadt mit ca. 5000 Einwohnern, als Besucher erkundet, stößt unweigerlich auf den Namen Günter Leifheit. Zunächst wird er auf etliche von ihm gestiftete Skulpturen, so auf zwei „Flötenspieler", den „Lauscher", den „Lautenspieler", auf den „Denker", das Denkmal „Nassau in aller Welt", in den Lahnanlagen auf die „Musikgruppe" und die Skulptur „Maria mit dem Kind" und schließlich auf die Freiherr-vom-Stein-Statue im gleichnamigen Park, aufmerksam. Geschichtskundigen ist Nassau noch als Freiherr-vom-Stein-Stadt präsent. Wer sich in der Stadt genauer umsieht, findet auch das Günter-Leifheit-Kulturhaus. Auf ganz „handfeste" Spuren stößt man im Freibad, wo sich ein in Beton gegossener Händeabdruck von Günter und Ilse Leifheit befindet. Wer sich für Nassau als Bildungsstandort interessiert, findet den kürzlich gegründeten Leifheit-Campus. Im September 2015 sind in diesem privaten Gymnasium die ersten beiden Klassen des 5. Schuljahres aufgenommen worden. Ebenfalls seit September 2015 findet der „Nassauer Dialog" statt, in Verbindung mit der Freiherr-vom-Stein-Gesellschaft und der G. und I. Leifheit Stiftung. Spricht der Besucher mit kundigen Einheimischen, erfährt er noch weit mehr über vorhandene Spuren von Günter Leifheit in dieser Stadt und auch über aktuelle Ziele der G. und I. Leifheit Stiftung, so die in Planung befindliche Schaffung einer modernen Senioreneinrichtung in Nassau als Non-Profit-Unternehmen und eine bereits auf den Weg gebrachte Stiftungsprofessur zur Geriatrie an der Universität Mainz.

*Das Kunstwerk „Nassau in aller Welt" in der Nähe der Lahnbrücke in Nassau ****** (s. Bildnachweis S. 287)*

Die Stadt Nassau mit ihren markantesten Bauwerken – ein Tempera von Heiner Kohn

Nicht zuletzt erblickt man unweit des Ortszentrums auch die Firmengebäude der heutigen LEIFHEIT AG, die vom Ehepaar Ingeborg und Günter Leifheit hier 1959 als „Günter Leifheit KG" gegründet worden ist. In der Tat verbinden viele – nicht nur im deutschsprachigen Raum, sondern auch europaweit und international – mit dem Namen LEIFHEIT Teppichkehrer und ein breites Sortiment an Küchen- und Haushaltsgeräten. Und viele wissen auch, dass die Produktionsstätte dafür, das Hauptwerk, in Nassau liegt.

Der Nassauer Dr. Hugo Rosenberg hat einmal in einer stärker rückwärtsgewandten Betrachtung die Stadt als eine „glückliche Synthese von Industrie und Kurstadt" bezeichnet.[1] Nassau ist jedoch der Kurstadtcharakter und auch ein Teil der Industrie abhanden gekommen und hat unter der weitgehenden Zerstörung der Innenstadt im Zweiten Weltkrieg stark gelitten. Bezogen auf Günter Leifheit kann man in leichter Abwandlung in Nassau von einer Synthese von industriellem, kulturellem sowie sozialem Engagement sprechen. Die Stadt Nassau hat Günter Leifheit im Jahr 1990 die Ehrenbürgerwürde und Ministerpräsident Kurt Beck im Jahr 2006 den Verdienstorden des Landes Rheinland-Pfalz verliehen. Ingeborg Leifheit (* 5.7.1921) verstarb am 13. März 1999, Günter Leifheit (* 13.12.1920) im 88. Lebensjahr am 2. Juli 2009. Beide sind in einem Grabmal auf dem örtlichen Friedhof beigesetzt worden.

1: *Die Burg Nassau – das Wahrzeichen der Stadt*
1: *Etliche von Günter Leifheit finanzierte Skulpturen prägen das Nassauer Stadtbild.*
3: *Dank der Spende von Günter Leifheit erstrahlt die Kettenbrücke im neuen Glanz.*

EIN STREIFZUG DURCH NASSAU

Nassau ist ein touristischer Anziehungspunkt. Die Lage an der Lahn und die Stammburg des berühmten Grafengeschlechts der Nassauer prägen das Bild und bilden eine besondere Einheit von Natur, Geschichte und Kultur. Allerdings muss auch Nassau auf die Strukturprobleme des ländlichen Raums und den demographischen Wandel überzeugende Antworten finden, und das mit defizitären städtischen Haushalten. Es ist ein Herzenswunsch Wunsch von Günter Leifheit gewesen, der Stadt Nassau dabei zu helfen.

Grund genug, sich mit Günter Leifheit als Mensch, Unternehmer und Mäzen genauer zu befassen und den Versuch zu unternehmen, ihm eine Dokumentation zu widmen. Dafür spricht auch, dass die G. und I. Leifheit Stiftung über seinen Tod hinaus, überwiegend mit den Mitteln, die er gestiftet hat, seine Ziele weiterverfolgt. Insbesondere Ilse Leifheit, der Witwe von Günter Leifheit, ist es ein Anliegen, als Vorsitzende der Stiftung Ideen ihres verstorbenen Mannes in Nassau zu verwirklichen. So betrachtet, ist die Beschäftigung mit Günter Leifheit keineswegs nur eine Retrospektive, sondern auch eine aktuelle Momentaufnahme und ein Blick in die Zukunft von Nassau und der Region.

Das Kapitel „Günter Leifheit und Nassau" ist keineswegs abgeschlossen; man ist gerade dabei, neue Seiten aufzuschlagen.

Die sanierte Friedhofskapelle in Nassau ****

ZEITZEUGEN UND DOKUMENTE – ZUR QUELLENLAGE

Im Kernbereich geht es darum, Günter Leifheits Rolle als Unternehmer und als Mäzen in Nassau darzustellen. Nach recht übereinstimmender Beurteilung aller, die ihn gekannt haben, ist er eine markante und unverwechselbare Unternehmerpersönlichkeit mit besonderen Fähigkeiten im Marketingbereich. In der Region Nassau ist Günter Leifheit auch ein Repräsentant des deutschen Wirtschaftswunders in der Nachkriegszeit. Dieses Bild in möglichst vielen Details herauszukristallisieren, vermögen nur Zeitzeugen, die in seiner Firma gearbeitet oder ihm in beruflicher Funktion begegnet sind. Deshalb stützt sich ein großer Teil – ja, der wesentliche – auf die Befragung von Zeitzeugen, mit dem Charme und den Chancen der „Oral History". Zeitzeugenbefragungen bergen allerdings auch das Risiko einer möglichen Idealisierung und einer Selektion von Erinnerungen; das kann man durch eine Vielzahl von Befragungen und kritischen Nachfragen deutlich minimieren. Die Erinnerungen an Personen, Begegnungen, besondere Ereignisse sind sehr ausgeprägt, stärker als konkrete zeitliche Einordnungen. In einigen Fällen bereitet die Schnittstelle von 1972/1974 Schwierigkeiten bei den Schilderungen. Man ist sich nicht immer sicher, ob ein Ereignis, eine betriebliche Maßnahme vor oder nach 1972/74, also in die Ära von Günter Leifheit oder die Zeit danach fällt. So weit wie möglich werden Dokumente unterschiedlichster Art herangezogen, wobei „Firmenarchive" aus der Zeit von 1954 bis 1974 kaum vorhanden sind und als Materialbasis weitgehend ausfallen. Schriftliche Quellen sind allein schon deshalb wichtig, weil sie zusätzliche Informationen beinhalten und in Zweifelsfällen auch genauere Datierungen ermöglichen. Bei den Befragungen haben die Mitarbeiterinnen und Mitarbeiter selbst etliche Dokumente ganz unterschiedlicher Art – vom Lehrvertrag über Lehrlingsbriefe der Firma, Einladungen, Auszeichnungen, schriftliche Beauftragungen bis hin zu persönlichen Briefen – beisteuern können, was die Methode der „Oral History" wesentlich ergänzt und absichert. Die Gesamtheit dieser Dokumente, die Zeitzeugen im Rahmen dieser Befragungen zur Verfügung gestellt haben, wird zu einem der wichtigsten Pfeiler, auf die sich diese Dokumentation stützen kann. Die Namen aller Befragten sind im Quellenverzeichnis beigefügt.

Mancher wird hier sicherlich auch Namen vermissen. Dafür kann es zwei Ursachen geben. Zunächst ist eine Beschränkung der Zahl der Zeitzeugen unvermeidbar, da Zeitzeugenbefragungen einschließlich der Notwendigkeit späterer Rückfragen zeitaufwendig sind. Die Auswahl darf allerdings nicht nur auf Zufällen beruhen, sondern muss soweit wie möglich repräsentativ für verschiedene Bereiche sein. In einigen wenigen Fällen hat der/die ein oder andere Angesprochene nicht als Zeitzeuge zur Verfügung stehen wollen, was zu respektieren ist, insbesondere bei hochbetagten Personen. Der Autor hofft, dass er aufgrund der Hinweise, die er im Lauf der Recherchen erhalten hat, doch mit genügend Personen hat sprechen können, die Wichtiges zu Günter Leifheit beitragen können. Das bezieht sich jedenfalls auf die Tätigkeit von Günter Leifheit als Unternehmer und auf sein Mäzenatentum in Nassau und in der Region – den beiden eindeutigen Schwerpunkten der Dokumentation. Das Zusammenfügen der vielen Details aus Dokumenten und Schilderungen von Zeitzeugen ermöglicht eine große Annäherung an ein realistisches Bild von Günter Leifheit als Person, Unternehmer und Förderer, ohne dass man damit vollständig ermittelt hat und alle Interpretationsspielräume ausräumen kann.

Recht gut dokumentiert – durch Zeitungsartikel, Protokolle aus öffentlichen Stadtratssitzungen und auch Briefe von und an Günter Leifheit – ist das Mäzenatentum, insbesondere in den Jahren 2000 bis 2009. Schwieriger in der Darstellung gestalten sich die Jahre, bevor Günter Leifheit sich 1954 in Nassau niedergelassen hat, und seine Jahre in der Schweiz nach seinem Wegzug aus Nassau. Da die Schwerpunkte der beabsichtigten Dokumentation eindeutig auf Günter Leifheits unternehmerischer Tätigkeit und seiner Rolle als Mäzen in Nassau und in der Region liegen, ist jedoch in der Verbindung von Zeitzeugen mit der vorhandenen Dokumentenlage eine recht detaillierte Darstellung möglich.

Günter Leifheit hat kein betriebs- oder volkswirtschaftliches Fachstudium absolviert. Er ist außerordentlich begabt, aufnahmefähig und erfahrungsorientiert, mindestens im doppelten Sinne „unternehmungslustig", hat Humor, ein unverkennbares Lachen und liebt Geselligkeit. Mit einer allzu nüchternen dokumentarischen Arbeit, die sich an Theorien und Systematik orientiert und das auch in Analyse und Sprache zum Ausdruck zu bringen versucht, kann man weder ihm, noch den Zeitzeugen gerecht werden, die ihn alle sehr plastisch und anschaulich schildern. Eine Dokumentation über Günter Leifheit sollte das widerspiegeln und Raum geben für eine mehr erzählende Wiedergabe seines unternehmerischen Wirkens. So kann man am ehesten den spannenden Vorgang der Unternehmensgründung, sein unverwechselbares Führungstalent und auch die Art und Weise seines späteren Mäzenatentums in Nassau und Umgebung beschreibend nachvollziehen. Zumindest punktuell und beispielhaft kann dabei auch die Art seiner Artikulation und die Wirkung auf seine Mitarbeiterinnen und Mitarbeiter aufleuchten, die heute nach Jahrzehnten noch gerne typische Situationen bis hin zu Dialogelementen, meist schmunzelnd, wiedergeben. Und da muss auch Platz für einige Anekdoten sein, die in pointierter Weise zur Charakterisierung Günter Leifheits beitragen.

Die Geschichte der Firma Leifheit ist auf Günter Leifheit fokussiert, ohne dabei allerdings das Wirken anderer – allen voran seiner Frau Ingeborg – außer Acht zu lassen. Diese Dokumentation setzt jedoch nicht systematisch bei der Geschichte der LEIFHEIT KG an, sondern rückt Günter Leifheit mit seinem Handeln in den Vordergrund, wobei sich dabei nicht unerhebliche Schnittmengen zwischen Unternehmer- und Unternehmungsgeschichte ergeben.

Es versteht sich auch, dass es in mehrfacher Hinsicht in der Darstellung Verantwortungsbewusstsein und Fingerspitzengefühl bedarf. Die Biographie eines Unternehmers dient nicht dazu, in die letzten Ecken seiner Finanzgeschäfte und seines Privatlebens hineinzuleuchten; das gilt für jede zeitgenössische Biografie, so auch für Günter Leifheit. Behutsamkeit ist auch für den Umgang mit den Berichten der Zeitzeugen erforderlich, beispielsweise in Fällen abweichender Erinnerungen an Günter Leifheit und ihn betreffender Ereignisse. Das gilt ebenfalls für die Schilderung der Rolle lokaler Akteure, seien es kommunalpolitisch Tätige oder Bürgerinnen und Bürger in Vereinen und Genossenschaften. Bei der G. und I. Leifheit Stiftung liegt der Fokus ausschließlich auf Aktivitäten und Fördermaßnahmen.

Dennoch gilt insgesamt die Devise: soviel Offenheit wie möglich!

DIE „KAISER"-ZEIT: VON BEIERFELD ÜBER WITTEN NACH NASSAU

Günter Leifheits Einstieg in die Wirtschaft findet unter den Vorzeichen der desolaten Folgen des Zweiten Weltkrieges statt. Zur Kennzeichnung der wirtschaftlichen Situation mag ein Blick auf die Währungsreform in Westdeutschland helfen, die im Jahr 1948 stattfindet. Die Reichsmark war als Zahlungsmittel unbrauchbar geworden, zu groß war die Diskrepanz zwischen Geld- und Warenmenge, die eine Flucht in die Sachwerte auslöste und einen „blühenden" Schwarzmarkt und Tauschhandel zur Folge hatte. Hinzu kamen die Probleme durch die Aufteilung Deutschlands in vier Besatzungszonen. Die Siegermächte hatten „Demokratisierung, Denazifizierung, Dezentralisierung und Demontage" als Zielvorstellungen für Deutschlands Neuordnung vorgegeben. Letzteres sollte die deutsche Schwerindustrie schwächen und – und insbesondere in der SBZ – auch auf Reparationszahlungen in Form von Industrieanlagen hinauslaufen.

Vor diesem Hintergrund wird auch die Geschichte der Firma W.F. Kaiser & Co. nachvollziehbar, in die Günter Leifheit nach der Heirat mit Ingeborg Kaiser am 21. Dezember 1948 eintritt. Er selbst hat sich unmittelbar nach dem Krieg eine Existenz als selbständiger Handelsvertreter für Schmieröle aufgebaut und so auch den Weg in die Firma KAISER gefunden und auf diese Weise Ingeborg Kaiser kennengelernt. Wetter, der Geburtsort von Günter Leifheit, und Witten, die Produktionsstätte von KAISER nach dem Zweiten Weltkrieg, sind Nachbarorte an der Ruhr. Für die Anfänge der Firma KAISER in Beierfeld liegen dem Autor keine originalen Dokumente vor. Drei Zeitzeugen und eine Chronik erlauben jedoch eine Darstellung der Eckdaten der Firma. Es handelt sich um

- Günter Leifheit selbst, basierend auf den Erinnerungen von Ingeborg Leifheit,
- Christian Gross, der bis 1962 in Schwarzbach in der Nachbarschaft von Beierfeld gewohnt hat, dessen Eltern bis zum Kriegsende zwei Eisenwarenfabriken im Umfeld von Beierfeld betrieben haben und dessen Großvater Curt Gross der Taufpate von Ingeborg Kaiser gewesen ist,
- Joachim Rüdler, der amtierende Bürgermeister von Beierfeld, den Marga Maxheimer, eine Mitarbeiterin bei LEIFHEIT, 1999 dazu befragt hat, und
- eine knappe Chronik der Firma Kaiser, die 1994 für die 75 Jahr-Feier erstellt worden ist.

Im Jahr 1919 gründete Wilhelm Ferdinand Kaiser, Offizier im Ersten Weltkrieg und Schwiegervater von Günter Leifheit, in Beierfeld im Erzgebirge den Großhandel W.F. Kaiser für Metallwaren. Er hat drei Töchter: Erika, Lore und Ingeborg

(* 5.7.1921). Die Firma KAISER ist bis zum Ende des Zweiten Weltkrieges vor allem ein Handelsunternehmen. Das Gelände heißt heute noch im Volksmund „Kaiser-Lager", und das gegenüberliegende damalige Bahnhofshotel und Gasthaus wurde als „Kaiserhof" bezeichnet, durchaus ein Indiz für die Bedeutung des Warenumschlags an diesem Ort. Die Firma handelte mit Produkten anderer Kleinerzeuger als „Generalvertreter" und hat höchstens mit 1-2 Maschinen selbst produziert, so Joachim Rüdler.[1] Christian Gross, der diese Angaben bestätigt, weiß, dass es sich dabei um Küchensiebe gehandelt hat. Das Erzgebirge – Namen sind Zeichen – hat eine lange Bergbautradition. Eine große Rolle in der Industrie des Erzgebirges spielten Haushaltsgeräte. Es gab Betriebe, die nur Haushaltsgeräte herstellten. Und so wuchs auch das Handelsunternehmen.

Ingeborg und Günter Leifheit in jungen Jahren

Für 1929 bilanziert die KAISER-Chronik: „Kaiser besitzt bereits einen festen Kundenstamm. Neben Kaufhof wird das Tietz-Warenhaus, später Hertie und der Nürnberger Bund mit Haushaltsgeräten beliefert. Als erster amerikanischer Konzern wurde Woolworth in den 30er Jahren in Berlin mit Haushaltsgeräten durch KAISER beliefert."[2]

Als das Ruhrgebiet 1944 bombardiert wurde, führte das zu einer geplanten Einquartierung der Firma Wickmann AG in den Kaiser-Betrieb. Diese hatte – nachzulesen in einer Abhandlung der Werksgeschichte – „großen Anteil an der Entwicklung von elektrischen Sicherungen für unterschiedlichste Anwendungen" und war vor allem auch für die Rüstungs- und Kriegsindustrie von Bedeutung. Seit 1923 fertigte das zunächst 1918 in Dortmund auf Reparaturen konzentrierte Unternehmen auch elektrische Sicherungen und siedelte mit dem Hauptsitz 1930 nach Witten-Annen an der Ruhr um. Wilhelm Ferdinand Kaiser, so berichtet Günter Leifheit, stellte den Direktoren bei der Einquartierung die halbe Villa zur Verfügung. Diese Direktoren boten, so Günter Leifheit, der Familie Kaiser an, im Falle einer Flucht nach Witten zu kommen. In welcher Form die Hilfe stattgefunden hat, ist nicht belegt. Jedenfalls wird die Firma KAISER 1945/46 in Witten neu gegründet und nimmt nun die Produktion von Backformen aller Art auf.

Die Umstände waren recht dramatisch. Wilhelm Ferdinand Kaiser wurde in der SBZ für ein halbes Jahr inhaftiert, weil er nicht das Warensortiment zu 100 Prozent an die sowjetische Besatzung übergeben hatte. „Meine Frau Ingeborg ist rechtzeitig, bevor die Russen einmarschierten, mit dem Fahrrad nach Hessen geflohen." Sie floh auf den Hof der Großeltern nach Alsfeld, wo sie zunächst in der Landwirtschaft mitarbeitete. Karl Sondermann, Günter Leifheits späterer Schwager, der 1945 Lore Kaiser heiratete, hatte es geschafft, einen Wagen zu retten und nach Hessen zu bringen. Mit diesem Wagen sei die Familie Kaiser nach Witten gekommen. Der Wagen sei dort von der Entnazifizierungsbehörde allerdings beschlagnahmt worden. Günter Leifheit berichtet, dass auch er 1949 versucht habe, mit Ämtergängen diesen Wagen zurückzubekommen, aber erfolglos. Eine Stahlpresse, welche die Eltern noch kurz vor der Währungsreform erwerben konnten, war der Grundstein für die Produktion von Backformen.[3] Über die Art des unternehmerischen Wiedereinstiegs von W.F. KAISER gibt es in etlichen Details abweichende Schilderungen, die z.T. noch in Pressemeldungen 1994(!) im Zusammenhang mit dem 75-jährigen Jubiläum von KAISER ihren Niederschlag gefunden haben. Ingeborg Leifheit hat das zu einer „Richtigstellung" in der Zeitung veranlasst.[4] Nach der Eheschließung von Günter Leifheit und Ingeborg Kaiser im Jahr 1948 wird die Firma gleichberechtigt von den beiden Ehepaaren geleitet, sicherlich nicht ganz spannungsfrei.

Folgt man Günter Leifheit, dann konnte man in Witten das Gebäude einer Glasspinnerei übernehmen, die vorher Matten für U-Boote produziert hatte. „Kaiser Backformen" waren auf Blech angewiesen, und das war in diesen Jahren nicht leicht zu erhalten. Man musste mit den Stahlwerken verhandeln, um etwas zu bekommen. Günter Leifheit merkt an: „Später kamen sie zu uns, um ihr Blech zu verkaufen." Auch die Produktionsbedingungen waren wegen des Mangels an Ausdehnungsmöglichkeiten und den beengten Arbeitsverhältnissen und der Anordnung der Hallen nicht sehr günstig. Dort wurde dann bis 1954 produziert.

Ein Umzug der Firma W.F. Kaiser & Co war unumgänglich. Ein Freund aus dem Erzgebirge, selbst auf der Suche nach einer Produktionsstätte, machte die Familien Leifheit und Sondermann auf eine Halle in Nassau aufmerksam: „Das ist die ideale Halle für Euch." Günter Leifheit erinnert sich: „Meine Frau und ich kamen daraufhin 1954 zweimal nach Nassau ...", allerdings ohne sich vorher bei der Stadtverwaltung anzumelden. Das Stadtratsprotokoll vom 30. April 1954 weist jedoch aus, dass der erste Fühler der Firma Kaiser schon 1951 nach Nassau ausgestreckt worden war, was jedoch rasch an finanziellen Fragen gescheitert ist. Immerhin trafen Günter und Ingeborg Leifheit 1954 den Inspektor Wilhelm Gabel an. Beim zweiten Besuch im Jahr 1954 wurde dann der Büroleiter Willi Steinhäuser aufmerksam und kam mit Mitarbeitern nach Witten-Annen. „Und dann kamen der Bürgermeister und der ganze Stadtrat", so Günter Leifheit, um sich vor Ort ein Bild zu machen. Von der Treuhandgesellschaft Rheinland-Pfalz ließ man die Solidität der Firma überprüfen, die in ihrer Branche als Marktführer in Deutschland galt. Bürgermeister Paul Schneider (1948-1974) und der Landrat des damaligen Unterlahnkreises, Walther Meyer-Delvendahl (1950-1958) schalteten sich nun unterstützend ein. Die Ehepaare Leifheit und Sondermann fuhren gemeinsam mit Bürgermeister und Landrat nach Mainz ins Ministerium. Es sollte vor allem ein Weg gefunden werden, wie die Firma Kaiser einen Kredit von 35.000 DM in Nordrhein-Westfalen ablösen könne. Die Ministerialbeamten sahen dabei allerdings nur die Möglichkeit, dass die Firma das über den Kapitalmarkt selbst regeln müsse. Leifheit im Originalton: „Die hatten keine Ahnung. Wie sollten wir vom freien Kapitalmarkt Geld kriegen."

Günter Leifheit und Irmgard Meyer-Delvental

Amtsleiter Willi Steinhäuser

Man kehrte frustriert nach Nassau zurück. Udo Steinhäuser, seit 1963 bei LEIFHEIT beschäftigt, seit 1972 als Vertriebsleiter Export, schildert, was dann passierte, als die „Ansiedlung auf Messers Schneide" stand. „Im Café Bressler zog man meinen Vater, den damaligen Amtsleiter Willi Steinhäuser, zu Rate und dieser fand die Lösung. Man verkaufte Holz, um die notwendige Infrastruktur zu finanzieren. Das Land Rheinland-Pfalz wollte in dieser armen Zeit kein Geld herausrücken." [5] Das Problem gelöst hatten also Bürgermeister Paul Schneider und Willi Steinhäuser, der „schlaue Willi", wie Günter Leifheit ihn später genannt hat. Die Stadt Nassau nutzte ihr Recht zum Holzeinschlag und machte somit den Wald zur Quelle für Wiederaufbaumaßnahmen. Mit diesem Geld kaufte die Stadt die Reichsgetreidehalle, die bis dahin dem Bund gehört hatte, in drei Raten für 65.000 DM.

Diese Schilderung von Günter Leifheit wird durch das Stadtratsprotokoll vom 30. April 1954 und die Berichterstattung im Nassauer Anzeiger vom 4. Mai 1954 bestätigt. In der Stadtratssitzung stand als Punkt 1 auf der Tagesordnung:

„Industrieansiedlung; hier (a) Beschluss über den Ankauf und den Ausbau der Reichsgetreidehalle für betriebliche Zwecke". Unter (b) galt es einen Beschluss über die Aufbringung der dafür erforderlich Mittel zu fassen.

Bürgermeister Schneider gab zunächst einen Überblick über die Entwicklung der Verhandlungen zur Industrieansiedlung und erörterte die Schwierigkeiten, die bisher nicht aus dem Weg geräumt werden konnten. Die Verhandlungen über den Kaufpreis der Halle, die sich ja im Bundeseigentum befand, erwiesen sich als schwierig und endeten nach einem Verhandlungspoker zwischen 38.000 DM, so die kommunale Abschätzung des Wertes, und 100.000 DM, so die Forderung des Bundes, bei 65.000 DM. Schließlich kam eine Einigung zustande auf der Grundlage, dass das Unternehmen die Umzugskosten selbst übernehme und die Stadt Nassau die Halle ausstatte, und zwar mit einem Estrichfußboden, mit Beleuchtung, Wasserleitung und Kanalisation. Weiter hatte die Kreisverwaltung eine fühlbare Unterstützung zugesagt, die sich an der Höhe der Kreisumlage eines Jahres bemessen und schließlich doch den größeren Teil der Umzugskosten abdecken sollte." [6)] Man war sich auch bewusst, dass das Gelände nicht absolut hochwassersicher sei. Vom Regierungspräsidenten in Montabaur, der insgesamt Bedenken hatte, gab es keinerlei Unterstützung.

Nach Beendigung einer langen Debatte nahm der Stadtrat folgenden Beschluss einstimmig an: „1. Erwerb der Getreidehalle auf der Elisenhütte zum Kaufpreis von 65 000 DM ... 2. Durchführung einer Sonderholzfällung (Erlös 30 000 DM), 3. Verpachtung der Halle an die Fa. Ferdinand Kaiser, Blechwarenfabrik, zum Pachtpreis von 350 DM monatlich ..." (Stadtratsprotokoll vom 30. April 1954; Nassauer Anzeiger, 4. Mai 1954)

Stadtbürgermeister Paul Schneider *

Günter Leifheit erwähnt 2005, die Halle mietfrei erhalten zu haben. In diesem Detail spricht mehr für die vom Stadtrat festgelegte Regelung. Die Firma Kaiser hat schließlich nach 10 Jahren die Halle zum Preis von 65.000 DM erworben und dabei, wie es das genannte Ratsprotokoll ausweist, auch 6 % Zinsen leisten müssen.

Der Nassauer Anzeiger drückt im Untertitel die mit der Ansiedlung verbundenen Hoffnungen aus: „Unternehmen beschäftigt 175 Personen, die aus der engeren Heimat dort Arbeit finden. Lohnsumme jährlich 450.000 DM, von der der größte Teil in Nassau bleiben wird."

Im Juli 1954 wird mit 21 Bahnwaggons und 12 Lastwagen der Betrieb der Firma Kaiser nach Nassau/Lahn umgesiedelt.[7)]

Es war keineswegs von vornherein klar, dass ausschließlich Nassau für die Standortwahl der Firma Kaiser in Frage kam. So gab es aus Eschwege in Hessen ein Angebot mit recht günstigen Startkonditionen. Günter Leifheit schildert, dass seine Frau Ingeborg Angst davor hatte, sich in nächster Nähe zur „Sowjetisch besetzten Zone" niederzulassen; deshalb habe man sich für Nassau entschieden. Für Nassau sprach auch die Nähe zum Rohstofflieferanten, dem Walzwerk Neuwied, von dem die Firma ihr Weiß- und Schwarzblech bezog, worauf Bürgermeister Schneider in der Ratssitzung vom 30. April 1954 hingewiesen hatte.

Günter Leifheit hat nicht vergessen, wer die Niederlassung in Nassau ermöglicht hat. Am 31. Mai 1974 schreibt er „Bürgermeister Paul Schneider a.D." an und dankt ihm „für die gute Zusammenarbeit im Laufe der vergangenen 21 Jahre".

„Ihrer Initiative, ihrem Beharrungsvermögen und ihrer Durchsetzungskraft ist es zu verdanken, dass die Verlagerung der Firma ‚W.F. Kaiser und Co' von Witten nach Nassau im Jahre 1954 durchgeführt werden konnte." [8] 1959 sollte die Unterstützung durch Bürgermeister Paul Schneider erneut eine wichtige Rolle spielen.

Die Umsiedlung der Firma Kaiser u. Co. erfolgte 1954 auf den Hollerich in Nassau. Innerhalb von zwei Wochen war man dorthin umgezogen. Die sogenannte Reichsgetreidehalle wurde Anfang der 30er Jahre auf der Elisenhütte errichtet. „Als Lagerhalle fand sie nie Verwendung. Nach 1945 diente die Halle vielen Betreibern als Notunterkunft. Die Firma Albert Twer, die Grabstein- und Zementfabrik Eschenauer, die Strickwarenfabrik Savana, die Möbelfabrik Hansen, die Schreinerei Rinn – alle diese Firmen waren nur vorübergehend in der Halle tätig", so ist es einem Info-Kasten aus, der „Firmengeschichte in den Worten von Günter Leifheit" zu entnehmen, der jedoch nicht Autor dieser zusätzlichen Erläuterungen ist.

Dann war es die Firma Kaiser & Co, die diese Halle bezog und hier ausgezeichnete räumliche Entwicklungsmöglichkeiten vorfand. Man behielt aus gutem Grund den Firmennamen bei und auch das Sortiment. Die Produktpalette wurde erheblich erweitert. Es wurden Garnierspritzen oder Tüllen hergestellt in vielfältigen Variationen oder auch Ausstechformen für Weihnachtsgebäck in Stern- oder Herzform. Die Firma expandierte stark. Die beiden Kaiser-Schwestern Ingeborg und Lore führten gemeinsam mit ihren Ehemännern die Firma gleichberechtigt. Günter Leifheit bekennt 2005 – da ist er 84 Jahre alt – freimütig und mit diplomatischer Gelassenheit: „Aber mit den Sondermanns verstand ich mich nicht so besonders." Johannes Liebscher hat Spannungen zwischen Günter Leifheit, der für den Vertrieb zuständig war, und Karl Sondermann, dem der Innenbetrieb oblag, häufiger beobachten können. Günter Leifheit sei schneller, spontaner, impulsiver und Karl Sondermann zurückhaltender gewesen. „Karl, das musst Du so machen", sei da häufig zu hören gewesen. Das lässt auf unterschiedliche Auffassungen in Temperament und Unternehmensführung schließen. Man kann jedoch unabhängig davon vermuten, dass es sowohl dem Naturell von Günter als auch von Ingeborg Leifheit entsprochen hat, in eigener Entscheidung und Verantwortung ein Unternehmen führen zu wollen.

Konsequenz war die Trennung im Jahr 1959. Wilfried Treis, der seine Lehre zum Maschinenschlosser noch von 1958 bis 1961 bei der Firma KAISER absolviert hatte, erinnert sich, dass die für die Produktion benötigten Maschinen dort in die Jahre gekommen waren und aufgrund verschärfter Sicherheitsbestimmungen teilweise nachgerüstet werden mussten. Er weiß auch, wie das ganze Inventar der Firma registriert und im Wert geschätzt wurde, um den Anteil zu ermitteln, der dem Ehepaar Leifheit zustand. Derartige Wertschätzungen und der daraus resultierende Anteilsverkauf sind komplexe Vorgänge, für die dem Autor keine Unterlagen vorliegen. Durch Vermittlung eines Frankfurter Anwalts erstellte Dr. Bernhard Bellinger die Wertanalyse für das Ehepaar Leifheit beim Ausscheiden bei KAISER.

Das Ehepaar Leifheit hat seinen „50%-OHG Anteil der Firma Kaiser & Co. an die Firma Tomado N.V., Dordrecht, verkauft" [8] und einen Tag nach der Kaufpreisüberweisung Kaiser & Co. verlassen. Tomado vertrieb Drahtartikel; bereits 1953 produzierte der Niederländer D. Dekker mit einem Regal aus Stahl einen Verkaufsschlager. Auch Günter und Ingeborg Leifheit hatten kurzfristig durchaus damit geliebäugelt, Möbel aus Leichtmetall herzustellen, wie Johannes Liebscher bestätigt. Die technischen Probleme in der Fertigung wären dabei nach gemeinsamer Auffassung überschaubar. Christian Gross berichtet, dass Ingeborg und Günter Leifheit sich im Saarland über die Herstellung von Spiegeln erkundigt hätten. Gemeinsam mit Curt Gross, dem Vater von Christian Gross, sei man nach Solingen gefahren und habe die Möglichkeit erhalten, den Watermop bei KAISER zu produzieren. Man war zunächst keineswegs ausschließlich auf die Produktion von Teppichkehrern festgelegt.

Es liegt nahe, dass Günter und Ingeborg Leifheit bei einer Neugründung ihre bisherigen beruflichen Kenntnisse als Kapital mit einbringen wollten. Sie verfügten über Erfahrungen in der Metallverarbeitung und im Marketing für Haushaltswaren. In diesem Fadenkreuz galt es, sich unternehmerisch in eigener Verantwortung erfolgreich zu platzieren.

DIE GRÜNDUNG
DER GÜNTER LEIFHEIT KG IM JAHR 1959

Auf der Au wurde eine Halle frei, weil ein Hersteller von Kunstoff-Produkten aus Nassau weggezogen war. Günter und Ingeborg Leifheit erwarben die „Breitfeld'sche Halle" für 75.000 DM. Sie haben sie ausgebaut und dort neu angefangen. Das war keineswegs selbstverständlich. Das Ehepaar hatte sich auch an Mosel, Ahr und Rhein Produktionsstätten angesehen, zumal der Arbeitskräftemangel schon der Firma KAISER zu schaffen gemacht hatte. Schließlich stand es Spitz auf Knopf zwischen Mosel und Lahn. Da war es wieder vor allem Bürgermeister Paul Schneider, der großes Interesse an einer Neugründung in Nassau hatte, so Günter Leifheit.

Der Bürgermeister versprach, sich mit der Stadtverwaltung für eine Unterstützung einzusetzen, sowohl im Hinblick auf die Beschaffung von Grundstücken als auch für deren Erschließung durch eine Wasserver- und -entsorgung. „In der damals für uns schweren Zeit der Entscheidungsvorbereitung fanden nur Sie, in guter Voraussicht, das Wort des Vertrauens", so Günter Leifheit in dem bereits zitierten Brief vom 31. Mai. 1974. Er fügte auch hinzu, dass die Firma das Vertrauen durch außerordentliche Gewerbesteuerzahlungen gerechtfertigt habe. Ein typischer Grundzug von Günter Leifheit: Er vergisst auch nach vielen Jahren nicht die, die ihm in schwierigen Situationen geholfen haben.

In der Stadtratssitzung vom 29. Mai 1959 findet sich im nichtöffentlichen Teil unter „Grundstücksfragen" der Tagesordnungspunkt: „Antrag Leifheit auf Ankauf von Splitterparzellen, die ... das Industriegelände umgrenzen" und in der Sitzung vom 15. Juli 1959 der Punkt: „Verkauf der das Industriegelände Breitfeld umgrenzenden Splitterparzellen an Günter Leifheit." Der Antrag wurde mit 17 Ja-Stimmen und drei Enthaltungen angenommen. Im zweiten Beschluss wurde der Preis auf 1,10 DM pro Quadratmeter festgesetzt, mit 11 Ja- und 5 Gegenstimmen und 2 Enthaltungen. Einige Nassauer erinnern sich, dass es auf dem Gelände Schrebergärten und Spargelanbau gegeben habe. Mehrere Parzellen seien auch im Besitz der Grafen von Kanitz gewesen. Im Bauscheinverzeichnis (17.1947-19.3.1973) ist bereits eine Erweiterung der Fabrikanlagen am 2.10.1959 vermerkt und am 12.10.59 schon deren Genehmigung.[1)]

Günter und Ingeborg Leifheit gründeten das Unternehmen am 11. September 1959 mit dem Ziel, „nicht-elektrische Reinigungsgeräte für den privaten Haushalt" herzustellen und zu vertreiben. Es gehörte erheblicher unternehmerischer Wagemut dazu, einen großen Teil des Privatvermögens, resultierend aus dem Verkauf des Firmenanteils an KAISER und aus Aktiengewinnen von Günter Leifheit, in die Entwicklung und Produktion von Haushaltsgeräten zu investieren. Karl-Heinz Dieckmann spricht von einem holprigen Start, bei dem das finanzielle Polster zunächst bis auf 200.000 DM zusammengeschmolzen sei.

Die Firma wird als „KG" gegründet, womit einerseits die persönliche Haftung in Verbindung mit guter Kreditwürdigkeit und andererseits die vollständige verantwortliche Leitung beim Ehepaar Leifheit verbleibt. Man firmiert unter dem Namen

Firma Günter Leifheit KG Metallwarenfabrik Nassau/Lahn.
Bald finden die Großbuchstaben LEIFHEIT Verwendung.

LEIFHEIT ist eine Erfolgsgeschichte, die ihresgleichen sucht. Sie passt exemplarisch in das (west-)deutsche Wirtschaftswunder, an dem die LEIFHEIT KG in der Region Nassau maßgeblichen Anteil hat. Die Bundesrepublik Deutschland wird in dieser Zeit mit Adenauer (1949-1963), Ludwig Erhard (1963-1966) und Kurt-Georg Kiesinger (1966-1969) von CDU Kanzlern, zunächst in Koalition mit der FDP und der DP, und von 1966 an in einer Großen Koalition mit der SPD regiert. Ludwig Erhard ist von 1949 bis 1963 Wirtschaftsminister; ihn hat man als „Vater des Wirtschaftswunders" und als Verfechter der „Sozialen Marktwirtschaft" bezeichnet, deren Konzept er übernommen hat. Sowohl die politische Situation als auch dieses Wirtschaftskonzept kamen Günter Leifheit sicherlich entgegen, da sie unternehmerische Freiheiten förderten und darin eine Quelle des „Wohlstands für alle" sahen, so der Buchtitel von Ludwig Erhard aus dem Jahr 1957.

Im stark zerstörten Nassau waren die Kriegsfolgen 1959 keineswegs schon beseitigt. Am 2. Februar 1945 kam es zu einem ersten und am 19. März 1945 zu einem zweiten überraschenden Luftangriff durch alliierte Bomber auf Bad Nassau. Dies erfolgte, obwohl der Ort als Kur- und Lazarettstadt ausgewiesen und das Kurhaus-Dach sowie das Kölner Heim und das Nassauer Krankenhaus (Henrietten-Theresen-Stift) mit einem Roten Kreuz gekennzeichnet waren. „Das Stadtgebiet war eine gespenstische, trostlose Trümmerstätte, …"[2)] und zu über 90 % zerstört.

Und gerade im ländlichen Raum, in dem sich Schritt für Schritt auch Konzentrationsprozesse in der Landwirtschaft vollzogen, was zur Aufgabe von selbständigen bäuerlichen Betrieben führte, waren die Lebensbedingungen keineswegs „wirtschaftswundermäßig". Insgesamt – und das galt auch für Nassau – ging es in der Entwicklung aufwärts, woran die LEIFHEIT KG in dieser Region besonderen Anteil hatte.

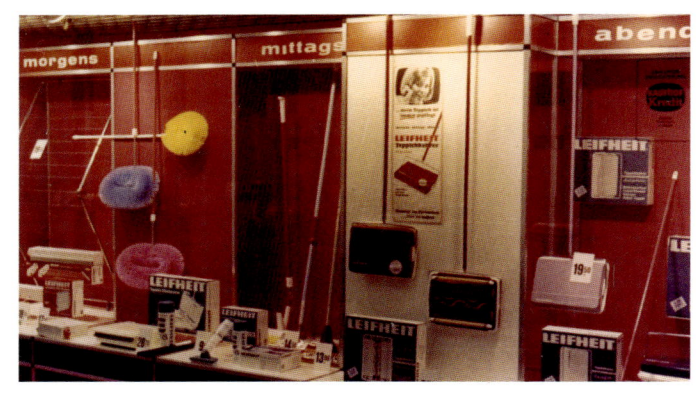

Ausstellungswand im Eingangsbereich der LEIFHEIT KG

Die Entscheidung, in einer neuen Firma Teppichkehrer zu produzieren, fiel nicht zufällig. Zunächst gab es nach den Mangeljahren des Krieges und der ersten Nachkriegsjahren die sogenannte „Fresswelle"; sie war gekennzeichnet durch gefüllte Regale und Heißhunger nach reichlichem und gutem Essen. Ihr folgte die „Bekleidungswelle" und dieser die „Einrichtungswelle" und schließlich die „Auto- und Reisewelle". Deutlich erkennbar lag eine Entwicklung von Existenz- zu Kultur- und in Teilen auch zu Luxusbedürfnissen vor.

Die Gründung der Firma LEIFHEIT KG profitierte von den Erfahrungen aus der Firma Kaiser, dem unternehmerischen Geschick und Können von Ingeborg und Günter Leifheit und der Nutzung der „Einrichtungswelle", des steigenden Wohnkomforts, der der Pflege bedurfte. Außerdem galt es, den Trend zur Vereinfachung und Erleichterung der Hausarbeit zu nutzen. Zu dieser „Einrichtungswelle" gehörte auch die Anschaffung von Teppichen. „Die Teppichproduzenten erkannten den Markt für ‚Auslegware', das sind Teppichböden von Wand zu Wand. Da Teppiche und Teppichböden fast täglich von Staub, Schmutz und Krümeln gereinigt werden müssen, das Benutzen eines Staubsaugers dafür oft sehr umständlich ist, erweist sich der Teppichkehrer als ideales, praktisches und zeitsparendes Zweitgerät." [3] Man kann allerdings davon ausgehen, dass für viele Haushalte der Teppichkehrer auch als „Erstgerät" in dieser Zeit eine Rolle spielte. Staubsauger waren auch nicht ganz billig.

Vor diesem Hintergrund fiel die Entscheidung für die Herstellung von Teppichkehrern. Bei Günter Leifheit, der ja auch bereits in Kontakt mit vielen Einkäufern der großen Warenhäusern stand – und von diesen in der Produktionsabsicht verstärkt wurde –, verfestigte sich die Idee, in diese Marktlücke zu stoßen. Der Teppichkehrer, den man zunächst und vor allem produzierte, wurde gleichsam das Erfolgssymbol für die LEIFHEIT KG. Und einer der ersten Slogans der Firma „Mehr Freizeit durch Leifheit" traf ebenfalls den Nerv der Zeit. „Mit unternehmerischem Geschick nutzt Günter Leifheit die Zeitumstände des deutschen Wirtschaftswunders und wird selbst ein Teil dieser Erfolgsgeschichte", so bilanziert es Hans Erich Slany, der Designer der LEIFHEIT Produkte. [4] Er ist einer der renommiertesten Industriedesigner Deutschlands.

GÜNTER LEIFHEITS UNTERNEHMERISCHES WIRKEN

Zur Charakterisierung einer im öffentlichen Leben stehenden Person, sei es in Politik, Wirtschaft und Gesellschaft, sind in erster Linie drei Aspekte relevant und zusammenzuführen: a) Was sagt die Person selbst aus? Welche Position, welche Programmatik, welches Gedankengut vertritt sie? b) Wichtiger noch als Theorie ist die Praxis: Wie handelt die Person? Was erreicht sie? Welcher Erfolg stellt sich ein? c) Wie sehen andere, bei einem Unternehmer vor allem die Mitarbeiterinnen und Mitarbeiter, ihren Chef? Wie beurteilt die kommunale Familie Günter Leifheit? Wie die Bürger und Vereine und Verbände in Nassau? Was sagen Nachbar- und Zulieferbetriebe über die Kooperation aus? Gibt es Urteile von konkurrierenden Unternehmen über Günter Leifheit? Was berichten Medien über ihn? Findet das Unternehmen in der ökonomischen Fachpresse Beachtung?

Das können wichtige Aspekte für eine Recherche sein, sofern man fündig wird. Zum einen ist in den 50er und 60er Jahren die öffentliche Berichterstattung über ein mittelständisches Unternehmen quantitativ und qualitativ nicht sehr ausgeprägt, auch wenn es sich äußerst erfolgreich entwickelt. Zum anderen kann es, wenn überhaupt vorhanden, schwierig sein, solche Berichte und Analysen ausfindig zu machen. Von Firmenarchiven selbst – das gilt für LEIFHEIT und KAISER – darf man kaum etwas erwarten.

Zunächst stößt man auf zwei kleine Beiträge, die im Vorfeld und im Zusammenhang mit der von der Stadtverwaltung Nassau initiierten Ausstellung „Günter Leifheit – Unternehmer, Ehrenbürger, Mensch" im Jahr 2005 entstanden sind. Da ist vor allem „Die Firmengeschichte in den Worten von Günter Leifheit". Diese hat er 2005 recht spontan in ein Aufnahmegerät diktiert; sie ist abgetippt und in einigen Exemplaren kopiert worden. „So ist ein „authentisches Zeitzeugnis" entstanden, das auf „einem außergewöhnlichen Gedächtnis beruht", so wird das Dokument in dem Buch angekündigt, das eigens für Günter Leifheit im Anschluss an die Ausstellung erstellt und ihm zum 85. Geburtstag überreicht worden ist. In geringfügig gekürzter Form wird es dort abgedruckt. Hinzugefügt ist diesem Text ein würdigendes Vorwort „Günter Leifheit, eine Unternehmerpersönlichkeit mit Charisma und Weitblick" aus der „Firmenveröffentlichung der LEIFHEIT AG zum 80. Geburtstag von Günter Leifheit am 13. Dezember 2000".

Günter Leifheit ist 84 Jahre alt und hat gerade eine schwere Herzoperation hinter sich, als er seine Erinnerungen festhält. Da ist es nachvollziehbar, dass ihm weder die Systematik der Firma noch die Chronologie – mit Ausnahme der Entwicklung bis zur Gründung der LEIFHEIT KG – dabei besonders am Herzen liegt; viel mehr ist es die Erinnerung an s e i n e zentralen Tätigkeiten, seine eigenen Spuren, mit denen er die Firma wesentlich geprägt hat. Günter Leifheit ist ein Erzähler, kein Chronist, kein wirtschaftswissenschaftlich geprägter Analytiker. Er meidet ein Gestrüpp von Fakten und hat als Adressat nicht die Fachwelt, sondern seine früheren Mitarbeiterinnen und Mitarbeiter, die Bürgerinnen und Bürger, „seine Nassauer" vor Augen. Wichtig sind ihm dabei die Menschen im beruflichen und lokalen Umfeld, denen er als Unternehmer begegnet ist. Das kommt auch in seiner Sprache zum Ausdruck. In diesem Alter ist er längst auch gesundheitlich beeinträchtigt. Da liegt ihm die lutherische Maxime besonders nahe, „dem Volk aufs Maul zu schauen" und spontan und unbekümmert zu formulieren. Auf diese Weise bleibt er authentisch und vermeidet es, nachträgliche Strukturierungen und Abstrahierungen vorzunehmen, die den spannenden Vorgang seiner Betriebsgründung zu nüchternen Bilanzen gerinnen lassen würden. Alles in allem lässt sich bereits aus seinen eigenen Erinnerungen ein sehr plastisches und realistisches Bild von Günter Leifheit als Unternehmer herauskristallisieren, ohne dass darin der Führungs- und Verdienstanteil anderer systematisch erfasst wird, etwa von seiner Frau Ingeborg oder von Dieter Schüfer. Er liefert kein Organigramm der Firma, keine Aufzählung von Zuständigkeiten und Abteilungen. Das hat nichts mit Unbescheidenheit oder Vereinnahmung zu tun. Er selbst verweist häufiger auf die Verdienste anderer, wobei er mitunter seine Leistung darin sieht, bestimmte Mitarbeiter gewonnen, ihnen Vertrauen geschenkt, sie gefördert und an den richtigen Platz gestellt zu haben.

Wer immer auch eine Dokumentation über Günter Leifheit zu fertigen beabsichtigt, ist nach Auffassung des Autors gut beraten, es nicht bei einer komprimierten Analyse zu belassen, sondern Günter Leifheits Eigenschaften möglichst anschaulich darzustellen und auch der Erzählfreudigkeit der Zeitzeugen Raum zu geben. Auf diese Weise gelingt es am ehesten, ein authentisches Bild von Günter Leifheit zu gewinnen.

Bei dem anderen Beitrag handelt es sich um „Eine Unternehmergeschichte", die die LEIFHEIT AG 2005 beigesteuert hat; auch diese ist weder auf Vollständigkeit noch auf Systematik aus, sondern stellt anlassbezogen – es geht um die genannte Ausstellung in 2005 – vor allem, aber nicht nur, die Verdienste von Günter Leifheit heraus. Es handelt sich um einige wenige Seiten mit teils plakativen Kurztexten, die im Rahmen der Ausstellung Verwendung finden sollten.

Informativ ist auch der umfangmäßig kleine Beitrag von Hans-Peter Kohn über die „Entwicklung der Firma Leifheit", der mehr zufällig im Stadtarchiv bei der Recherche aufgefunden worden ist, was Hans-Peter Kohn 2015 selbst ein wenig überrascht hat. Er hat diesen Beitrag schon 1966 als Schüler verfasst. Sein Vater Heiner Kohn hat damals schon die Werbung der Firma gestaltet und sicherlich dabei beratend zur Seite gestanden. Günter Leifheit ist neugierig genug, den fertigen Beitrag lesen zu wollen, und hat Hans-Peter Kohn lobend bestätigt. Dieser Beitrag ist kein Rückblick, sondern eine kleine Analyse „am laufenden Betrieb" des Unternehmens in der Zeit von Günter Leifheit.

In seinem Buch „Industriedesign – Eine Erfolgsgeschichte" widmet Hans Erich Slany einige Seiten Günter Leifheit, mit dem er von Anfang an lange erfolgreich kooperiert hat. Er wird somit zu einer wichtigen „externen" Quelle.

Eine entscheidende Bedeutung, gleichsam eine Nagelprobe, kommt den ehemaligen Mitarbeiterinnen und Mitarbeitern der Firma LEIFHEIT zu, die viele Jahre im Betrieb gearbeitet und Günter Leifheit aus nächster Nähe erlebt haben. Ihre Erinnerungen, Erlebnisse, Erfahrungen und Bewertungen sind deshalb so wichtig, da nur sie eine Fülle von Details einbringen und es auch mit vielerlei Dokumenten bereichern können, die nirgendwo sonst festgehalten worden sind. So lässt sich in der Tat ein recht genaues und lebendiges Bild von ihm und seiner unternehmerischen Leistung gewinnen. Da kommen viele menschliche Seiten und auch einige Schwächen Günter Leifheits zur Sprache. Soviel vorweg: Günter Leifheit ist ein Original im positiven Sinne, kein Unternehmertyp aus Management-Schulen und Akademien, die er im Übrigen auch gar nicht besucht hat.

„ALLER ANFANG IST SCHWER" – DER START DER GÜNTER LEIFHEIT KG METALLWARENFABRIK

Für Günter und Ingeborg Leifheit gibt es keine echte Stunde „null" bei der Betriebsgründung 1959. Sie sind ja keine Neulinge beim Start Ihres Unternehmens und besitzen sowohl kaufmännisches und technisches Know-how als auch Marketing-Erfahrung. KAISERS Backformen haben durchaus vergleichbare Vertriebswege wie Teppichkehrer.

Selbstbewusst wirft 1959 Günter Leifheit seinen Hut in den Ring der Branche für Haushaltswaren. Wie im Sport oder in der Politik üblich erklärt er damit seine „Kandidatur" und nimmt eine Herausforderung an.

Auf einem kleinen plakat- oder werbeblattähnlichen Text [1] finden auf einer Seite Platz: Teppichkehrermodelle, Günter Leifheits Kopfbild, das frische Leifheit-Signet – ein Strahlenkranz mit dem „L" im Mittelpunkt, der eine stilisierte Bürste des Teppichkehrers darstellt, nicht unähnlich einer „blauen Sonne" –, eine Skizze des Werkes und vor allem ein knapper, informierender Werbetext. Im Text ist der Kern der Botschaft bereits enthalten, die Günter Leifheit im Laufe der Jahre mehr und mehr entfalten und verkünden wird. Das Werbeplakat richtet sich an alle, die für Marketing und Verkauf von Teppichkehrern in Frage kommen:

Günter Leifheit stellt vor

Es zählt nicht zum Alltäglichen, dass ein vertrauter Fachmann der Haushaltswaren-produktion sich in dreifacher Form neu bekannt machen muss. Es bedurfte Jahre eingehender Überlegungen und marktanalytischer Vorarbeiten, bis das ausgereift war, was wir Ihnen heute vorstellen können:

Ein neues Unternehmen

die Günter Leifheit KG Metallwarenfabrik mit einem eingespieltem Team nach den Prinzipien des Leistungswettbewerbs ausgerichtet und geschult.

Ein neues Werk

im schönen Lahntal, an dessen Wiege Erfahrung und Kenntnis eines modernen Produktions-Rhythmusses Pate standen.

Ein neues Verkaufsprogramm

ausgereift, geprüft, marktgerecht, ergänzt jetzt umsatzfördernd das Sortiment neuzeitlicher Haushaltshilfen.
- *LEIFHEIT-Teppichkehrer star*
- *LEIFHEIT-Teppichkehrer starlet*
  Die neuzeitlichen Teppichkehrer mit Stil für die tägliche Teppichpflege in Sekunden.
- *Watermop ab 1. Januar 1960 in eigene Produktion von der Firma W.F. Kaiser & Co. übernommen.*

Die Werksanlagen im Anfangsjahr *

Günter Leifheit ist, wie es „bildlich" und im Namen zum Ausdruck kommt, bereits mit diesem ersten Aufschlag das Gesicht der neuen Firma und wird es immer mehr werden. Die Gründungsphase stellt das Ehepaar Leifheit vor besondere Herausforderungen. Der Erfolg ist keineswegs programmiert, er muss hart erarbeitet werden.

Günter Leifheits „Start-up"-Papier zeigt, dass er die Werbesprache beherrscht und wie wichtig es ist, selbstbewusst aufzutreten. Zum tatsächlichen Gehalt der behaupteten „marktanalytischen Vorarbeiten" wird sich noch Hans Erich Slany äußern.

Günter Leifheit ist nicht der Entdecker des Teppichkehrers, und er trifft in Deutschland auch nicht auf einen „leeren Markt", eine „tabula-rasa"-Situation, die man im Sturm mit dem geplanten Produkt besetzen könnte. Da ist die Firma SCHAKO mit Hauptsitz in Quakenbrück, die bereits einen Teppichkehrer in Holz vertreibt. Und da ist vor allem die „Little Queen", die in Amerika bereits produziert wird und in Deutschland als Spielzeugteppichkehrer und als Haushaltsgerät auf den Markt kommt, beides aus Blech hergestellt. Sie wird von der Firma BISSEL erfolgreich vertrieben. Und auch SCHAKO ist dabei, über „Outsourcing", weil es selbst keine Blechwarenfabrik ist, einen Blech-Teppichkehrer zu entwerfen und ihn als „SCHAKO 2000" auf den Markt zu bringen. Somit stellt sich ein doppeltes Problem. Das neue Produkt muss durch Qualität und Design und Preis überzeugen, und man muss den Fuß in die Vertriebswege finden und die großen Kaufhäuser für sich gewinnen.

Besonders wichtig ist Hans Erich Slanys Schilderung in seinem Buch „Industriedesign – Eine Erfolgsgeschichte". Er ist von Anfang an dabei, weiß um das Erfolgsrezept der LEIFHEIT KG und hat Einblick in viele andere Firmen, so dass er vergleichend das Besondere hervorheben kann und so seiner Würdigung von Günter Leifheit als „bedeutenden deutschen Unternehmer" ein hohes Gewicht zukommt. Für ihn zählt LEIFHEIT zu den „großen deutschen Erfolgsunternehmen der Nachkriegszeit." [2]

*Hans-Erich Slany, Ingeborg Leifheit, Johannes Liebscher und Günter Leifheit (v. l.) freuen sich über die gelungene Entwicklung eines Teppichkehrermodells. ***

In der „form-Zeitschrift für Gestaltung" 1969 wird dieses Quartett als Entwickler und Gestalter des Teppichkehrers bei LEIFHEIT dargestellt.

Günter Leifheit schildert, wie er durch Zufall Prof. Hans Erich Slany (*1926, in Böhmisch Wiesenthal, +2013 in Esslingen) entdeckt hat. „Er wurde 1959 durch eine preisgekrönte, von Slany entworfene Kaffeemühle auf den Esslinger aufmerksam." [3] Es handelt sich dabei um die sogenannte „busenfreundliche Kaffeemühle". [4] Man muss sich zurückversetzen in die Zeit, als die gerösteten Kaffeebohnen noch recht mühsam sitzend mit Drehbewegungen in Handkaffeemühlen gemahlen worden sind, die dazu über ein senkrecht stehendes Mahlwerk verfügt haben. Dabei ist auch etwas Kraftanstrengung erforderlich, weshalb man die viereckigen Mühlen an den Körper gedrückt hat. Slany beschreibt sein neues Modell: „Der wesentliche Vorzug der von mir gestalteten neuen Handkaffemühle PeDe 88 der Firma Peter Dienes bestand daher im schräggestellten Mahlwerk, was künftig unschöne Kollisionen der Kurbel mit dem weiblichen Körper verhindern sollte." [5] Außerdem ist das Modell formschön und teilweise gerundet. In diesem schon beinahe anekdotischen Umstand der beginnenden Kooperation zwischen Günter Leifheit und Hans Erich Slany steckt ein wesentlicher Grundsatz, der beide zum Erfolg geführt hat: Es ist die Verbindung von Funktionalität und Ästhetik. „Es muss nützen und gefallen" – in dieser Produkt- und Firmenphilosophie treffen und bestärken sich die beiden. „Es muss den Menschen dienen" ist ein, ja das zentrale Motto von Günter Leifheit. Hans Erich Slany ist einer der führenden und prominentesten Vertreter des Industriedesigns in der Bundesrepublik Deutschland geworden und hat im Jahr 1956 das Designstudio „Slany Design" gegründet, sich 1966 daraus zurückgezogen, aber weiter mit der Firma LEIFHEIT kooperiert. Er ist mit und an LEIFHEIT gewachsen.

Er schildert den Beginn der Kooperation sehr genau und damit auch die Ausgangssituation und den ebenso mutigen wie schwierigen und riskanten Aufschlag, den „Start-up" der LEIFHEIT KG; er ist allerdings über die Entwicklung des Teppichkehrer-Marktes nicht völlig im Bilde.

„Zu unserem ersten Gespräch wurde ich von Herrn Leifheit in die Bahnhofsgaststätte in Essen eingeladen. Die erste Enttäuschung darüber, dass er keinen konkreten Auftrag für mich hatte, wich bald einer großen Bewunderung für diesen zielstrebigen Mann. Er plante, den in Deutschland etablierten Handstaubsauger durch einen motorlosen Teppichkehrer zu ersetzen, der zu dieser Zeit in Deutschland nicht mehr hergestellt wurde. Im Jahr 1925 gab es bereits erste Versuche mit primitiven Teppichkehrern aus Holz, deren Produktion jedoch bald schon mangels Absatzchancen eingestellt wurde. In den USA dagegen waren die Teppichkehrer ein Renner. Durch das Blättern in US-amerikanischen Versandhauskatalogen informierten wir uns über Neuheiten und Gestaltungsmöglichkeiten dieser Produktgruppe. Heute ist es natürlich unvorstellbar, dass mit diesem geringen Informationsstand – weitere Marktuntersuchungen wurden aus Geheimhaltungs- und Kostengründen nicht durchgeführt – diese schwerwiegende Entscheidung zur Produktion der Teppichkehrer getroffen wurde.

Ein weiteres Gespräch zwischen Herrn Leifheit und mir fand in Nassau statt, wo er gerade ein kleines Fabrikgelände mit drei leerstehenden Hallen gekauft hatte. Hier lernte ich nicht nur Frau Leifheit kennen, sondern auch eine der wichtigsten Eigenschaften von Herrn Leifheit – seine genaue und meist recht kurze Terminplanung, auf deren Erfüllung er immer sehr großen Wert legte. Und so präsentierte ich bereits vier Wochen später Herrn Leifheit meine ersten Entwürfe mit den dazu gehörigen Holzmodellen. Es handelte sich dabei um zwei Größen von Teppichkehrern, zu denen ich auch die Konstruktionszeichnungen erstellte.

In den Baracken wurde eine einfache Werkzeugmacherei eingerichtet, in der unter der Leitung von Herrn Liebscher, einem Landsmann von Frau Leifheit, Werkzeugmacher die Produktionswerkzeuge für diese beiden Teppichkehrermodelle herstellten. Nach rund neun Monaten lief die Produktion an. Erst dann wurde der Vertriebsapparat aufgebaut, und es stellte sich heraus, dass von zehn angesprochenen selbständigen Verkaufsvertretern acht absagten, weil sie Teppichkehrern in der Bundesrepublik Deutschland keinerlei Chancen einräumten. Das Ergebnis dieser

Verhandlungen war für Leifheits, aber auch für mich niederschmetternd. Das Ehepaar hatte sein ganzes Vermögen in dieses Unternehmen gesteckt und auch bereits Kredite aufnehmen müssen.

In seiner Verzweiflung hatte Herr Leifheit einen ihm persönlich bekannten Direktor eines Warenhauskonzerns sein Leid geklagt. Dieser erfahrene Vertriebsmann ließ in zwei Kaufhäusern seines Konzerns versuchsweise den Teppichkehrer anbieten. Ein Vorführer stand an der Rolltreppe des Kaufhauses und zeigte anhand von zerstreuten Zigarettenkippen, wie leicht sie mit diesem Teppichkehrer vom Boden aufzunehmen waren. Bereits am ersten Tag verkaufte dieser Vorführer einhundert Geräte." [6]

Karl-Heinz Dieckmann, der seit 1966 als freier Handelsvertreter für LEIFHEIT gearbeitet und mit dem Günter Leifheit sich häufig über Marketing ausgetauscht hat, geht davon aus, dass es sich „bei dem bekannten Direktor eines Warenhauskonzerns" um Karl Krumme von Karstadt gehandelt hat, mit vergleichbaren Kriegserfahrungen wie Günter Leifheit, was in dieser Zeit Kontakte erleichtert.

Die intensiven und zahlreichen Kontakte, die Günter Leifheit zu Warenhäusern, Zentraleinkäufern und Chefetagen hatte und die er zu knüpfen wusste, sind im Detail leider nicht dokumentiert. Man ahnt, welches Talent gerade in der Anfangs- und Aufbauphase hier gewirkt haben muss, um den wirtschaftlichen Durchbruch, die Behauptung auf dem konkurrierenden Markt der Teppichkehrer zu erreichen und sich schließlich unangefochten an die Spitze zu setzen. Der ungeahnte Siegeszug der LEIFHEIT-Teppichkehrer in der Bundesrepublik Deutschland begann. 1970 wurden 2 Millionen Teppichkehrer im Jahr produziert.

Johannes Liebscher, der „erste Mitarbeiter der Firma", spielte eine ganz entscheidende Rolle in der Gründungsphase. „Da das Unternehmen ohne Räumlichkeiten startete, fertigte Liebscher die ersten Produktzeichnungen im privaten Wohnzimmer der Leifheits an. Erste Muster stellte der Tüftler in der Nassauer Metallwarenfabrik Gross her, die ihre Wurzeln wie Ingeborg Leifheit im Erzgebirge hat. ‚Der Anfang war schwer', sagt Liebscher, denn das gesamte Geld der Eheleute steckte in der jungen Firma. Mit dem von ihm entwickelten höhenverstellbaren Teppichkehrer ‚Regulus' aber ging es ‚steil aufwärts.'" [7] Aber so weit ist es noch nicht. Günter Leifheit weiß die Leistung von Johannes Liebscher zu würdigen, und das auch noch im Jahr 1991. Als der Stadtrat ihm in Gstaad die Ehrenbürgerwürde verleiht, versäumt er es nicht, Johannes Liebscher dazu einzuladen. Folgt man Erinnerungen einiger Mitarbeiter, dann könnte Johannes Liebscher die einzige Person im Betrieb sein, die er siezt. Darauf hat wohl auch Johannes Liebscher Wert gelegt.

Man erkennt in den an Hans Erich Slany gerichteten Briefen, dass es Günter Leifheit eilig hat. So lautet der Schlusssatz im Schreiben vom 25.5.1959: „Begrüßen würden wir nun, wenn wir recht bald von Ihnen hören würden, damit wir die Werkzeuge in Auftrag geben können." Das Schreiben ist noch mit dem Briefkopf von „W.F. Kaiser &.Co." gefertigt. In einem Brief, wiederum „z.H. von Herrn Leifheit bei der Firma W.F. Kaiser & Co.", beschreibt Hans Erich Slany seinen Entwurf:

„Betr.: Kleine Maschine 10001-0. Den konstruktiven Aufbau stelle ich mir genau wie bei der Little Queen vor, d.h. der obere Deckel wird aus einem Stück gezogen, einschließlich der eingeprägten Rillen. Um die Verwandtschaft zur großen Maschine noch mehr zu unterstreichen, schlage ich eine zweifarbige Lackierung vor, wie dies am Modell geschehen ist."

Günter Leifheit stimmt den Entwürfen zu, drängt aber erneut auf Eile. Und so versteht man auch, dass Slany seinerseits zurückschreibt: „Ich darf Ihnen versichern, dass wir von früh bis spät abends daran arbeiten ..." [8]

Es bleibt bei der Kooperation zwischen Slany und LEIFHEIT. „Meine Arbeit für die LEIFHEIT AG ist ein sehr schönes Beispiel dafür, wie aus einer unkonventionellen ersten Begegnung eine jahrzehntelange und äußerst produktive Zusammenarbeit entstehen kann." [9] Rückblickend bilanziert Slany noch ein Alleinstellungsmerkmal dieser Firmengründung: „Die Leifheits hatten große Pläne mit einer neuen Produktlinie und wollten diese durch die Zusammenarbeit mit einem Designer auf eine sichere Basis stellen. Sie waren meine ersten Kunden – und sollten auch die einzigen bleiben – die sich meiner Mitarbeit versicherten, noch ehe sie überhaupt ein eigenes Fabrikationsgebäude besaßen." [10]

Etwa ein Jahr nach der Betriebsgründung begrüßt Günter Leifheit in der Werkshalle am frühen Morgen Johannes Liebscher mit dem freudigen Ausruf. „Herr Liebscher, es wird hell." Der ist verwundert, registriert er doch eher trübes Licht in diesem Augenblick. Günter Leifheit löst die Irritation rasch auf: „Wir verdienen jetzt, Herr Liebscher!"

LEIFHEIT WIRD INTERNATIONAL – ZUR ENTWICKLUNG DER FIRMA BIS 1974

Die äußeren Daten der LEIHEIT KG, die einen Siegeszug sondergleichen im Bereich „nicht elektronischer Reinigungsgeräte" mit den Teppichkehrern angetreten und bald marktführende Positionen in Deutschland und Europa eingenommen hat und schließlich zum „global player" aufgestiegen ist, brauchen hier nur knapp wiedergegeben zu werden, da die Schwerpunkte auf der unternehmerischen Leistung von Günter Leifheit liegen, die in acht Kapiteln detailliert dargestellt wird. Auf diese Weise rücken auch viele Details der Firmenentwicklung ins Blickfeld. Die Firmenentwicklung nach dem Ausscheiden des Ehepaars Leifheit ist hier kein Gegenstand der Analyse und findet nur in knapper summarischer Form Erwähnung.

Die Firma LEIFHEIT hat mit wenigen Mitarbeiterinnen und Mitarbeitern im Herbst 1959 die Arbeit aufgenommen; einige davon sind von KAISER mitgegangen und übernommen worden. Zu Mitarbeitern der „ersten Stunden" zählen u.a Johannes Liebscher, Paul Busch als Meister in der Montage, Hans Busch in der Finanzbuchhaltung und Rosemarie Tröster, Sekretärin bei Günter Leifheit, dazu Maja Schulz in

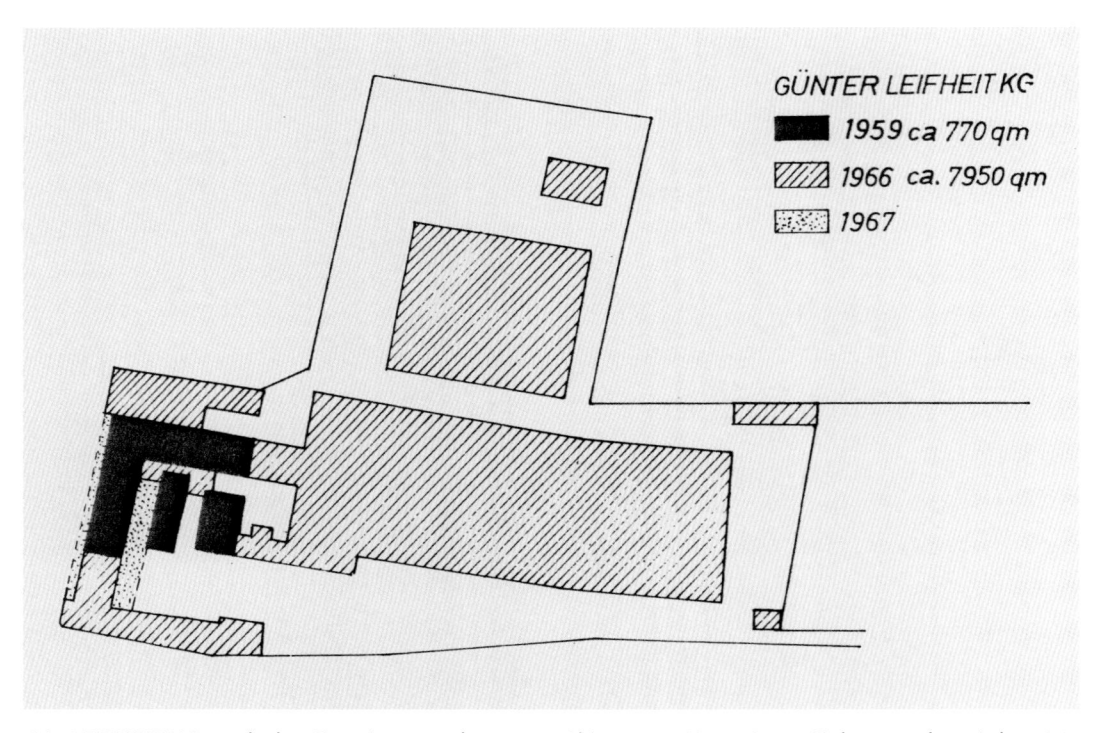

Die LEIFHEIT KG nach den Erweiterungsbauten – Skizze von Hans-Peter Kohn aus dem Jahr 1966

der Buchhaltung und Inge Dewald im Einkauf. Im April 1960 zählen zu den ersten kaufmännischen Lehrlingen Helga Kraft und Ilse Schadeck, die spätere dritte Frau von Günter Leifheit. Im Dezember 1960 – da sind es bereits über 40 Mitarbeiterinnen und Mitarbeiter – übernimmt Rosel Schwarz (geb. Bauer) die Leitung des Lohn- und Personalbüros. In den Anfängen haben Vater Ernst Müller als Stanzmeister, seine Söhne Ernst als Werkzeugmacher, und Walter als Werkzeugmachermeister an der technischen Entwicklung mitgewirkt, alle aus dem Umfeld von Beierfeld stammend und von Johannes Liebscher nach Nassau gelotst. Auch die Mutter Gertrud Müller hat am Band und bei der Verpackung mitgearbeitet. Richard Haxel ist der erste Hausmeister; gemeinsam mit seiner Frau betreibt er auch die Kantine. Hans-Werner Knopp ist ab Mitte Januar 1961 Einkaufsleiter, Erich Pfaff wird Verkaufsleiter Inland. Marga Maxheimer nimmt im Januar 1961 die Arbeit in der Buchhaltung auf und wird später Assistentin von Ingeborg Leifheit; ihr obliegt auch viele Jahre die Organisation der Haushaltswarenmesse in Köln, für deren Gestaltung in den Anfängen Ingeborg Leifheit verantwortlich ist. Neben den Verkaufsleitern hat auch Hans-Werner Knopp daran teilgenommen. Die Standabnahme hat dann Günter Leifheit durchgeführt. Einige Mitarbeiterinnen und Mitarbeiter berichten von der schweren Startphase der Firma, zu der häufig Überstunden und auch lange Samstagsarbeiten zählten. In den ersten beiden Wintern habe man bei recht kühler Temperatur in Büros teils mit Handschuhen die Arbeit verrichtet.

Der Niederländer Jaap Blokker mit seiner Gattin Els ist einer der ersten und wichtigsten Auslandskunden der LEIFHEIT KG.

Flächenmäßig hatte die Firma 1959 mit ca. 770 qm begonnen. Schon 1962 wurde das Werk um eine neue Halle erweitert. Auf einer Gesamtfläche von 22.400 qm erstreckten sich damit Gebäude, die eine Fläche von rund 5.000 qm bedeckten." [1] 1966 war der Betrieb bereits mit 7.950 qm gut zehnmal größer als 1959. Kurze Zeit später kam eine zeitgemäße Kantine dazu. Die gesamte Firmenfläche bestand zunächst – und dabei blieb es überwiegend auch – aus einem Erdgeschoss. Erst mit dem Bau der Kantine, des Aufenthaltsraumes und einer Pförtnerloge wuchs das Gebäude etwas in die Höhe. Die Planungen für die Erweiterungen und die Kooperation mit Architekten oblagen weitgehend Ingeborg Leifheit, die im Betrieb für Finanzen zuständig war. In der Eingangshalle befand sich bald auch eine großflächige Ausstellungswand, die die LEIFHEIT-Produkte präsentierte, und zwar nach dem Tagesablauf geordnet: „morgens", „mittags" und „abends". Geht man von den Dokumenten der Mitarbeiterinnen und Mitarbeiter aus, dann bilden Innenaufnahmen der Firma eher eine Rarität. Einen guten Einblick erlauben Fotos, die den rheinland-pfälzischen Ministerpräsidenten Peter Altmeier (1947-1969) bei seinem Besuch der Firma nach dem Bau der Kantine zeigen. [2] Für diesen Besuch ist ein 10 m langer Tisch aus Vollfichte durch ein Fenster gehievt worden, um für Empfang und Gespräch einen angemessenen repräsentativen Rahmen zu schaffen, so hat es Günter Leifheit später Dr. Gerhard Lempenau erzählt, der seit 1971 als Steuerberater für ihn tätig ist. Günter Leifheit erläutert Peter Altmeier bei einem Rundgang die technischen Anlagen im Werkzeugbau, der Stanzerei und der Montagehalle. [3]

1967 war die Belegschaft bereits auf 350 Köpfe angewachsen. Die Firma hatte sich rasch sowohl zum größten Arbeitgeber in der Verbandsgemeinde Nassau entwickelt als auch zum größten Steuerzahler. Und 1972 zu Zeitpunkt des Verkaufs an ITT sind ca. 500 Mitarbeiterinnen und Mitarbeiter bei LEIFHEIT tätig.

Die LEIFHEIT AG hat die Entwicklung der Firma einmal chronologisch aufgelistet, um einen knappen Überblick zu bieten. Hier der Auszug für die Zeit, in der Günter und Ingeborg Leifheit die Firmengeschicke lenken:

1959	Am 11. September gründen Ingeborg und Günter Leifheit die Günter Leifheit KG in Nassau
1960	Aufnahme der Produktion von Teppichkehrern
1966	Gründung der LEIFHEIT-Niederlassung in den Niederlanden
1967	Übernahme des Wischgeräte-Herstellers Sooger in Solingen
1968	Einführung des Wäschetrockners Telegant, eines der erfolgreichsten LEIFHEIT-Produkte
1969	Gründung der LEIFHEIT-Niederlassung in Frankreich
1970	Mit der Produktion von 2 Mio. Teppichkehrern im Jahr wird LEIFHEIT führender Anbieter in Europa
1972	Das Unternehmen wird von der ITT, New York, übernommen
1973	Gründung der LEIFHEIT-Niederlassung in Großbritannien
1974	Das Ehepaar Leifheit zieht sich aus dem Geschäftsleben zurück. Dieter Schüfer wird Geschäftsführer der LEIFHEIT GmbH

(Aus einer tabellarischen Übersicht der LEIFHEIT AG)

1: v. l.: Stadtbürgermeister Paul Schneider, Ministerpräsident Peter Altmeier und Günter Leifheit im Gespräch *
2 und 3: Günter und Ingeborg Leifheit führen Ministerpräsident Peter Altmeier durch die Stanzerei, den Werkzeugbau und die Montagehalle. *
4: Günter Leifheit erläutert Peter Altmeier ein Produkt. *

MINISTERPRÄSIDENT ALTMEIER ZU GAST BEI LEIFHEIT

Gleichzeitig mit der Herstellung des Teppichkehrers wurde auch bereits 1960 der zunächst noch bei der Firma W.F. Kaiser & CO produzierte Watermop übernommen. Das moderne Reinigungsgerät war äußerst vielseitig: Es konnte „schrubben, wischen, trocknen, putzen, moppen", um aus der Werbung für das Gerät zu zitieren.

Aus der Tabelle geht bereits hervor, dass die Produktentwicklung und Sortimentvergrößerung eine wichtige Rolle spielen. Der Betrieb wurde um neue Sortimente erweitert. Mit dem Ankauf des Wischgeräteherstellers Sooger in Solinger im Jahr 1967 erwarb man auch den dortigen Schwammschrubber. Dann kam der Wäschetrockner hinzu, zuerst in der Form des „Badewannentrockners". Dieser wurde wie eine Schere aufgestellt, so dass die aufgehängt nasse Wäsche in die Badewanne tropfen konnte. Ihm folgte die Wäschespinne.

Dieter Schüfer sieht in der Produktentwicklung und der Produktionsweise einen der Hauptgründe für das Erfolgsrezept des Ehepaares Leifheit. Man wollte stets das beste Produkt haben. Vor allem der Teppichkehrer wurde in Varianten produziert und stets verbessert. Längst gab es den Staubsauger, aber dennoch hielt das „nicht-elektronische Reinigungsgerät" Einzug in den Privathaushalten. Und Günter Leifheit hat sie auch in teuren Hotels gesehen: „Schmutz lässt sich ja mit dem Staubsauger entfernen, aber der Staubsauger summt und macht Krach und stört die Leute, aber den Teppichkehrer hört kein Mensch." Und so habe er Udo Steinhäuser gebeten, auch die Hotelketten in das Marketing einzubeziehen. In der Tat sind in Hotels im In- und Ausland bis auf den heutigen Tag aus diesem Grund LEIFHEIT Teppichkehrer in Gebrauch.

Günter Leifheit ist nahezu jährlich auf ein neues Produkt oder Weiterentwicklung aus. LEIFHEIT sollte in aller Munde bleiben. Der „Rotaro" war eine der bedeutsamsten Weiterentwicklungen in der Firma. Da dieser Teppichkehrer an den Seiten über Rundbürsten verfügte, konnte man mit ihm Ecken und Leisten besser erreichen. Der „Rotaro" wurde ein großer Erfolg.

1969 ist die Firma 10 Jahre alt und nutzt das Jubiläum mit einer Informationsanzeige zu einem Rückblick und einer aktuellen Bilanz in der Zeitschrift „form – Zeitschrift für Gestaltung" unter der Überschrift „... und rollt und rollt ..." und der Schlusszeile „... und wächst und wächst ..." Diese Bilanz ist in Kooperation der Firma mit Erich Slany gestaltet und publiziert worden.

Darin heißt es: „… der Leifheit Teppichkehrer – seit einem Jahrzehnt in Deutschland auf dem Markt – hat schon einen Anteil von mehr als 75 % erobert. Mehrere Millionen Geräte wurden inzwischen hergestellt und verkauft. Täglich werden Tausende produziert und in die ganze Welt ausgeliefert. Das heutige Programm umfasst neben den verschiedenen Teppichkehrertypen einen neuen Tischkehrer, Geräte für die Fußbodenreinigung, die Teppich- und Polsterpflege, Fensterwischer für unterschiedliche Anwendungsbereiche und Wäschetrocknertypen für Bad, Balkon und Garten."

Dann wird ein Blick zurückgeworfen auf die Betriebsgründung und die Rolle des Teams, bestehend aus Günter und Ingeborg Leifheit, Betriebsleiter Johannes Liebscher und dem freien Designer Erich Slany. Alle vier kommen in dem Artikel mit ihren konzeptionellen Überlegungen und praktischen Beiträgen zu Wort.

Abschließend heißt es: „Heute, zehn Jahre später, hat sich nichts an der guten Zusammenarbeit dieses Teams geändert; jedes neue Produkt wird gemeinsam geplant und entwickelt … 1969 hat LEIFHEIT INTERNATIONAL Vertretungen in mehr als 30 Ländern und einen Stamm von 400 Mitarbeitern … und wächst und wächst …" [4]

Beide – Leifheit und Slany – haben außerordentlich von dieser Kooperation profitiert. „Ergonomische Formen, ansprechende Farben und vor allem ein hohe Funktionalität waren von Anfang an die Maßgabe an die LEIFHEIT-Produkte." [5] „Von Beginn an verlieh Slany den Leifheit-Produkten ein unverwechselbares Aussehen." [6]

Dieses Zusammenwirken im Team ist das Erfolgsgeheimnis des Starts von 1959 und des rasanten Aufstiegs innerhalb eines Jahrzehnts, in dem man die Zahl der Mitarbeiterinnen und Mitarbeiter verzehnfacht hat.

Günter Leifheit erzählt einige Jahre später mit Stolz, man habe am Tag mehr Teppichkehrer gemacht als VW Autos. Es habe Warenhäuser gegeben, die hätten an einem Tag 500 Teppichkehrer verkauft, und am langen Samstag mitunter 1.000 Stück. Ständig musste nachgeliefert werden. Produziert wurde am Band, und abends wurde die Stückzahl auf eine rot-schwarze Tafel geschrieben. Getauft wurde der erste Teppichkehrer auf den Namen „Starlet", ein größeres Exemplar als „Star" benannt.

Günter Leifheit im Großraumbüro *

Hans Erich Slany ist bereits in den Anfängen von der Produktionsweise bei LEIFHEIT tief beeindruckt: „Schon damals zeigte sich, dass Herr Leifheit ein Perfektionist im Produktionsablauf war. Die Produktion war so ausgelegt, dass die Montage der Geräte bis zum Verpacken am Fließband ablief. Am Abend war bereits die gesamte Tagesproduktion zum Versand bereit und konnte in den Kartons zur nahegele-genen Post gebracht werden." [7] Der Versand hat bei zunehmender Massenproduktion vom nahegelegenen Gleisanschluss noch viel mehr profitiert, der im Oktober 1968 in Betrieb genommen worden ist. Der Bahnanschluss „vor der Haustür" wird oft mit 4-5 Waggons am Tag, manchmal mit 8-10 und in der Spitze mit 12 Waggons beschickt. Bei Rekorden sind Pralinen für die Mitarbeiter fällig. In der Eisenwaren-Zeitung vom 1975 (1, S. 12) wird in Bild und Text ein erstaunlicher Rekord vermeldet. „In nur 6 Jahren und zwei Monaten wurden von der Güter-Verlade-Rampe der Firma Leifheit, Nassau, 10.000 Waggons verladen ... Die Bundesbahn gratuliert mit Blumen." [8]

Günter Leifheits herausragende, von Tatkraft und Wagemut geprägte Rolle bei der Unternehmensgründung wird vor allem durch die Schilderung von Hans-Erich Slany deutlich. Da bleibt noch die Rolle von Ingeborg Leifheit, die insbesondere für die Finanzen und die Investitionsplanung zuständig ist und aus dem Hintergrund wirkt und steuert. Auch da ist der Rückblick von Slany hilfreich: „Ich habe oft mit Frau Leifheit zusammen gesessen und meine Entwürfe mit ihr begutachtet ... Ich hatte das Gefühl, wenn sie ihr gefielen, hat auch Günter zugestimmt.' Hans Erich Slany hat die Nassauer Unternehmerin als eine ‚elegante Frau mit fester eigener Meinung' kennengelernt." [9] Günter und Ingeborg Leifheit haben in der Gründungsphase weit mehr unternehmen müssen, als Slany schildert. Ein solcher Betrieb muss sorgfältig geplant, Schritt für Schritt aufgebaut und finanziert werden. Und hier ist vor allem auch Ingeborg Leifheit eine wichtige Triebfeder. Sie leitet den Finanzbereich und die Qualitätskontrolle des Unternehmens. Günter und Ingeborg haben sich die Aufgabenbereiche weitgehend geteilt. Grundlegende unternehmerische Entscheidungen werden sie nach gemeinsamer Beratung und Abstimmung getroffen haben. Ingeborg Leifheit konnte im Übrigen auch praktisch zupacken, war sich da für keine Arbeit zu schade und hat auch mit Nagellack oder Spritzpistolen Farbnuancen für die Teppichkehrer ausprobiert und geprüft oder am Band ausgeholfen, wenn Not „am Mann" war. Johannes Liebscher bescheinigt Günter und Ingeborg technisches Interesse und Verständnis und ein großes Interesse an Produktentwicklung und rationeller Herstellung.

Es ist in der Tat die „Quadriga", ein „vierblättriges Kleeblatt", bestehend aus Günter und Ingeborg Leifheit, Johannes Liebscher und Hans Erich Slany, das man als „Väter und Mutter des erfolgreichen Start-up", der Unternehmensgründung bezeichnen kann. Sie haben LEIFHEIT „seetüchtig" gemacht und den „Stapellauf" zum Erfolg werden lassen. Das Ehepaar hat dafür die Produktentscheidung getroffen, hervorragende Mitarbeiter gefunden, eingestellt bzw. gewonnen, und es hat alleine das unternehmerische Risiko für den „Start-up" getragen. Unternehmerisch betrachtet ist die erfolgreiche Betriebsgründung das Werk von Günter und Ingeborg Leifheit.

Wesentlich für den Erfolg sind Günter Leifheits Marketing-Talente und Erfahrungen, die er bereits bei KAISER gewonnen hat. Dennoch ist ein Neustart schwer. So verfügt Günter Leifheit bei der ersten Messe 1960 in Köln noch nicht über einen eigenen Stand. Kurzerhand lädt er die Kunden in die Milchbar der Messehalle ein. Er überwindet bald Startschwierigkeiten und sorgt für rasch wachsenden Absatz, ohne den die Herstellung eines neuen Produktes ins Leere läuft. Das lässt ein Urteil zu: Ohne Günter Leifheits Erfahrung und Talent im Marketingbereich, im Aufbau einer erfolgreichen Vertriebsschiene wäre die Firmengründung nur sehr schwer vorangekommen, wahrscheinlich sogar gescheitert. Und ohne den klugen innerbetrieblichen Ausbau, den stärker Ingeborg Leifheit zu verantworten hat, wäre der Marketing-Erfolg nicht dauerhaft möglich geworden.

Zu Recht wird später immer wieder auf den Wagemut der Gründer hingewiesen. Wer eine solche Personengesellschaft gründet, übernimmt das volle Risiko und nimmt auch den Verlust des gesamten privaten Vermögens bei einem Scheitern in Kauf. Umgekehrt gilt, dass derjenige, der dieses Risiko eingeht und schließlich Erfolg hat, damit auch sehr gut verdienen kann. Es hat durchaus im Gründungsstadium auf des „Messers Schneide" gestanden; da haben möglicher Erfolg oder Misserfolg recht dicht beieinander gelegen.

Das unternehmerische Wirken von Günter Leifheit, um das es hier schwerpunktmäßig geht, ist eine komplexe Leistung, die hier trotz einiger Überschneidungen nach Bereichen gegliedert dargestellt wird. Erst in der detaillierten Analyse wird sein umfängliches Talent und sein erfolgreiches Wirken sichtbar. Alle, die Günter Leifheit kennen, verweisen zu recht auf seine überragenden Leistungen im Marketing und in der Vertretung der Firma nach außen. Da kann es jedoch leicht passieren, dass andere Fähigkeiten Günter Leifheits zu wenig Beachtung finden. Auf die folgenden acht Bereiche der Unternehmensführung geht Günter Leifheit in unterschiedlicher Intensität selbst ein:

- **Die Personalrekrutierung**
- **„Ausbildung ist das A und O"**
- **Die Produktion – „Ordnung, Sauberkeit und die Maschinen müssen laufen."**
- **„Zuerst kommt das Verkaufen, dann die Produktion" – Vertrieb und Marketing**
- **„Haben Sie auch soviel Freizeit wie ich?" – Die Rolle der Werbung**
- **Günter Leifheits Führungsstil in der Firma**
- **„Bei LEIFHEIT wird nicht gebremst" – Anekdotische Begebenheiten**
- **Zur sozialen Leistung des Unternehmens**

Das sind gleichsam wichtige Mosaiksteine, die erst in der detaillierten Analyse und in der Zusammensetzung mithelfen, ein annäherndes Bild von den unternehmerischen Fähigkeiten Günter Leifheits zu erstellen.

1: *Ingeborg und Günter Leifheit 1973 mit Besuch nach der Erweiterung der Firma* *

2: *Das Betriebsgelände nach den Erweiterungsbauten* *

3: *Das Ehepaar vor dem Werkstor* *

4 und **5:** *Günter und Ingeborg Leifheit an ihrem Arbeitsplatz* *

GÜNTER & INGEBORG LEIFHEIT

DIE PERSONALREKRUTIERUNG

Die Gewinnung von Arbeitskräften im Nassauer Raum erwies sich als äußerst schwierig. Günter Leifheit geht ausführlich darauf ein.

Günter Leifheit berichtet, wie er zum Arbeitsamt gegangen und dann mit einem hilfsbereiten Mitarbeiter über die Dörfer gefahren sei. „Gute Verdienste bei der Blech(warenfabrik)", das war der Kernsatz, den die Bürgermeister in den Dörfern ausschellen ließen. Ältere kennen es noch aus eigener Anschauung, dass ein Mitarbeiter der Gemeinde durch den Ort gegangen ist, sich an mehreren Plätzen mit einer Glocke zunächst Aufmerksamkeit verschafft und dann Neuigkeiten und wichtige Informationen möglichst laut ohne Mikrofon verlesen hat. Für die „Generation Handy und Internet" kaum vorstellbar. Ein Hindernis für die Gewinnung von Arbeitskräften war zunächst auch der Schichtbetrieb, denn in der Regel wurde zweischichtig, mit Früh- und Spätschicht gearbeitet. Die gewonnenen Mitarbeiter wurden anfangs im offenen LKW „rauf und runter" gefahren. „Es kamen auch welche mit Fahrrädern oder zu Fuß, viele aus Weinähr, und das war am Anfang sehr schwierig." Es wurde auch laufend annonciert und damit geworben, wie gut es bei LEIFHEIT sei. „So haben wir den Wilhelm Groß aus Hömberg auf einem Traktor abgebildet: ‚Bis dann und dann Bauer, jetzt Vorabeiter bei LEIFHEIT'", so schildert Günter Leifheit den mühevollen Anwerbungsprozess. Den meisten Bauern ging es in den 50er und 60er Jahren nicht gut. Viele Vollerwerbsbetriebe mussten sich auf Nebenerwerb umstellen. So überraschte es nicht, dass viele Bauern bei LEIFHEIT arbeiteten. Günter Leifheit hat geschickt mit dem Slogan geworben „Und nebenbei können Sie auch noch Ihre Landwirtschaft machen." Nicht zuletzt zeichneten sich die bisher in der Landwirtschaft Tätigen durch eine sehr gute Arbeitsmoral aus. Günter Leifheit hat sich oft mit ihnen unterhalten und ist häufiger auch eingeladen worden, insbesondere von Familien, deren Kinder bei LEIFHEIT in die Lehre gegangen sind.

Günter Leifheit berichtet auch, dass man etliche Mitarbeiter von einer Kunststofffabrik in Lahnstein an- bzw. abgeworben habe, was dadurch erleichtert wurde, dass diese Firma in Schwierigkeiten geriet.

Wie in vielen Teilen Deutschlands werden in den 60er Jahren, nicht zuletzt durch den wirtschaftlichen Aufschwung, Arbeitskräfte knapp. Und das gilt besonders auch für das erfolgreich expandierende Unternehmen LEIFHEIT. Zunächst werden einige Marokkaner als Gastarbeiter eingestellt, die aber untereinander Streit schon einmal etwas heftiger ausgetragen haben sollen. Also lässt man Portugiesen und Spanier und dann vor allem türkische Arbeiter kommen. Dr. Nienaber, Patentanwalt in der Firma, erhält den Auftrag, in der Türkei arbeitsrechtliche Fragen zu klären. „Da sind wir in die Türkei gefahren. Wir haben dort Arbeitskräfte angeworben und dafür Häuser in Nassau und Hömberg angemietet oder Wohncontainer aufgestellt", so Günter Leifheit, der auch beschreibt, dass man die Arbeitskräfte relativ ordentlich – unter Verweis auf Kochstellen und Heißwasserboiler – untergebracht habe. „Er fühlte sich verantwortlich für das Wohlergehen dieser Menschen." [1] Es hat nicht lange gedauert, da sind den Männern auch Frauen sowohl als Ehepartnerinnen als auch als Alleinstehende aus der Türkei gefolgt, die bei LEIFHEIT in der Produktion gearbeitet haben. Viele Frauen arbeiten am Band in der Montage und Männer überwiegend in der Spritzgussabteilung und in der Stanzerei. Rosel Schwarz, Leiterin im Lohnbüro, erinnert sich, dass in der Spitze über 100 ausländische Arbeitnehmerinnen und Arbeitnehmer in der Firma tätig gewesen sind. „Die türkischen Paare und alleinstehende Frauen wurden in Hömberg untergebracht und von der Familie Schnabel betreut. 1970 wurde für die alleinstehenden männlichen ‚Gastarbeiter' zusätzlich das Haus Bender an der evangelischen Kirche erworben. Es wurde viel Jahre lang von Gisela und Reinhard May versorgt." [2] Günter Leifheit ist in Erinnerung, dass keine der türkischen Frauen ein Kopftuch getragen habe. „Die waren alle weltoffen", so sein Kommentar. Der ehemalige Bürgermeister Wolfgang Knoth, der Schulleiter der Grund- und Hauptschule in Nassau ist, bescheinigt 1991 Günter Leifheit, über die ökonomische Integration der türkischen Arbeitskräfte, nicht zuletzt durch gute Bezahlung, auch die gesellschaftliche gefördert zu haben. So hätten immer mehr türkische Mitbürger hier Grundbesitz und Häuser erworben.

Von großer Bedeutung ist die Anwerbung von qualifizierten Fachkräften, von Meistern und erfahrenen Handelsvertretern. Auch hier hat Günter Leifheit als Personalchef viel Sorgfalt walten lassen und eine glückliche Hand gehabt, wie etliche Beispiele belegen. Sie offenbaren auch Einstellungen und Charakterzüge Günter Leifheits als Mensch und unternehmerischer Führungskraft.

Da muss man zunächst noch einmal zurück in die „KAISER"-Zeit. Es galt, Personal vom alten Standort im Erzgebirge zu gewinnen. „Da war der Beruf des Werkzeugmachers zu Hause, den kannte man hier nicht." Die Meister der Firma kamen zunächst alle aus dem Erzgebirge. „Dann haben wir Ende der 40er Jahre den

1: v.l. sitzend: Wilfried Treis,
Heiner Fischer, Franz Wölfinger,
Fritz Hagemann, Wolfgang Schön,
v.l. stehend:
Arun Shenoy, Erwin Klug, Cornelia Epstein
2: Weihnachtsfeier 1969 in der Stadthalle Nassau:
Gerd Klos, Marga Maxheimer,
Rosel Schwarz, geb. Bauer, Erich Pfaff
3: Weihnachtsfeier 1964 auf der Schaumburg:
Günter Leifheit, Marlis Otto, Marga Maxheimer, Rosel Bauer
4: Büro Anmeldung: Rosel Bauer, Ilse Schadeck

MITARBEITER & MITARBEITERINNEN BEI LEIFHEIT

Gotthard Mocke hergeholt", so Günter Leifheit. Gotthard Mocke besaß drei Meisterprüfungen. Ein Problem bereitete die sofortige Unterbringung in einer Wohnung, bei der die Firma behilflich war. Die Meister waren vor allem auch deshalb wichtig, weil man ja sonst keine Lehrlinge ausbilden konnte. Und da kam Gotthard Mocke eine besondere Rolle zu. „Ich habe ihm auch bis zum Schluss die Treue gehalten, dem Mocke," so Günter Leifheit. Günter Leifheit hat den Kontakt zu ihm stets aufrecht erhalten.

So wechselt Johannes Liebscher 1959 von KAISER zur neugegründeten Firma LEIFHEIT und bezeichnet sich als „praktisch ersten Mitarbeiter"; er ist in der Tat ein „Mann der ersten Stunde", dem hohe Verdienste für die Entwicklung der Firma zukommen. Sein Weg ist typisch für viele Arbeitssuchende, die aus der „Sowjetisch besetzten Zone", der späteren DDR gekommen sind. Er stammt aus einem Nachbarort von Beierfeld im Erzgebirge. Nach dem Krieg hat er zunächst in Göppingen gearbeitet, dort aber keine passende Wohnung gefunden. Ein Bekannter, der schon bei KAISER in Nassau beschäftigt ist, rät ihm, es ebenfalls dort zu versuchen. Er wird sofort eingestellt und Günter Leifheit hilft ihm auch bei der Wohnungssuche. Kurz vor der Firmengründung hat Günter Leifheit ihn beauftragt, einmal überschlägig die Kosten für Maschinen und Werkzeug für eine etwaige Neugründung zu schätzen. Eines Tages habe Günter Leifheit ihn bei der Heimfahrt – er auf dem Fahrrad und Günter Leifheit im Auto – gefragt, ob er nicht bei ihm anfangen wolle. Johannes Liebscher hat zugesagt und das Risiko auch deshalb auf sich genommen, weil er die Fähigkeiten und die Tatkraft von Günter Leifheit bei KAISER kennengelernt hat.

Auch einige andere Mitarbeiter wechseln von KAISER zu LEIFHEIT. Sie haben dort bereits Günter Leifheit erlebt. Wilfried Treis sieht bei LEIFHEIT als Werkzeugmacher eine größere Herausforderung im Hinblick auf technische Innovationen. Wolfgang Schön, der ab 1960 eine Lehre bei KAISER absolviert hat, wird 1970 von Günter Leifheit zum Wechsel animiert – er gibt ihm eine Nacht, um das Angebot zu überschlafen. Wolfgang Schön wird 1972 der erste Betriebsratsvorsitzende bei LEIFHEIT.

Dann können auch in Nassau Mitarbeiter die Meisterprüfung ablegen. Günter Leifheit nennt Paul Busch bei der Bandaufsicht, der von Anfang an dabei ist, dann Hans Gritzner, Winfried Treis, Horst Gessert, Rudolf Hofmann, die von der Firma zu Meisterkursen geschickt worden sind. Helmut Schwarz erhält eine Ausbildung in Refa, ein Bereich, der für die Firmenentwicklung bei LEIFHEIT besonders wichtig ist und dem Günter Leifheit große Aufmerksamkeit widmet. Es geht sowohl um Arbeitserleichterung im Sinne eines möglichst ermüdungsfreien Arbeitens als auch um Rationalisierung im Sinne von Beschleunigung der Arbeitsvorgänge. Günter Leifheit hat einen Blick dafür, wo man durch Rationalisierung Geld sparen kann und greift hier etliche Ideen seiner Mitarbeiter im technischen Bereich auf und lässt sie umsetzen.

Auch der Weg von Rolf Schülein zur Firma LEIFHEIT zeigt Symptomatisches für Günter Leifheit. Rolf Schülein hat im Westerwald Werkzeugmacher gelernt und die Lehre mit einem sehr guten Prädikat abgelegt. Man kann der Schilderung von Rolf Schülein folgen, der als Motiv für den Arbeitsstellenwechsel im Jahr 1966 schlicht angibt: „Irgendwann geht man zu LEIFHEIT als Nassauer." Günter Leifheit empfängt ihn persönlich im Büro, um sich einen Eindruck zu verschaffen und wirft auch einen Blick auf das Zeugnis. Da er von Rolf Schüleins Fähigkeiten überzeugt ist, animiert er ihn bald, in Frankfurt ein viersemestriges Studium zum Maschinenbaukonstrukteur zu absolvieren. Rolf Schülein schließt das Studium erfolgreich ab, jobbt in den Ferien zu günstigen Konditionen bei LEIFHEIT und kehrt danach in den Betrieb zurück und wird zum Entwicklungsleiter befördert. Zu Günter Leifheits Stärke zählt es, das Potential von guten Mitarbeitern zu erkennen und sie am „richtigen" Platz einzusetzen. Er fördert talentierte Mitarbeiter und er weiß, dass das dem Betrieb zugute kommt, selbst wenn dafür jemand zunächst zwei Jahre ausscheiden muss.

Eine für die Firma LEIFHEIT außerordentlich wichtige Entscheidung ist die Einstellung von Dieter Schüfer, der am 1. November 1964 seine Arbeit dort aufnimmt. Er ist Vertriebschef bei Telefunken in Hannover. Da die Firma im Sinn hat, den Sitz nach Berlin zu verlegen, wozu es schließlich doch nicht gekommen ist, bewirbt sich Dieter Schüfer bei LEIFHEIT, einer aus seiner Sicht recht kleinen Firma. Heute befragt, was ihn denn bewogen hat, nach Nassau zu wechseln, kommt an erster Stelle das Argument, dass er das Ehepaar Günter und Ingeborg Leifheit als ausgesprochen sympathisch bei der Bewerbung erlebt und kennen gelernt hat. Das hat nicht nur er so empfunden, sondern sicherlich so manchen zu einem Wechsel zu LEIFHEIT veranlasst. Dieter Schüfer arbeitet zunächst als Vertriebschef Inland; er bringt mit seiner Dynamik und Kompetenz viele Ideen in die weitere Entwicklung von LEIFHEIT ein und trägt wesentlich zum Wachstum der Firma bei. Er verschafft sich rasch innerbetrieblich und auch bei den Handelsvertretern Respekt.

Einige Personalmaßnahmen sind genauer überliefert. Bei der spontanen Einstellung von Udo Steinhäuser hat die Beziehung zum Vater, dem „schlauen Willi", eine Rolle gespielt, auf den Günter Leifheit große Stücke hält und der ihm bereits bei der Ansiedlung von KAISER in Nassau behilflich gewesen ist. 1963 trifft Günter Leifheit bei „Piskator" auf die Familie Steinhäuser, die gerade dabei ist, den Handelsschulabschluss ihres Sohnes Udo zu feiern.

*Günter Leifheit und Udo Steinhäuser bei dessen 40. Jubiläum 2003 ***

„Da habe ich gesagt: ‚Er kann morgen anfangen'", so Günter Leifheits spontane Reaktion. Udo Steinhäuser erinnert sich, dass Günter Leifheit ihn an diesem Abend gefragt habe, was er denn nun vorhabe. „Drei Wochen Urlaub", hat er geantwortet. Günter Leifheit hätte ihn lieber bereits am nächsten Tag eingestellt. Nach den drei Wochen hat er bei LEIFHEIT mit einer kaufmännischen Lehre begonnen, mit einem monatlichen Lehrlingsgehalt von 75 DM.

Rosel Schwarz, Leiterin der Lohnbuchhaltung, macht auf ein wichtiges Einstellungsprinzip Günter Leifheits aufmerksam: „Sollten neue Mitarbeiter für die Fabrik eingestellt werden, legte er Wert auf ‚Familienbande'. Dies war so zu verstehen, dass man gerne aus einer Familie den Bruder, die Schwester oder Vater und Tochter usw. einstellte, damit sich die ganze Familie mit LEIFHEIT identifizierte und für die Firma da war. Damit hat er gute Erfahrungen gemacht." [3]

Rosel Schwarz selbst hat 1960 bei der Firma als 19-jährige angefangen. Sie ist dann jedoch von März bis Dezember 1962 in die Schweiz gegangen, um in einem Kinderheim zu arbeiten. Dort hat sie mit sozial schwachen Familien zu tun; man erzieht mit religiösem Hintergrund. Sie wollte mal weg aus der „Enge der Heimat". In der Schweiz hat sie harte Arbeitsbedingungen vorgefunden und Erfahrungen gesammelt. Bald kehrt sie wieder zu LEIFHEIT zurück und wird dort als „verlorene Tochter" willkommen geheißen.

Nicht ohne Stolz verkündet Günter Leifheit selbst im Rückblick, nie jemanden aus wirtschaftlichen Gründe entlassen zu haben, bei einer großen Firma durchaus eine Besonderheit.

Karl-Heinz Dieckmann, erfolgreicher Handelsvertreter bei der Firma SCHAKO, die ein Teppichkehrermodell nach dem Vorbild der „Little Queen" vertreibt, begegnet Günter Leifheit erstmals auf der Kölner Messe und ist gleich bei der ersten Begegnung tief beeindruckt von Günter Leifheit, seiner gewinnenden Ausstrahlung, Dynamik und intellektuellen Beweglichkeit. Kurz nach Pfingsten 1965 lädt Dieter Schüfer ihn nach Nassau ein, wo ihn Günter Leifheit begrüßt. Bei Einstellungen überlässt Günter Leifheit im Allgemeinen die Regularien und die Gespräche den Zuständigen, verzichtet aber nicht darauf, sich selbst einen Eindruck zu verschaffen, der mitunter auch schon Grund für die Einladung eines erwünschten Mitarbeiters ist. Auch hier führt Dieter Schüfer überwiegend das Gespräch. Günter Leifheit überrascht Karl-Heinz Dieckmann am späten Nachmittag mit dem lakonischen Hinweis: Er möge doch hier bleiben, morgen früh gehe es weiter. Dieser ist gar nicht auf eine Übernachtung vorbereitet; er wird in Bad Ems im Kurhaus untergebracht. Am nächsten Tag geht das Gespräch weiter. Es ist ein wechselseitiges Abtasten, nicht frei von taktischen Zügen und von „Werksspionage". Beide Seiten haben sich ohnehin schon vorher übereinander informiert. Dieter Schüfer will möglichst viel wissen, auch über den Konkurrenten, dessen Produkte und Marketingmaßnahmen. Er hat im Übrigen den Auftrag von Günter Leifheit, Karl-Heinz Dieckmann „um jeden Preis an Land zu ziehen", ihn von der Konkurrenz abzuwerben. Im Umgang mit der Konkurrenz ist Günter Leifheit nicht zimperlich. Da ist eine solche Abwerbung, mit der man einen hochqualifizierten Mitarbeiter gewinnt, ein Erfolg, ein Akt unternehmerischer Cleverness, ja marktwirtschaftlichen Handelns. Es folgt eine weitere Übernachtung. Karl-Heinz Dieckmann muss einen guten Eindruck hinterlassen haben. Am dritten Tag äußert Günter Leifheit den Wunsch – noch ist kein Vertrag unterzeichnet – seine Frau kennenzulernen. Um 11 Uhr macht er sich auf den Weg nach Ratingen und kommt mit seiner Frau zurück nach Nassau. Das Abendessen findet zu viert statt: Ingeborg und Günter Leifheit und Karl-Heinz Dieckmann und seine Frau. Mag man sich über dieses Ritual wundern. Es hat einen ganz konkreten Hintergrund, nämlich unmittelbar und authentisch in Erfahrung zu bringen, ob die Ehefrau bereit ist, die berufliche Belastung des Mannes mitzutragen, die oft lange Arbeitszeiten und auch mehrtägige Abwesenheiten mit sich bringt, etwa bei Messen. Zugleich bietet es die Chance, sich ein Bild von der Ehefrau zu machen, mit der die Firma ja auch häufiger telefonisch Kontakt halten muss. Aus der Kooperation ist eine Freundschaft zwischen den Ehepaaren erwachsen, die bis zum Tod von Günter Leifheit angedauert hat.

Günter Röckel, gelernter Industriekaufmann, ist Günter Leifheit schon in der KAISER-Zeit als Angestellter des Handelsvertreters Rolf Rolfs im Jahr 1955 begegnet. Dieser ist für KAISER tätig und empfiehlt Günter Leifheit, Günter Röckel einzustellen, der dann als selbständiger Handelsvertreter im Mai des Jahres 1960 bei LEIFHEIT beginnt. Günter Leifheit spricht später von seinem „ersten Handelsvertreter". Günter Röckel macht ebenfalls die Erfahrung, dass Günter Leifheit auch seine Frau kennenlernen möchte. Die selbständigen Handelsvertreter, die häufig selbst mehrere Mitarbeiter einstellen, arbeiten nicht nur für eine Firma. Wer für KAISER tätig ist, darf nicht für LEIFHEIT arbeiten. Umgekehrt gilt sicherlich dasselbe.

Bei seinen leitenden Mitarbeitern verfolgt die Einbeziehung der Frauen noch ein anderes Ziel. Zu Günter Leifheits Einstellungs- und Personalpolitik gehört die „Residenzpflicht" bei diesem Personenkreis. Sie sollen möglichst unmittelbar in Nassau oder in der näheren Umgebung wohnen. Bei Mitarbeitern, die von außen gewonnen werden, ist es zweckmäßig, dass die Ehefrauen auch Nassau mit seinen kleinstädtischen Strukturen kennenlernen. Es macht wenig Sinn, in die Einarbeitung von Personal zu investieren, wenn es Ehefrauen dort nicht gefällt und diese bald wieder weg wollen.

Dieter Moog, ein gelernter und technikinteressierter Industriekaufmann ist ein weiteres Beispiel dafür, dass man von der Praxis Gebrauch macht, erfahrene und erfolgreiche Handelsvertreter abzuwerben und für sich zu gewinnen. Er ist ein kritischer Mitarbeiter, der oft Verbesserungsvorschläge einbringt und anmahnt. Von ihm stammt der Satz, dass auch Designer keine Götter seien.

„AUSBILDUNG IST DAS A UND O"

„Ausbildung für die Jugend – Vom Lehrling zum Meister"– diese Überschrift gibt Günter Leifheit einem Kapitel seiner Erinnerung. Seine Grundeinstellung, möglichst erfolgreich, ja besser als die Konkurrenz zu sein, lässt keine Kompromisse zu Lasten der Qualität zu.

Ausgebildet wird vor allem für Werkzeugmacher und Büroberufe. Günter Leifheit verweist darauf, dass man auch in der Lackiererei ausgebildet habe. „Wir hatten eine ganz moderne Elektrostatik", die einen sparsamen Umgang mit Farbe ermöglichte und das Herunterlaufen von Farbe verhinderte.

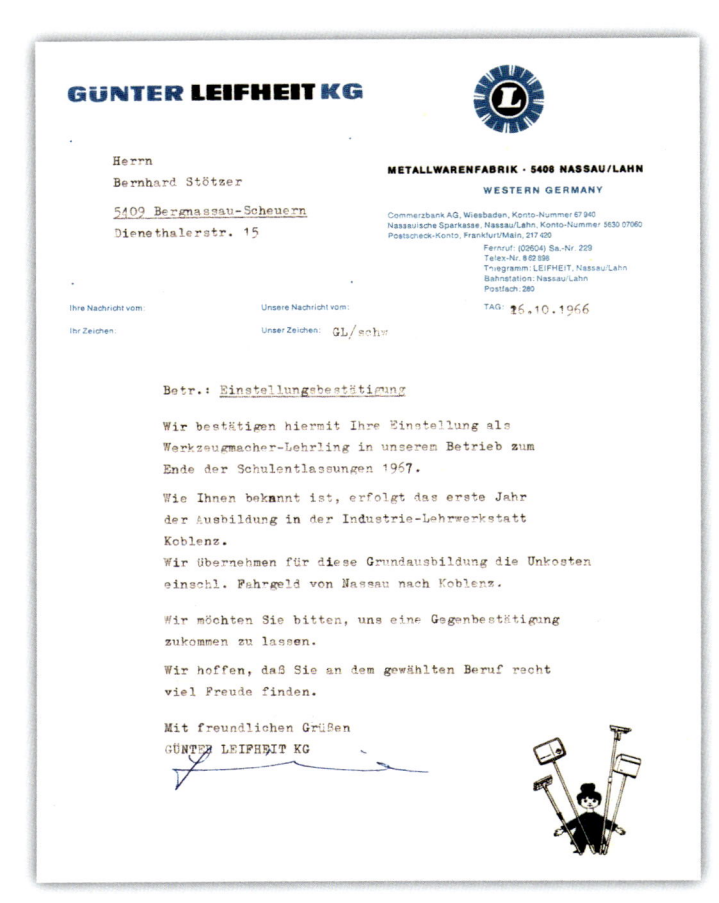

Wilfried Treis, einer der Meister, beschreibt, dass in seiner Abteilung auf 12 Gesellen bis zu 12 Auszubildende gekommen sind. Jedem Gesellen wird ein Lehrling zugewiesen. Die Lehrzeit für den Werkzeugmacher dauerte dreieinhalb Jahre. In der dem Lehrvertrag beigefügten Einstellungsbestätigung für Bernhard Stötzer heißt es: „Wie Ihnen bekannt ist, erfolgt das erste Jahr der Ausbildung in der Industrie-Lehrwerkstatt Koblenz. Wir übernehmen für diese Grundausbildung die Unkosten einschl. Fahrgeld von Nassau nach Koblenz ... Wir hoffen, dass Sie an dem gewählten Beruf recht viel Freude finden." [1] Die überbetriebliche Ausbildung fördert gründliche, breite, berufsbezogene Grundkenntnisse bei den Jugendlichen. Das ist die eine Seite. Sie entlastet natürlich auch die Betriebe in der Phase, wo neue Lehrlinge die meiste Zuwendung benötigen. So können Gesellen sich stärker „ungestört" der Produktionsarbeit widmen. Das ist die andere Seite. Günter Leifheit wird sicherlich beides gesehen und gewollt haben.

Hans Gritzner und Rudolf Hofmann erinnern sich, dass es einmal in der Woche theoretischen Unterricht für die Lehrlinge gegeben hat. Die Ausbildung im Betrieb stuft Bernd Stötzer als sehr qualifiziert ein, auch wegen der engen Kooperation mit einem Gesellen. Er hat als Lehrling bei anstehenden Wartungen und Reparaturen, die für die Produktion sehr rasch ausgeführt werden mussten, auch schon häufig freiwillig länger gearbeitet. Und da konnte es vorkommen, dass Günter Leifheit am späten Abend mit einem Imbiss aufwartete.

Ingeborg Leifheit kümmert sich besonders um die Ausbildung von Lehrlingen im kaufmännischen Bereich. Die Günter Leifheit KG gibt in Ergänzung zur Berufsschule eigene „Lehrlingsbriefe" heraus, die von leitenden Mitarbeitern verfasst und unterschrieben und auf dem Briefkopf der Firma an die Lehrlinge adressiert werden. Zwischenzeitlich ist in blauer Schrift, der wachsenden Internationalität

Rechnung tragend, dem Firmennamen „Western Germany" hinzugefügt worden. So gibt es für den kaufmännischen Bereich z.B. folgende Briefe:

Lehrlingsbrief Nr. 1	Was ein Lehrling über die bei uns verarbeiteten Kunststoffe Hochdruck- und Niederdruck-Polyäthylene wissen muss (5 S.,1967) i.V. Knopp
Lehrlingsbrief Nr. 2	Verkaufen fängt viel früher an (7S.,1968) i.V. Meusch
Lehrlingsbrief Nr. 3	Kalkulation (11 S.,1968) i.V. G. Hermann
Lehrlingsbrief Nr. 4	Rechtsformen (10 S.,1968) i.V. Dr. Nienaber
Lehrlingsbrief Nr. 5	Wie und warum Lehrberichte geschrieben werden (3 S.) i.V. Pfaff
Lehrlingsbrief Nr. 6	Betreff: Werbung (11 S., 1969) i.V. Memmert,
Lehrlingsbrief	Betreff: Ihre Zukunft (8 S., 1967) ohne Unterschrift [2]

Die Lehrlingsbriefe sind nicht nur ein allgemeiner Beleg dafür, dass man im Unternehmen Ausbildung ernst nimmt. Sie sind ein Indiz dafür, dass und wie man bestrebt ist, Lehrlingen ein Bild vom Gesamtbetrieb zu vermitteln. Die Briefe sind im Anspruchsniveau altersgerecht verfasst und didaktisch-methodisch gut aufgebaut, etwa durch kleine fallbezogene Beispiele. Für jeden Bereich zeichnet ein kompetenter Mitarbeiter verantwortlich. An und mit diesen Briefen wird auch gearbeitet. Hans-Werner Knopp, seit Januar 1961 Leiter der Abteilung Einkauf, der den Lehrlingsbrief Nr. 1 verfasst hat, ist auch Prüfungsvorsitzender bei der IHK Montabaur und hat stets mitgewirkt, die Lehrlinge in Warenkunde auf Prüfungen vorzubereiten.

Interessant ist der Brief „An alle Lehrlinge der Firma Günter Leifheit KG und der Solinger Sooger Produktion" mit dem Betreff „Ihre Zukunft". Wer hier ein hohes Lied von Sekundärtugenden wie Fleiß, Sauberkeit, Ordnung und Pflichterfüllung erwartet, wird Überraschung und Erstaunen nicht ganz verbergen können.

In diesem Brief werden zunächst anschaulich negative Beispiele von jungen Leuten geschildert, die zwar durchaus ihre Pflicht am Arbeitsplatz erfüllen, aber es routinemäßig tun, ohne Neugier und Interesse an Zusammenhängen. Dann kommt der Schwenk auf die positiven Beispiele. „Dicki und Susi haben einen heroischen Entschluss gefasst … Sie müssen sich der Zukunft wegen für ihren Beruf interessieren, also fragen, Zusammenhänge erkunden, an Kursen teilnehmen und – jeden Tag lesen. Zu jedem Beruf gehört auch Allgemeinbildung … Training des Lesens bedeutet auch Training des Gehirns ... Aber erst das Denken macht Sie lebenstüchtig". Dann kommt eine Anleihe an den Philosophen Immanuel Kant (1784) und dessen Leitspruch der Aufklärung „Wage, weise zu sein" – der hier mitgedacht, aber nicht im Wortlaut zitiert wird. Und es folgt die Antwort, warum diese Aufforderung von so vielen ignoriert wird. „Dieser Mangel", so erläutert der Lehrlingsbrief, „kommt zur Hälfte aus der Interessenlosigkeit und zur Hälfte aus dem Mangel an Mut ... Also Mut gehört in erster Linie zum Denken und Forschen." Das ähnelt fast dem Kant'schen Originaltext. Interessant ist im Folgenden „noch ein Tipp für Susi, den sie sich durch den Kopf gehen lassen sollte: Auch wenn sie glaubt, dass sie später einmal heiratet und sie sich mit solchem ‚Kram' nicht zu belasten braucht, sie muss trotzdem soviel lernen wie es irgend geht. ... Eine schöne Verpackung hat wirklich großen Wert und wird jeden erfreuen – aber in der Packung muss eine anständige, qualitativ gute ‚Schokolade' verpackt sein. Erst mit gutem Inhalt ist die Verpackung die Krone. Ein Gehirn-Muffel-Zahn im Schock-Look wirkt lächerlich. Einer geistig aufgeschlossenen Susi mit Köpfchen steht eine schicke Verpackung viel besser!" Dann noch ein Rat an die jungen Männer: „Auch eine Pilzmähne – eine Anspielung auf die Beatles – wird durch Geist erst schön ... Deshalb lesen Sie jeden Tag". Der letzte Satz, der sich auf beide Geschlechter bezieht, erhält durch eine dreifache Wiederholung in einem immer größeren Schriftzug besonderen Nachdruck. In der Tat ist das eine zentrale Leifheit-Maxime. Als der Redakteur Carlo Rosenkranz 2005 Günter Leifheit befragt, ob er ein Lebensmotto habe, antwortet er: „Nie rasten. Denn wer rastet, der rostet. Ich bin immer aktiv, lese viel, damit ich über alles Bescheid weiß." [3] Dem ist so; Günter Leifheit selbst liest viel, bis ins hohe Alter. Er setzt bewusst diesen Appell an den Schluss des Lehrlingsbriefes und unterstreicht die Wichtigkeit durch die optische Hervorhebung. Ilse Schadeck erinnert sich, dass Günter Leifheit ihr häufiger Zeitungen mit nach Hause gegeben und oft nachgefragt habe, ob sie „das und das" gelesen habe. Es habe ihm dann imponiert, wenn man mit ihm darüber diskutieren konnte.

Günter Leifheit verkörpert als Unternehmer Eigenschaften des Patrons, der den jungen Leuten auch über die Arbeit hinaus Ratschläge erteilt und sich für deren allgemeine Entwicklung mit verantwortlich fühlt, wobei der betriebliche Nutzen mitgedacht wird, das Anliegen aber viel umfassender ist. Unabhängig davon, wer beim Lehrlingsbrief „Betr. Ihre Zukunft" vorgedacht oder mitgewirkt hat und ob da Anleihen an vorhandene Ratgeber gemacht worden sind, kommt in den Gedanken und den Sprachbildern, so im Schokoladenvergleich, unverkennbar Günter Leifheit selbst zum Ausdruck. Da schöpft er aus originären Erfahrungen seines eigenen Lebensweges. Der emanzipatorische Ansatz existiert allein schon durch Ingeborg Leifheits Rolle im Betriebsleben. Von Frauen, ob zu Hause oder im Beruf, erwartet er eine gute Allgemeinbildung und Esprit als Partnerin des Mannes und im gesellschaftlichen Leben. Wer in den Ratschlägen an Susi diesbezüglich emanzipatorische Defizite zu erkennen glaubt, möge sich in das Jahr 1967 und die damaligen Geschlechterrollen versetzen.

Den Ratschlag, Kurse zu besuchen, hat er als Unternehmer eifrig gefördert. Ein „Lehrfräulein" – die Bezeichnung gab es in den 60er Jahren – aus dem kaufmännischen Bereich berichtet, dass man in Bad Ems nach Feierabend einige Abendkurse beim Volksbildungswerk habe besuchen müssen, um sich dort in Steno, Deutsch und Maschinenschreiben fortzubilden und zu perfektionieren. Auch daran wird deutlich, dass LEIFHEIT auf gediegene Ausbildung Wert legt. In der Regel hat man in Nassau Absolventen der Volksschule oder für den kaufmännischen Bereich auch Absolventen der Handelsschule eingestellt. Nach Abschluss der Lehre wird das genannte Lehrfräulein häufiger auf Seminare geschickt. Auch Rosel Schwarz berichtet, dass sie auf Wunsch der Firma an einer zweitägigen Fortbildungsveranstaltung in Esslingen zum Thema „Das Neueste im Sozialversicherungsrecht und Zweifelsfragen der Lohnfortzahlung" teilgenommen hat. Und es wird nicht die Einzige sein. Zu den ersten „Lehrfräuleins" zählen auch Helga Kraft und Ilse Schadeck aus Nassau, die spätere Ehefrau von Günter Leifheit, die am 19. April 1960 eine kaufmännische Ausbildung als Industriekauffrau beginnt und später im Vertrieb arbeitet.

LEIFHEIT ist an einer breiten fundierten Grundausbildung interessiert und an leistungswilligen jungen Leuten. Da Günter Leifheit täglich durch die Firma gegangen ist, hat er gute Personalkenntnisse und ein Gespür dafür, wer mitzieht, um LEIFHEIT voranzubringen. In der Firma wird etwas über den Eigenbedarf hinaus ausgebildet. So kann man möglichst viele übernehmen, aber auch die Tüchtigsten auswählen. Sie bilden den Grundstock für die Weiterentwicklung der Firma.

Udo Steinhäuser, dessen spontane Einstellung durch Günter Leifheit bereits geschildert worden ist, hat schon nach zweieinhalb Jahren seine Lehre erfolgreich beendet. Nach seiner Rückkehr von der Bundeswehr geht es innerbetrieblich für ihn rasch aufwärts. Günter Leifheit weiß noch, dass es am Anfang schwierig gewesen sei, ihn zu überzeugen, für ein halbes Jahr nach England zu gehen, damit er dort seine Sprachkenntnisse perfektionieren könne. Drei Monate hat er dafür in

London und drei weitere in Cardiff in Wales bei einem befreundeten Unternehmen verbracht, das ebenfalls in der Haushaltswarenbranche tätig gewesen ist. Später wird er noch zu einem zweimonatigen Sprachkurs an die Côte d'Azur geschickt. LEIFHEIT ist – wie es das Logo rasch ausweist – INTERNATIONAL. Da weiß Günter Leifheit um die Bedeutung von Fremdsprachenkenntnissen im Marketingbereich.

Bereits Mitte der 60er Jahre werden die ersten Auslandsniederlassungen in den Niederlanden und in Frankreich gegründet, und man stellt auf internationalen Messen aus. Schon mit 26 Jahren ist Udo Steinhäuser, der auch fließend niederländisch spricht, zum „Exportleiter mit Handlungsvollmacht aufgestiegen". 1974 erhält er Prokura. Günter Leifheit hat wieder einmal den „Richtigen" gefördert, und man hat sich gegenseitig nicht vergessen. Das ist eine seiner Begabungen: Die richtigen Leute an den richtigen Platz zu stellen.

DIE PRODUKTION –
„ORDNUNG, SAUBERKEIT UND
DIE MASCHINEN MÜSSEN LAUFEN."

Die 2005 erstellte „Unternehmergeschichte" macht auf die effiziente Produktionsweise bei LEIFHEIT aufmerksam: „Günter Leifheit war ein Fachmann für die Produktion von Haushaltswaren. Das merkte man dem neuen Werk in Nassau an. Es wurde nach den modernsten Gesichtspunkten auf einer Ebene erstellt, dem Lauf der Produktion entsprechend." Hier wird auch der Produktionsablauf geschildert:

„Vom Eingang des Rohmaterials bis zum Versand wurden alle Bereiche so aufgebaut, dass ein kontinuierlicher Arbeitsablauf gewährleistet war. Der Prozess begann in der Stanzerei, in der Einzelteile des Teppichkehrers aus Rohmaterial gepresst und gestanzt wurden.

Im eigenen Werkzeugbau wurden die Schnitt- und Formwerkzeuge hergestellt, die zur Fertigung der Rohre benötigt wurden. Hier wurden auch Lehrlinge zu Facharbeitern ausgebildet.

Die Kunststoffteile wurden in einer eigenen Kunststoffspritzerei gefertigt. Besonders eindrucksvoll war die Reinigungs-, Lackier- und Trockenanlage mit Hängeförderer. Hier wurden vollautomatisch die Metallteile entfettet und entstaubt, elektrostatisch aufgeladen und lackiert und schließlich bedruckt.

In der Montagehalle wurden die Teile zu Fertigerzeugnissen zusammengesetzt, geprüft und schließlich in der sich unter dem gleichen Dach befindlichen Lager- und Versandhalle verpackt und anschließend gelagert oder gleich verschickt." [1)]

Am Montageband verrichten ausschließlich Frauen ihren Dienst. Sie heben ankommende Produktionsteile vom Band, teils mit pneumatischer Unterstützung, auf den Arbeitstisch und setzen das nächste Teil ein, für das sie zuständig sind.

Günter Leifheit, wenn auch primär für den Vertrieb zuständig, ist dem Technischen nicht fremd; da mögen das väterliche Erbe – sein Vater ist Werkmeister bei DEMAC gewesen – und vor allem die Erfahrungen aus der KAISER-Zeit nachwirken. Einige Mitarbeiter bescheinigen ihm – allerdings in unterschiedlichem Maße – ein technisches Grundverständnis, insbesondere auch im Hinblick auf Produktentwicklung und Rationalisierung. Als er von der „f + f" Redaktion (vermutlich „form und farbe", o.J.) befragt wird, inwieweit man für die Elektro-Statik-Anlage geschultes Personal benötigt, antwortet er:

„Ich habe von Anfang an Wert darauf gelegt, dass mein Personal für den entsprechenden Arbeitseinsatz geschult wurde. Dabei haben wir von Seiten der Firma Wülfing – durch ihren technischen Service – in der Unterweisung unserer Leute große Unterstützung bekommen. Das hat uns sehr geholfen." Günter Leifheit beschreibt, gut vorbereitet, auch den Fertigungsablauf in der Lackier-Abteilung

Einblick in die Stanzerei und die Bandfertigung in der Montage *

den beiden Redakteuren von „f + f" sehr präzise: „Wir präparieren den metallischen Untergrund in einer funktionell sehr exakt arbeitenden Durchlaufanlage, die eine vorzügliche Haftung des Lackmaterials gewährleistet. Die Lackmaterialien, die in meiner Elektrostatikanlage verwendet werden, sind so eingestellt, dass selbst bei höchster Bandgeschwindigkeit eine gleichmäßige Schichtauflage mit den entsprechenden Umgriffen an den Werkstücken gegeben ist. Um die physikalischen Gesetze beim Trocknungsprozess der Anstrichstoffe einzuhalten, habe ich besonders darauf geachtet, dass eine entsprechende Abdunststrecke zwischen dem elektrostatischen Lackauftrag und dem Einbrennofen liegt … Das ganze Lacksystem ist so ausgewählt, dass meine Produkte einen optimalen Korrosionsschutz aufweisen."

Günter Leifheit hat bei Messen und anderen Besuchen viel gesehen, Anregungen aufgegriffen und mit Skizzenblock ihm interessant Erscheinendes fleißig in kleinen Zeichnungen festgehalten und in den Betrieb mitgebracht, damit es imitiert, variiert und möglichst optimiert wird. Auch bei ihm gilt der Grundsatz: „Die Sprache des Technikers ist die Zeichnung." Geschrieben hat er nicht sehr gerne; das Schreiben hat ihm auch eine Kriegsverletzung an der rechten Hand erschwert.

„Wir wollen stets das beste Produkt haben" ist eine Richtschnur für Günter Leifheit. Dieter Schüfer belegt es so: „Verkauft die Konkurrenz Teppichkehrer mit einem Steckstiel, der schon mal auseinander fällt, so ist es bei LEIFHEIT ein Schraubstiel, der stets verbunden bleibt. Natürlich muss auch die Kehrerbürste von höherer Qualität sein als die der Mitbewerber. Dem vom glatten Boden auf hohen Flor einstellbaren Teppichkehrer Regulus hatten die Mitbewerber nichts entgegen zu setzen. So wurde Regulus zum ‚Europameister'. Damit trotz des technischen Mehraufwandes der Preis stimmte, hat LEIFHEIT frühzeitig auf moderne und kostengünstige Montage (Snap-In) gesetzt, während andere Hersteller die Kehrer noch aufwendig zusammenschraubten."[2] Darin sieht Dieter Schüfer einen der entscheidenden Gründe für den Erfolg von LEIFHEIT. Damit der Stil des Teppichkehrers in ein handliches Paket passte, musste er aus drei Teilen bestehen; auch da ist das LEIFHEIT-Produkt der Konkurrenz überlegen. Der Konkurrent BISSEL hat da bald das Nachsehen. Dieter Schüfer fügt 1984 beim 25-jährigen Firmenjubiläum im Rückblick noch einen weiteren Aspekt hinzu: „Technik, Ergonomie und Material bilden bei LEIFHEIT eine ästhetische Einheit", wobei Ergonomie sich hier nicht auf den Herstellungsprozess, sondern auf die Handhabung der Produkte bezieht.[3]

Großen Wert legt man auf betriebseigene Innovationen. Für gute Verbesserungsvorschläge verleiht eine Kommission Geldprämien. Ihr gehören Ingeborg und Günter Leifheit, Johannes Liebscher und je nach Unternehmensbereich noch ein entsprechender leitender Mitarbeiter an. Das Ehepaar entscheidet da kräftig mit, mitunter auch alleine. Der Ausschuss für die „Gewährung von Prämien für Verbesserungsvorschläge" hat z.B. Horst Müller mehrfach mit Beträgen bedacht, so mit 150 DM für die „Markierung von LEIFHEIT Teppichkehrern, um bei Verkäufen festzustellen, welcher Großhändler die Geräte ausgeliefert hat" (14.10.1973), 300 DM für die „Auswertung der Börsen (NB)" (12.4.73) und 500 DM für die „Unterschiedliche Rohrlänge beim Tip-tap zum besseren In-einander-Schieben" (12.2.1973). [4] Das sind alles kleine Rationalisierungs- und Optimierungsschritte, die auf einem Antragspapier mit dem Titel „Gute Ideen bringen Geld" eingereicht werden und zunächst in der Spalte „So sieht die Sache jetzt aus" und dann unter „Ich schlage vor" beschrieben und begründet werden. „Gute Ideen bringen Geld ein" – das trifft somit sowohl auf den Ideengeber als auch auf die Firma zu. Die vorgesehene Markierung von Teppichkehrern ermöglicht die Verfolgung des Weges der Ware bis zum Endverbraucher. Sie ist auch deshalb wichtig geworden, um bei fester Preisbindung Preisbrechern auf die Spur zu kommen. Horst Müller berichtet von einer Aktion, wo man mit drei Fahrzeugen die Ware aus einem Großmarkt aufgekauft und zurückgeholt hat.

Viele Verbesserungsvorschläge und auch Patente kommen von den Mitarbeitern der Firma. Da die Patente in der Regel am Arbeitsplatz, in Dienstausübung, entwickelt werden, erfolgt beim Patentamt der Antrag auf Nichtnennung. Damit verbleibt das Patent bei der Firma, und der Erfinder erhält eine andere Vergütung, so berichtet es Rolf Schülein. Das Gros der Patente, mehr als fünfzig, geht auf Johannes Liebscher, „den Mann der ersten Stunde" zurück. Auch er stuft sie als „Arbeitnehmererfindungen" ein, die beim Deutschen Patent- und Markenamt so registriert werden.

Ein Spruch von Günter Leifheit ist vielen im Gedächtnis: „Ordnung, Sauberkeit und die Maschinen müssen laufen." Und darauf achtet Günter Leifheit bei seinen täglichen Betriebsrundgängen mit Argusaugen. Ist der Produktionsprozess an einer Stelle gestört, stehen Überstunden bis in den späten Abend an.

Günter Leifheit ist Kaufmann. Er rechnet in Lohn- und Stückkosten. Außerdem muss die Firma einer großen Nachfrage gerecht werden und oft unter Zeitdruck arbeiten. Das zieht eine permanente Suche nach Verbesserungen, Optimierungen in Qualität und Quantität nach sich. So kommt es zu modernen Fertigungsmethoden in Gruppen, zu Stoppuhrkontrollen und Refa-Maßnahmen als Grundlage für den bei LEIFHEIT üblichen Prämienlohn.

„Günter Leifheit war ein Unternehmer mit vielseitigem Talent. Gerade auch im technischen Bereich, bis hin zur rationellen Fertigung, in die er viel Zeit und Geld investierte", so bescheinigt es ihm Dieter Schüfer 2009 im Rückblick. [5]

„ZUERST KOMMT DAS VERKAUFEN, DANN DIE PRODUKTION" – VERTRIEB UND MARKETING

Auch das ist ein Kernsatz von Günter Leifheit. Im Klartext: Man braucht zunächst Aufträge, die dann allerdings auch rasch in der Produktion ohne Lieferverzögerung zu erfüllen sind. Man produziert möglichst nicht „auf Halde". Die Produktion soll sich nach der Nachfrage richten. Mitunter kommt man jedoch in Schwierigkeiten und kann nicht schnell genug nachkommen, um die Nachfrage zu befriedigen.

Günter Leifheits allergrößte Begabung – darin stimmen alle überein, die mit ihm zusammengearbeitet haben – hat im Marketing gelegen. Seine Begabung in diesem Bereich, auf den man ihn jedoch keineswegs reduzieren darf, ist so herausragend, dass man ausdrucksstarke Bilder und Vergleiche gesucht und gefunden hat, um sie zu charakterisieren. Bereits in der KAISER-Zeit gab es ein geflügeltes Wort, eine bildhafte Verdeutlichung seines Talentes, indem man ihm nachsagt: „Der kann auch Sand in Tüten verkaufen", so Johannes Liebscher. Bei Karl-Heinz Dieckmann gipfeln die Verkaufstalente von Günter Leifheit in einem etwas befremdlich anmutenden Vergleich mit einem „Rattenfänger", dem die Kunden in Scharen nachlaufen. Dieckmann will damit wohl ein ans magische grenzendes Phänomen ausdrücken. Man überträgt unwillkürlich das Bild des Rattenfängers von Hameln auf Günter Leifheit, wie er flötend und werbend durch die Messehallen schreitet und Kunden hinter sich herzieht, die unwiderstehlich von ihm angezogen werden. Nassaus Stadtbürgermeister a.D. Wolfgang Knoth gebraucht das Bild vom „Menschenfänger".

Für sein Talent hat Günter Leifheit keine Ausbildung durchlaufen, aber Führungseigenschaften mitgebracht und nach dem Krieg als selbständiger Handelsvertreter erstmals anwenden können. Er verfügt über ein Naturtalent, das er durch seine gesammelten Erfahrungen, überwiegend als Autodidakt, zur vollen Entfaltung gebracht hat. Er ist schon bei KAISER Vertriebsleiter. Man bescheinigt ihm Genie, Sensibilität in der Aquirierung und Kundenbetreuung. Hinzu kommt ein professionelles Firmenmarketing in der Gewinnung und Schulung von Handelsvertretern, von geschickter Werbung und von klugen Verkaufsstrategien. Es fällt nicht leicht, diese ebenso komplexe wie ganzheitliche Fähigkeit Günter Leifheits in Einzelelemente aufzugliedern. Wenn man ihm gerecht werden und dem Geheimnis seines Erfolges nachspüren will, muss man diesen Versuch jedoch unternehmen.

• Günter Leifheit ist groß, eine stattliche Erscheinung, mit 39 bei der Firmengründung ein „Mann in den besten Jahren" mit einer besonderen Ausstrahlung. Er ist einer von denen, die schon beim Betreten eines Raumes oder Platzes oder in einem Gesprächskreis Aufmerksamkeit und Interesse auf sich ziehen, längst bevor er ein Wort gesagt hat. Dazu ist er kontaktfreudig, gut gelaunt, temperamentvoll. Er hat Humor, ist zu Scherzen aufgelegt und besitzt ein herzerfrischendes, unnachahmliches Lachen. Das ist eine Eigenschaftskombination, mit der er andere sehr schnell, oft spontan für sich einnimmt. Damit steht er rasch auf der Gewinnerseite. Er ist bei den Geschäftspartnern in den Kaufhäusern sehr beliebt.

• Günter Leifheit ist zudem ein guter Gesprächspartner und Redner. In der Regel spricht er kurz, auch bei offiziellen Anlässen völlig frei, ohne Manuskript und Spickzettel. Er kann im Spektrum seines Metiers druckreif formulieren und bringt Sachverhalte präzise und überzeugend auf den Punkt. Man hört ihm gerne zu, und fraglos beherrscht er auch die Klaviatur der Überzeugungskünste im Marketingbereich. Einige sehen darin schon die Kerneigenschaften für seinen Erfolg.

• Günter Leifheit ist ein verlässlicher Partner, sei es im innerbetrieblichen Umgang oder in Kontakt mit Kunden und Banken. Auf sein Wort ist absoluter Verlass. Bei ihm ist das gesprochene Wort eine Zusage, wichtiger als ein Dokument. Wenn er sagt: „Das machen wir so!", dann kann sich jeder darauf verlassen. Selbst in den üblicherweise buchhalterisch-akribischen Bankgeschäften tritt er so auf, verlässt nach mündlicher Absprache die Bank, oft ohne eine Unterschrift zu leisten, und setzt bei der nächsten Besprechung die Vereinbarung papierlos voraus. Die Bankangestellten merken auf, wenn Günter Leifheit die Bank betritt, so schildert ihn Heinz Höning [1], ein befreundeter Vertreter eines Bankinstituts. Man mag einwenden, dass es doch ein Charakteristikum dieser Zeit sei, in der oft ein Handschlag soviel wie ein Vertrag bedeute und dass sich darin die Orientierung am

Leitbild des ehrbaren Kaufmann zeige, das sich durch Solidität und Vertrauen auszeichne. Bei Günter Leifheit geht diese Grundhaltung und Verlässlichkeit jedoch weit über solche Standards hinaus und wird bei Banken, Betriebsangehörigen und Geschäftspartnern auch als Besonderheit wahrgenommen und wertgeschätzt. Für Christian Gross ist es die absolute Geradlinigkeit, die Günter Leifheit auszeichnet, sowohl im Privaten als auch im Beruflichen.

• Günter Leifheit ist und bleibt bodenständig, sowohl in der Sparsamkeit als auch in seiner Großzügigkeit. Er kommt aus einfachen Verhältnissen, und der rasche Reichtum ändert nichts an dieser Bodenständigkeit. Er ist nicht abgehoben, fährt bisweilen in der „Holzklasse", wie ihm einige innerhalb und außerhalb der Firma bescheinigen. Seine wichtigsten Kontakte hat er Zeit seines Lebens zur Familie und zu den Nassauer Bürgerinnen und Bürgern aus dem Unternehmen, aus der Kommune und dem Vereinsleben. Er hebt mit zunehmendem Reichtum nicht ab, wechselt nicht das Milieu und bleibt respektvoll allen verbunden, mit denen er bisher zu tun gehabt hat. Man darf diese Eigenschaft nicht unterschätzen. Daraus resultiert bei ihm Solidität und Authentizität.

• Günter Leifheit weiß „Regeln" im Umgang mit dem Kunden geschickt einzusetzen. Gerne führt er auf Messen seine Gespräche in seiner „Chefkabine", die etwas abgetrennt ist. Es muss ja nicht jeder wissen, wer gerade vor ihm da gewesen ist. Günter Leifheit kennt die „Spielregeln", die ihm Zugang zu Abteilungsleitern in Warenhäusern verschaffen. Bevor er dort einen Besuch antritt, erhält ein oder zwei Tage vorher die Sekretärin einen großen Blumenstrauß mit einem kleinen Präsent. Wenn er dann eintrifft, stehen ihm oft die Türen zu den Vorständen offen. So erlebt und berichtet es Johannes Liebscher, der ihn sowohl bei KAISER als auch bei LEIFHEIT im Marketing erlebt hat. Gerade Damen vermag Günter Leifheit mit seinem Charme besonders zu beeindrucken. Honi soit, qui mal y pense! Günter Röckel erinnert sich an Bleistifte mit der Aufschrift des Firmennamens als erstes Werbegeschenk. Günter Leifheit hat bei Messen häufig einen Koffer mit edlen Lehner Taschentüchern, Kulis und Bonbons dabei gehabt, um damit Kunden zu erfreuen. Bei seinen Kunden wusste er, wann deren Ehefrauen Geburtstag hatten und wann die Kinder konfirmiert wurden oder zur ersten Kommunion gegangen sind. An Messeständen der Firma entgeht ihm kein Fehler in der Dekoration. „Perfektion in jedem Detail", das war der Anspruch an alle. Die Verkäufer kannten das Steckenpferd vom Chef: „Wir stehen auf dem Messestand stets mit dem Rücken zum Stand und blicken fröhlich Richtung Gang. Auf diese Weise war sicher gestellt, dass kein einziger Kunde den LEIFHEIT Verkäufern entwischen konnte", so schildert es Dieter Schüfer. Lädt Günter Leifheit abends potentielle Kunden und/oder Mitarbeiterinnen und Mitarbeiter zum Essen ein, ist er stets sehr großzügig, aber um 24 Uhr ist Schluss. Das hält er recht eisern bei, angesichts des enormen Arbeitseinsatzes sicherlich ein gute Grundregel zur Sicherung von Kondition und mentaler Fitness, die wiederum am nächsten Morgen benötigt werden.

Die Firma präsentiert ihre in Deutschland „meistgekauften" Produkte auf dem Messestand in Köln, v.l. (sitzend): Handelsvertreter Günter Röckel, Vertriebschef Dieter Schüfer, Handelsvertreter Friedrich Wilhelm Hueck sowie Vertriebsleiter Erich Pfaff und Einkaufsleiter Werner Knopp im Gespräch mit Kunden. ****

• Günter Leifheit verfügt über eine rasche Auffassungsgabe und ein phänomenales Gedächtnis. Dr. Gerhard Lempenau, als Rechtsanwalt und Steuerberater der Firma seit 1971 verbunden, bescheinigt ihm das sprichwörtliche Gedächtnis eines Elefanten. Das beschränkt sich nicht nur auf geschäftliche Sachverhalte. Er kennt alle Mitarbeiterinnen und Mitarbeiter seines Betriebes mit Namen, das gilt auch für sein ganzes Kundenspektrum, die vielen Handelsvertreter, Abteilungsleiter von Kaufhäusern, Zulieferbetrieben, und darüber hinaus weiß er in der Regel viel über die Familien. Man ahnt, welche Wettbewerbsvorteile damit verbunden sein können. Auf großen Ausstellungen für Haushaltswaren notiert Günter Leifheit sich in der Regel nichts. Wenn er dann oft nach mehreren Tagen zurück nach Nassau ins Büro zurückkommt, diktiert er aus dem Gedächtnis seiner Sekretärin, was er an neuen Daten, Fakten und Trends erfahren hat, welche Schlüsse er für das Firmenmarketing zieht und welche Handlungsanweisungen sich daraus ergeben.

• Günter Leifheit ist aufnahmefähig und offen, belehrbar, bereit, Ideen und Anregungen aufzunehmen. Er hat die Ohren offen und kann zuhören. Er studiert gründlich Versandhauskataloge. Auf Messen führt er viele Gespräche, schaut sich konzentriert und neugierig um, nimmt vieles auf. Auch bei den für ihn arbeitenden Handelsvertretern, die ja Rückmeldungen und Erfahrungen von „Außendienst" und von Strategien der Konkurrenz mitbringen, hört er aufmerksam zu. Günter Leifheit schreibt noch 1986 an Karl-Heinz Dieckmann: „Besonders möchte ich noch hervorheben, dass meine Mitarbeiter und ich Ihre kreativen Vorschläge bei der Kundenbetreuung und Sortimentsgestaltung sehr geschätzt haben." [2] Klugheit im recht verstandenen Sinne, so steht es schon beim Philosophen und Theologen Thomas von Aquin (1225-1274) setzt „docilitas", also Belehrbarkeit, Lernfähigkeit voraus. Angesichts der realen und sich rasch verändernden Vielfalt im Marketingbereich würden Unbelehrbarkeit, Beharren auf einem Ist-Stand, und Besserwisserei rasch zu ökonomischen Einbußen führen.

• Sein Umgang mit der Konkurrenz zeichnet sich keineswegs durch besondere Ritterlichkeit, durch Fairplay aus. Im Gegenteil. „Industriespionage" und „Konkurrenzausspähung", die heute im digitalen Zeitalter häufig mit Hackerangriffen stattfinden, müssen sich in den 50er und 60er Jahren mit „einfachen" Methoden, begnügen: etwas abschauen oder jemanden von der Konkurrenz abwerben. Ein konkurrierender Wettbewerber – um 1960 ein Kollege von Karl-Heinz Dieckmann – hat die „Little Queen" für die Firma BISSEL vertrieben, die aus Amerika gekommen ist. „Der Artikel war ein Renner auf dem deutschen Markt", so der Konkurrent. Auf den Kölner Hausratsmessen habe es zwischen LEIFHEIT und BISELL vielfach Auseinandersetzungen gegeben." [3] Günter Leifheit „war mit allen Wassern gewaschen", urteilt der Wettbewerber. Gleichzeitig zählt dieser Kritiker zu den Bewunderern von Günter Leifheit. „Er war, dass muss ich als sein Wettbewerber sagen, d i e große Verkäuferpersönlichkeit und auch deshalb so erfolgreich … Sicher hatte er auch einige gute Mitarbeiter. Aber er war der Ideengeber, und er hatte das gewisse Etwas, Menschen und Mitarbeiter für seine Firma zu begeistern." Dieter Schüfer erwähnt drei Faktoren, mit denen Günter Leifheit die Mitarbeiter zu Höchstleistungen angespornt hat: mit Motivation, überbetrieblicher Bezahlung und einem klaren Feindbild – der Konkurrenz. Da Günter Leifheit Humor liebt, sei für das Rivalitäts- und Konkurrenzerhalten ein Märchen-Bezug gestattet. In der Auseinandersetzung von „Hase und Igel" verkörpert er zweifelsohne den Igel, zumal er in schwierigen Situationen ja auch noch seine Frau einbeziehen und er so der Konkurrenz mit den Worten „Ich bin schon da" zuvor kommen kann.

• Der zitierte konkurrierende Wettbewerber von BISSEL weist auch auf eine weitere Eigenschaft von Günter Leifheit hin. Dieser brauche, „um Entscheidungen großen Umfangs zu treffen, einige Stunden, BISSEL dagegen Monate". [4] Mitarbeiter bei LEIFHEIT bestätigen das; er habe in der Regel rasch entschieden, oft instinktiv und

„aus dem Bauch" heraus, natürlich auf seine Erfahrungen gestützt. In den 60er Jahren trifft Günter Leifheit auf eine sehr bewegte, in permanenter Veränderung befindliche Verkaufslandschaft. Der traditionelle Einzel- und Fachhandel erhält Konkurrenz durch Großhandlungen, Warenhäuser und Verbrauchermärkte. Die „grüne Wiese" mit reichlich Parkplatzangebot, weitgehender Selbstbedienung und großer Verkaufsfläche etabliert sich neben dem traditionellen innerörtlichen Handel, was sich auf Marktstrategien, Preisbildungen u.a. auswirkt. Das erfordert flexibles Handeln und innovatives Vorgehen im Marketingbereich. Jammern, nörgeln und endlose Diskussionen führen waren nicht seine Art, nur positive Ergebnisse zählten, so charakterisiert ihn Dr. Gerhard Lempenau.

• Es geht jedoch um weit mehr als um Ausstrahlung, rhetorisches Geschick und Gedächtnis in der Beziehung zu den Kunden. Günter Leifheit war ausgesprochen kundenorientiert und wurde von Großkunden im In- und Ausland geschätzt. Er vergaß keinen Geburtstag oder anderen wichtigen Termin seiner Kunden. Sein Privathaus und auch das firmeneigene Gästehaus standen allen Kunden – oft auch am Wochenende – offen. Anfangs hat die Firma ein Gästehaus in der Windener Straße angemietet, um Einkäufer unterzubringen. Später diente das Haus unmittelbar unter dem Anwesen im Neuzebachtal dazu. Diese menschliche Nähe zu Kunden war einer der entscheidenden Gründe seines Erfolges. Das ging auch schon einmal so weit, dass ein ehemaliger Zentraleinkäufer aus Holland, der seinen Job aufgegeben hatte, um Priester zu werden, gerne auch noch im Priestergewand nach Nassau kam, um einige Tage bei Familie Leifheit zu wohnen.

Das Anwesen des Ehepaars Leifheit in Nassau im Neuzebachtal *

Außendienst- und Vertretertagungen finden in den 60er und 70er Jahren in regelmäßigen Abständen statt und fördern den Kontakt zu den Handelsvertretern.*

- Günter Leifheit hat ein ausgeprägtes und „sicheres Gespür, wie viel Geld eine Hausfrau für ein Haushaltsgerät auszugeben bereit ist", so Dr. Gerhard Lempenau, [5)] und welche Innovationen und Weiterentwicklungen Erfolg versprechen. Es ist ja auch nicht bei Teppichkehrern geblieben. Dieser Realitätssinn ist eine ganz entscheidende unternehmerische Leistung.

- Günter Leifheit ist gut vernetzt und versteht es, die Kontakte auch wirtschaftlich zu nutzen und von den Erfahrungen anderer zu profitieren. Er verfügt über ein breites Beziehungsfeld in Bereichen, die für seine Branche wichtig sind.

- Günter Leifheit zeichnet sich durch hohe Kompetenz auch im Hinblick auf die technische Qualität des Warenangebots der Firma aus; er stößt ja selbst häufiger technische Weiterentwicklungen an, verfolgt Entwicklungsprojekte sorgfältig und lässt sich da kein X für ein U vormachen.

Das sind in der Summe bereits 13 Facetten unterschiedlicher Kompetenzelemente, die sich teilweise berühren, überschneiden, ergänzen und sich in der Persönlichkeit von Günter Leifheit bündeln. Das ist weit mehr, als ihm bloß Marketinggeschick zu bescheinigen. Diese Eigenschaften sind Puzzlestücke, die erst zusammengesetzt ein annähernd vollständiges Bild der komplexen Leistung ergeben, die von Günter Leifheit im Marketingbereich erbracht wird. Gleichsam als Basis spielen dabei menschliche Qualifikationen eine Rolle, so etwa seine Bodenständigkeit, sein herzlicher Humor und seine Gastfreundlichkeit.

Internationale Vertreterkonferenz in Nassau *

Eine der Außendiensttagungen in der Firma steht unter dem Motto „Der beste Verkäufer ist der Verkäufer, der Tag für Tag besser wird.", v. l.: Dieter Schüfer (Vertriebsleiter), Erich Pfaff (Verkaufsleiter Inland). *

Dem Ehepaar Leifheit gelingt es bald, eine professionelle Vertriebs- und Außendienstmannschaft für die Kunden im In- und Ausland aufzubauen. Für Günter Leifheit hat die Kundenorientierung uneingeschränkten Vorrang. „Erst die Kunden, dann die Post", das gilt sowohl innerbetrieblich als auch in der Außenbeziehung. Der Kunde ist König, weil nur der Verkauf Gewinn einbringt.

Für den Kontakt mit den Handelsvertretern sind Außendienst- und Vertretertagungen erforderlich, die in den 60er und 70er Jahren in bestimmten Abständen stattfinden. Dabei spielen Leitsätze eine wichtige Rolle. „In mir muss brennen, was ich bei anderen entzünden will" dient bei einer solchen Tagung als Motto. Dieser hier leicht abgewandelte Aphorismus von Bischof Augustinus (354-430), der in Rhetorik und antiker Philosophie zu Hause gewesen ist, hat zu allen Zeiten Eingang in Formen der religiösen und politischen Überzeugung und schließlich auch in Marketing-Strategien gefunden. Für Günter Leifheit ist es ein ganz wichtiger Grundsatz: Man muss von einem Produkt selbst begeistert sein, wenn man es erfolgreich verkaufen und vermarkten möchte.

Solche Leitsätze sind sowohl für die innerbetrieblichen Abläufe als auch für Werbung und Verkauf von Bedeutung. Karl-Heinz Dieckmann steuert Details für den Ablauf von Außendiensttagungen bei. Er erinnert sich, dass die Außendienstmitarbeiter gleich bei ihrem Eintreffen das Fahrgeld für An- und Abreise erhalten haben, was Rosel Schwarz bestätigt, die für diese Auszahlungen zuständig ist. Dieser Auzahlungsmodus – bei anderen geschieht das häufiger erst am Ende der

Tagung – ist zwar nur ein Detail, aber symptomatisch dafür, wie wichtig für Günter Leifheit diese Gruppe ist, die er für sich gewinnen und bereits atmosphärisch beim Entrée an sich binden will. Er hat die Gruppe stets begrüßt. Er ist der Motivator, der dann weitgehend Dieter Schüfer die Tagungsleitung überlässt. Hin und wieder taucht Günter Leifheit wieder bei der Gruppe auf; auch Ingeborg Leifheit wirkt phasenweise mit. Es bleibt nicht nur bei Besprechungen, Referaten und Präsentationen neuer Produkte. Da werden auch Rollengespräche durchgeführt, Verkaufsgespräche trainiert. Dieter Schüfer versteht es dabei, die Rollen zu wechseln und z.B. als skeptischer Kunde aufzutreten, den es zu überzeugen gilt. Dafür hat er ein Brett vor sich gehalten, auf dessen Vorder- und Rückseite „Käufer" bzw. „Verkäufer" gestanden hat. Günter Röckel erinnert sich, dass bei einigen Tagungen, in denen es ja vor allem um die Vorstellung eines neuen oder weiterentwickelten Produktes geht, jeder das Gerät gänzlich auseinandernehmen und wieder zusammenbauen musste. Jedes Detail, etwa wie man Bürsten bei den Teppichkehrern auswechselt, wird geübt. Ingeborg Leifheit hat für den Schnellsten manchmal einen kleinen Preis ausgesetzt. Günter Röckel erhält bei dieser Übung einen Seidenschal für seine Frau. Nicht alle Tagungen finden in Nassau statt. Man trifft sich auch in (Bad) Königstein und in Straßburg und in Holland. Es kommt vor, dass einige Teilnehmer am Vorabend einen Aufgabenbogen erhalten; sie müssen am nächsten Morgen vor der Gruppe Rollengespräche, Rollenspiele durchführen, die auf ihre Qualität hin besprochen werden.

Bei einer Tagung in der Mensa der Firma ist als Headline an der Wand der Spruch platziert: „Der beste Verkäufer ist der Verkäufer, der jeden Tag besser wird", gemäß dem Motto „Das Gute ist der Feind des Besseren." „Nichts ist so alt wie der Erfolg von gestern" ist ein weiterer Leitspruch aus dem Repertoire von Günter Leifheit. Einigen leitenden Mitarbeitern hat Günter Leifheit ein Buch von Frank Bettger geschenkt, bei dem der Titel – nomen est omen – in die gewünschte Richtung zeigt: „Lebe begeistert und gewinne." Franklin Lyle (Frank) Bettger (1888-1981) ist ein erfolgreicher US-amerikanischer Verkäufer, der seine Erfahrungen 1947 erstmals in Buchform veröffentlicht hat, das bis heute als „Erfolgsbuch für den Verkauf" verlegt wird.

Die Eheleute Leifheit wissen um die Rolle von Anreizen. So wird für einige Jahre ein Wettbewerb für die Handelsvertreter im Außendienst ausgetragen, die keine unmittelbaren Mitarbeiter und Lohnempfänger bei LEIFHEIT sind, sondern in vertraglicher Beziehung mit der Firma stehen und in einer bestimmten Region für den Verkauf von LEIFHEIT-Produkten zuständig sind. Da gibt es die „LEIFHEIT Rallye 69" mit Siegerehrung für die drei erfolgreichsten Verkäufer, wobei der erste Platz mit einer mehrtägigen Romreise nebst Ehepartner für Dieter Moog, der zweite Platz mit einem mehrtägigen Wienaufenthalt und der dritte Platz mit „Gold" prämiert wird. Die Gestaltung der Urkunde bedient sich des „Olympiatreppchen", wie es Dieter Moog bezeichnet, mit den Plätzen eins bis drei. Auch wertvolle goldene Manschettenknöpfe, in die ein „L" eingearbeitet ist, werden häufiger als Preise eingesetzt und sind hochbegehrt. Dieter Moog erinnert sich, dreimal solche erhalten zu haben. 1968 erhält Karl-Heinz Dickmann als erfolgreichster Inland-LEIFHEIT-Vertreter die goldenen Manschettenknöpfe, erreicht ebenfalls 1969 den ersten und 1974 den dritten Platz. Die Urkunde vermerkt, dass sich die Platzierungen aus den Komponenten „Umsatzsteigerung, Durchschnittserlös und Umsatz nach Kaufkraft" zusammensetzen. [6] Bei einem Slogan Wettbewerb erringt Günter Röckel den ersten Preis mit dem Spruch, der bald eine Streichholzschachtel in einem attraktiven Schriftzug als Werbeträger ziert: „LEIFHEIT im Haushalt – Ideen mit Pfiff".

Zu den Außendiensttagungen gehören auch gesellige Teile, insbesondere in Form von großzügigen Bewirtungen. So wird für die LEIFHEIT Verkaufskonferenz, die am 3./4. Mai 1973 stattfindet, mit stilvoll gestalteter Einladung in das Weinhaus Piskator unter dem Motto „Österreich bittet zu Tisch bei LEIFHEIT INTERNATIONAL" eingeladen; ein andermal bitten Frankreich oder Italien zu Tisch. [7]

Ein Zeichen, wie wichtig man in der Firma die Handelsvertreter nimmt, sind auch „Weihnachts- und Neujahrswünsche", die z. B. 1971 vom „LEIFHEIT-Verkauf" mit über 20 Unterschriften versendet werden, darunter auch Ilse Melbert. [8]

Günter Leifheit ist bis zuletzt davon überzeugt, dass selbständige Handelsvertreter seiner Firma den größten Nutzen bringen. Das bereits zitierte Motto „Zuerst kommt das Verkaufen, dann die Produktion" hebt die Bedeutung dieser Personengruppe hervor. Er geht davon aus, dass selbständige Handelsvertreter, die nur auf Provisionsbasis und damit auf eigenes Risiko arbeiten, fest angestellten Verkäufern vorzuziehen seien. Günter Leifheit versäumt es nicht, die Handelsvertreter in die Pflicht zu nehmen, indem er bei einer Gelegenheiten betont: „Denken Sie daran, dass von Ihrer Arbeit nicht nur Sie leben, sondern alle Familien der bei uns beschäftigen Arbeiter und Angestellten." Bei LEIFHEIT haben die Handelsvertreter gut verdient; das bestätigt uni sono diese Personengruppe, die sich einen nicht unerheblichen Anteil am Wachstum der Firma zuschreibt. Sie sehen sich als „Bannerträger" der Firma.

Beim fünfzigsten Geburtstag von Günter Leifheit in Garmisch-Partenkirchen dabei, v.l.: die Handelsvertreter Dieter Moog, Erwin Köhler, Günter Röckel, im Vordergrund: Hildegard Schüfer.

Für diese Personengruppe gelten natürlich einige Regeln. Das betrifft die Anzahl der Firmen, die die Handelsvertreter betreuen. Und LEIFHEIT legt zunehmend Wert darauf, dass jeder Handelsvertreter nur in einem Revier, etwa in einem Bundesland, tätig ist, was die Dichte und Intensität der Kontakte zu den Kaufhäusern und zum Großhandel erhöht. Da hat es, so weiß es Dieter Schüfer zu berichten, auch hin und wieder unterschiedliche Auffassungen zwischen einzelnen Handelsvertretern und der Firma gegeben, „Fingerhakeleien", die zum Konsens geführt werden mussten. Wichtiger Bestandteil der Verträge mit der Firma sind die „Provisionsabreden", die für die Lieferungen an den Einzelhandel, Großhandel, Waren- und Versandhäuser und Vorführungen im Betreuungsgebiet unterschiedliche Prozentsätze, etwa in der Spanne von 1-6 Prozent, vorsehen. Es versteht sich, dass dabei intensiv gefeilscht, verhandelt wird, beeinflusst doch die konkrete Festlegung der Margen die Gewinne des Unternehmens und der Handelsvertreter ganz erheblich. Etliche Handelsvertreter stehen untereinander in gutem Kontakt, geben sich Tipps und stellen strategische Überlegungen für diese Gespräche mit den Firmen an. Das lässt sich durch ausführliche Briefwechsel sehr genau belegen.[9]

LEIFHEIT legt auf Preisbindung Wert. So heißt es in einem Schreiben für die Handelsvertreter: „Durch Rundschreiben konnten wir sie informieren, dass LEIFHEIT-Markenartikel mit Wirkung vom 1.1.1968 beim Bundeskartellamt zur Preisbindung angemeldet sind. Die Beweggründe, die uns zur Bindung unserer Verkaufspreise veranlassten, legten wir in unserem Schreiben „Fünf Minuten vor zwölf" ausführlich dar. Im Interesse des Handels ging es uns vor allem darum, LEIFHEIT-Haushaltsgeräte davor zu schützen, dass sie nicht als Lockangebote herausgestellt werden … Es wird Sie interessieren, dass die LEIFHEIT-Preisbindung von allen unseren Abnehmern lebhaft begrüßt wird. Sie sichert auch Ihnen eine feste und lohnende Verdienstspanne." Eine Preisbindung schützt auch den Fachhandel gegenüber den großen Warenhäusern.[10]

Besonders wichtig ist es, im Marketingbereich flexibel auf Änderungen zu reagieren, bei veränderten Spielregeln auf „Ballhöhe" zu bleiben. Im Marketing-Jargon der Handelsvertreter hat sich in den 60 Jahren eine Entwicklung vom „Hineinverkaufen" zum ergänzenden „Herausverkaufen" vollzogen. Ersteres meint traditionelle Werbung und das Bestreben, die Produkte in den Großhandel, in das Warenhaus, in den Einzelhandel und in die Einkaufsverbände „hineinzuverkaufen".

Beim „Herausverkaufen", so doziert Karl-Heinz Dieckmann 1968 in einem Referat bei einer Verkäuferschulung bei LEIFHEIT, „ist daran gedacht, es nicht allein beim Verkauf der Industrieprodukte bewenden zu lassen, sondern den Abnehmern unserer Waren zu helfen, diese Produkte möglichst oft und schnell an den Endverbraucher weiter zu verkaufen … Die zusätzlichen Aufgaben bestehen in (1) Warenplatzierung, (2) Ladendekorationen, (3) Schaufensterdekorationen, (4) Überwachung, Pflege, saisonbedingtes Umdekorieren bereits installierter, werkseigener Verkaufsregale, (5) Aufstellen von Verkaufsgestellen und sonstigen Verkaufshilfen, (6) Durchführung von Saison-Schwerpunktaktionen wie Muttertagsaktion, Weihnachtsaktion u.ä., (7) Musterzimmerdekorationen bei Grossisten, Einkaufsverbänden u.a., (8) Eventuell Überwachung von Propagandaplätzen."[11]

Im Anschluss an diese Tagung wird in einem Brief der Firma LEIFHEIT vom 23. September 1968 an Günter Röckel, „als ersten Handelsvertreter unserer Firma", die LEIFHEIT-Konzeption dargelegt, unter dem „Betreff: Der erfolgreiche Herausverkauf – ein Weg für fortschrittliche Handelsvertreter". Darin heißt es: „Von namhaften Markenartikel-Firmen – die allerdings mit Reisenden arbeiten – werden zahlreiche Dekorateure, Verkaufsförderer und Gebietsverkaufsleiter beschäftigt. In unseren Gesprächen entwickelten wir ein System, das den fortschrittlichen Markenartikel-Firmen in keinem Punkt nachsteht: Der Handelsvertreter erweitert seine Arbeitsbasis. Praktisch ist er der Gebietsverkaufsleiter. Seine Mitarbeiter besorgen – wie Markenartikel-Reisende – den systematischen Verkauf beim Kunden. Der Handelsvertreter selbst konzentriert sich auf wichtige Kunden und die Kontrolle des Gesamtgebietes. Zusätzlich beschäftigt er einen eigenen Verkaufsförderer, der Dekorateur im weitesten Sinne sein muss ..." [12]

Man erkennt daran, wie kompliziert die Rollenzuweisungen und damit auch die Finanzierungen zwischen Firma und Handelsvertretern sind. Aufgrund dieser Überlegungen und Erfahrungen hat auch die LEIFHEIT KG zwei Deko-Teams zusammengestellt, die im Rahmen des „Herausverkaufens" Warenhäuser „vor Ort" beraten und unterstützen.

Im Werbeflyer von 1972 heißt es: „Wo Produkte und Verpackungen bereits selbst dekorativ sind, da lässt sich in kürzester Zeit ein Fenster wertvoll gestalten. Fragen Sie uns nach Deko-Materialien wie Display, Plakate, Schilder usw. Sie haben keinen Dekorateur? Sprechen Sie mit unserem Außendienstmitarbeiter oder mit uns; der LEIFHEIT-Dekodienst ist bekannt für gute Dekoration. Wann soll der Dekorateur zu Ihnen kommen?" [13]

Hans Rinke ist einer der Dekorateure, gelernter Schaufenstergestalter, der 1967 zu LEIFHEIT kommt. Er hat zwei Hauptaufgaben. Er ist im Sinne des „Herausverkaufens" zu Kunden, von den großen Kaufhäusern bis zum KaDeWe in Berlin und in den Nachbarländern unterwegs, um Schaufenster und Verkaufsecken mit LEIFHEIT-Produkten werbemäßig zu gestalten. Dafür steht ihm und seinem Partner – sie erledigen in der Regel diese Aufgabe zu zweit – ein Ford Granada als Firmenwagen zur Verfügung, der selbstverständlich mit dem LEIFHEIT-Logo beschriftet ist. Wenn die beiden im Betrieb starten, überzeugt sich Günter Leifheit häufiger, ob sie auch Ersatzteile für die LEIFHEIT-Geräte dabei haben, etwa Räder und Bürsten für den Regulus. Sollte ein Kunde ein Problem haben, kann es dann an Ort und Stelle gelöst werden. Günter Leifheit hat im Übrigen bei Reklamationen in der Regel nicht lange geprüft, sondern den Gegenstand neu geliefert. Auch bei den Verteterversammlungen sind die Dekorateure zugegen und stellen Verbesserungen und Neuerungen vor.

Außerdem ist es ihre Aufgabe, auf den Messen die Stände herzurichten, mitunter den Grundaufbau, in jedem Falle aber den Teppichboden, die Elektrikarbeiten, die Beschriftungen und die Warenpräsentation. Günter Leifheit nimmt die Arbeit akribisch ab; er verfügt über einen ausgeprägten Such- und Prüfblick. Findet er einen Fehler oder einen Schwachpunkt, heißt es schon einmal: „Was hast Du Dir dabei gedacht? Beim nächsten Mal machst Du es anders", und klopft demjenigen dabei beruhigend auf die Schulter. Geht das Temperament schon einmal mit ihm durch, bringt er das – entweder spontan oder kurz danach – wieder in Ordnung, bei jedwedem Mitarbeiter. Im Klartext: Er besitzt die Gabe, sein mitunter recht spontanes Verhalten zu korrigieren, auf diese Weise – verbal oder nonverbal, jedenfalls deutlich – zu signalisieren, dass er den Mitarbeiter wertschätzt. Man weiß, was das für ein Betriebsklima bedeuten kann, wenn ein Chef dazu fähig ist. Im zwischenmenschlichen Umgang kommt da bei Günter Leifheit auch ein Harmoniebedürfnis zum Ausdruck. Nach getaner Arbeit lädt er die Mannschaft zum Essen ein, die Vertriebsleiter, die Dekorateure, die „Messemädchen" aus der Firma, oft ist auch Heiner Kohn dabei, der für die Werbung verantwortlich zeichnet.

Marketing ist ein weites Feld. Günter Leifheit hat Charisma, das bestätigen viele, ob sie nun enger mit ihm zusammen gearbeitet haben oder ob es flüchtige Begegnungen sind. Er verfügt sowohl über Ausstrahlung und rhetorisches Geschick als auch über die Gabe, richtige und wichtige Mitarbeiter im Außendienst an die Firma zu binden, sie zu fördern und mit ihnen gemeinsam geeignete Verkaufsstrategien zu entwickeln und umzusetzen. Die eingangs zitierten Bilder, Günter Leifheit könne „Sand in Tüten verkaufen" oder der doch etwas befremdlich klingende Vergleich mit einem „Rattenfänger", der geradezu magisch seine Kunden anzieht, sind nur sehr bedingt geeignet, Günter Leifheits komplexe Marketingleistung zum Ausdruck zu bringen. Da kommt ein buddhistischer Mönch dem Geheimnis schon deutlich näher:

„Wenn wir im Geschäftsleben einen potentiellen Kunden so behandeln, als sei er in diesem Augenblick der wichtigste Mensch auf der Welt für uns, würden sich unsere Umsätze vergrößern und unser Lohn würde steigen." Das sagt Ahjan Brahn, ein buddhistischer Mönch, als er über die Frage meditiert, wer für uns der wichtigste Mensch sei und dabei zum Ergebnis kommt: „Der, mit dem man gerade zusammen ist". [14] Wer diesen moralischen Grundsatz lieber in europäischer Philosophie verorten will, findet ihn bei Emanuel Kant in seinem aufklärerischen Imperativ wieder, dass eine Person niemals bloß als Mittel, sondern immer auch als Mensch an sich geachtet werden müsse. Man darf also die Person niemals auf die Rolle des reinen Geschäftskunden, auf die bloße Arbeitskraft der Mitarbeiterinnen und Mitarbeiter oder die Umsatzquote des Handelsvertreters reduzieren, sondern muss sie als Menschen wahrnehmen und respektieren, ein wichtiger Schritt zur Wahrung der Menschenwürde.

Fräulein Marlene Schmidt, frisch gekürte Miss Germany und einige Wochen später auch Miss Universum, präsentiert 1961 den LEIFHEIT-Teppichkehrer „Star". ****

MARKETING & WERBUNG BEI LEIFHEIT

„HABEN SIE AUCH SOVIEL FREIZEIT WIE ICH?" – DIE ROLLE DER WERBUNG

„Mehr Freizeit durch LEIFHEIT!", damit startete das Unternehmen seine Werbung. Wie ein „roter Faden" zieht sich durch die Firmengeschichte das Motto „Hausarbeit erleichtern". Getreu dieser Vorgabe werden Produkte entwickelt, die in Design, Funktion, Ergonomie und Qualität herausragen. Dabei wird sehr auf den Nutzen für den Endverbraucher geachtet.

„Durch Mund-zu-Mund-Propaganda und absatzwirtschaftliche Tätigkeiten wurde bereits in den Unternehmensanfängen der Grundstein für eine hohe Markenbekanntheit gelegt", so resümiert Günter Leifheit im Rückblick den ökonomischen Aufschwung der Firma.

Die Werbephilosophie Günter Leifheits ist erfahrungs- und praxisorientiert. Auf das amerikanische Vorbild im Bereich von „wirtschaftlicher und werblicher" Entwicklung ist bereits verwiesen worden. Es trägt wesentlich dazu bei, dass Günter Leifheit oft hierzulande seiner Zeit voraus ist. Er hat einige Male Amerika besucht und sich ein originäres Bild gemacht.

Die Beschreibung von Werbung als Teil des Marketings ist bereits Gegenstand des erwähnten Lehrlingsbriefs. Als Merkmale dieses an Auszubildende gerichteten Textes werden genannt: Bedarfsdeckung und Bedarfsweckung; Einheit und Koordinierung von Produktion, Werbung und Verkauf; eine ethische Komponente: „Die Werbeaussagen sollen klar und wahr sein, ohne Halbheiten und Übertreibungen" (Vermeidung von „Neid" und „falschem Stolz"); Werbung als „heimlicher Verführer" durch Bekanntheit; Stiftung einer Gemeinschaft von Hersteller und Verbraucher, die, auf gegenseitige Unterstützung bauend, sich für die Erhaltung und Förderung des erreichten Wohlstandes einsetzt; Orientierung der Werbung an der Zeit, die sie nicht geschaffen hat, sondern vorfindet.

Ein Kernsatz überrascht hier nicht: „Die moderne Wirtschaftswerbung kann sich nur in einer freien Marktwirtschaft entwickeln und sinnvoll entfalten." So allgemein die Grundsätze im Lehrlingsbrief auch bleiben, so kommt ihnen doch bei der Konkretisierung der Werbestrategie von LEIFHEIT durchaus eine Bedeutung zu.

Bereits zwei Jahre nach der Firmengründung kann LEIFHEIT bei der „Internationalen Hausrat- und Eisenwarenmesse" in Köln vom 8.-10.9.1961 im Plakat auf

„die meistgekauften deutschen Teppichkehrer" verweisen. [1] Es ist nicht auszuschließen, dass darin eine Doppeldeutigkeit steckt, in jedem Fall ein Hinweis auf „made in germany" mit Verzicht auf Anglizismen, aber auch der Umstand, dass man sich zu diesem Zeitpunkt nur mit den deutschen Herstellern vergleicht und noch nicht auf die amerikanische Konkurrenz eingeht, deren Produkte über Frankreich nach Deutschland gelangen. In dieser Formulierung drückt sich die Klugheit aus, auf allzu reißerische Werbesprüche zu verzichten und trotz Erfolgsmeldung mit den Kehrern „auf dem Teppich zu bleiben". In den Werbeaussagen hat sich LEIFHEIT, auch wenn es so gewesen ist, niemals „als die Nummer 1" präsentiert. LEIFHEIT-Teppichkehrer waren „meistgekauft in Europa – ein feiner Unterschied", wie Dieter Schüfer registriert.

Einen wichtigen Pfeiler des rasanten Aufschwungs der Firma LEIFHEIT bildet die äußerst professionelle und erfolgreiche Werbung, die von Anfang an durch Heiner Kohn gestaltet worden ist. Eine ausführliche Darstellung der Werbung lohnt sich auch deshalb, weil man damit die Produktpalette der Firma LEIFHEIT in ihrer Entwicklung einmal detailliert ins Blickfeld rücken kann.

Heiner Kohn ist im Übrigen bei LEIFHEIT ein weiteres Beispiel dafür, welch wichtige Rolle Flüchtlinge und Heimatvertriebene beim Aufbau und der Entwicklung der Firma spielen. Ingeborg Leifheit ist bei Kriegsende aus Beierfeld im Erzgebirge geflohen; Johannes Liebscher, als „Mann der ersten Stunde", stammt aus der Nachbarschaft von Beierfeld. Der hochtalentierte Designer Hans Erich Slany ist in Böhmisch Wiesenthal geboren, und Heiner Kohn stammt aus Danzig. Die Entwicklung der Firma LEIFHEIT ist ein gutes Beispiel dafür, dass es gelingt, Flüchtlinge und Heimatvertriebene zu integrieren und dass diese Gruppe ebenfalls an der Entstehung des (west-)deutschen Wirtschaftswunders aktiv beteiligt ist.

Nach der Entlassung aus der französischen Kriegsgefangenschaft kommt Heiner Kohn in den Westerwald und wird schließlich Atelierleiter bei der Werbeagentur Hammerstein in Koblenz. Es ist just die Agentur, die LEIFHEIT betreut. Da Heiner Kohn hauptsächlich in Nassau den Kontakt zur Firma wahrnimmt, will Günter Leifheit ihn, von seiner Leistung als innovativer Gestalter und Werbefachmann überzeugt, ganz für sich gewinnen. Er soll exklusiv für ihn arbeiten. Da ist Günter Leifheit natürlich auch Kaufmann, der wirtschaftlich denkt und zudem gute Mitarbeiter stets in die Betriebsnähe ziehen will. Selbstverständlich ist er dem Ehepaar Kohn bei der Wohnungssuche behilflich. Es bleibt all die Jahre bei der erfolgreichen Kooperation, wobei Heiner Kohn sich 1964 für seine Agentur allerdings bald auch weitere Standbeine verschafft. Die Erfolge bei LEIFHEIT werden schnell auch zu Türöffnern für andere Aufträge.

Für seine Firmengründung will Günter Leifheit sofort über ein eigenes Signet, gleichsam auch als Wappen und Siegel, verfügen. Der Auftrag an Heiner Kohn lautet, ein „L" in Verbindung mit den Produktionszielen der Firma zu bringen. Daraus wird das blaue „L" im Strahlenkranz, keineswegs als Anspielung auf französische Sonnenkönige. Der Strahlenkranz stellt eine stilisierte Bürste des Teppichkehrers dar. Günter Leifheit ist so angetan von dieser Arbeit, dass er das Signet auf dem eisernen Werkstor anbringen lässt. Bis zu seinem Abschied aus der Firma dient es als Briefkopf für seine Schreiben. Es hat die Kohns auch gefreut, dass Günter Leifheit goldene Manschettenknöpfe mit dem „L" hat herstellen lassen und bei der Auszeichnung besonders erfolgreicher Handelsvertreter diese vor der Betriebsöffentlichkeit auch als Präsent genutzt hat.

Aus dem Firmennamen „Günter Leifheit KG Metallwarenfabrik" wird bald aus Werbegründen die LEIFHEIT KG und später LEIFHEIT INTERNATIONAL. Da bestand die Herausforderung darin, die acht Buchstaben von „LEIFHEIT" mit den 13 Buchstaben von „INTERNATIONAL" bündig zu setzen, zu „spationieren", wie es in der Fachsprache heißt. In der Regel wird eine blaue Schrift genutzt – man könnte es als „leifheit- oder nassaublau" bezeichnen –, bisweilen jedoch auch mit roten oder schwarzen Buchstaben oder in grün, weil – so das Sprichwort – Variation erfreut.

Die Werbeagentur Kohn muss eigene Ideen einbringen und dabei den Vorgaben, Zielen und Wünschen der Firma gerecht werden. Dafür hat es in bestimmten Abständen Besprechungsrunden in der Firma gegeben, an denen Ingeborg und Günter Leifheit, Dieter Schüfer als Vertriebsleiter und Heiner Kohn teilnehmen. Ingeborg Leifheit spielt dabei mit ihrem ästhetischen Gespür für Formen und Farben eine wichtige Rolle. Günter Leifheit, der im ständigen Kontakt mit Handelsvertretern und Warenhäusern steht und die Werbestrategien der Konkurrenz kennt und beobachtet, bringt viele Anregungen ein. Dieter Moog, einer der wichtigen Handelsvertreter für LEIFHEIT, erinnert sich an den Wunsch von Günter Leifheit, doch an einem Abend an der terminierten Werbebesprechung teilzunehmen, da er dann ohnehin noch in der Firma sei. Dieter Moog wendet ein, er verstehe ja nichts von Werbung. Die Antwort von Günter Leifheit entspricht seiner Grundüberzeugung: „Leute, die wenig von der Materie verstehen, haben oft gute Ideen".

Und so sollte es auch kommen; ein Vorschlag von Dieter Moog trifft auf Zustimmung und findet Eingang in die Gestaltung einer Fernsehwerbung.

Auch Heiner Kohn erlebt, vergleichbar mit Hans Erich Slany, den zeitlichen Druck, den Günter Leifheit bei bestimmten Aufträgen ausübt, was dann häufig nur mit Überstunden und Wochenendarbeit zu leisten ist. Günter Leifheit kann auch schon einmal den Preis für eine Agenturleistung drücken.

Rasch verbindet sich die Werbung über die funktionelle Nutzbarkeit hinaus mit einer Botschaft, die auf die Nachkriegsbedürfnisse zugeschnitten ist. [2] „Haben Sie soviel Freizeit wie ich?", „Mehr Freizeit durch LEIFHEIT", „Hausfrauen wissen … besser, schneller geht's mit LEIFHEIT", „LEIFHEIT schafft Sauberkeit im Handumdrehen", „Mutti freut sich – denn die tägliche Teppichpflege ist jetzt so einfach", so lauten die Botschaften. Und viel lässt man sich für die Namen der Produkte einfallen, so die beiden ersten „Star" und „Starlet", in einer Zeit als in den Medien der Starkult aufkommt. Günter Röckel erinnert sich, dass der „Starlet" für den Verkauf in Kartons mit dem LEIFHEIT-Signet, dem „L im Strahlen(Borsten-)kranz" verpackt worden ist. Bestandteile der LEIFHEIT-Werbung sind bereits die Produktbenennungen mit ihrer Wort- und Begriffspielerei, den möglichen Doppelbedeutungen und den bewusst angestrebten Assoziationen. Man könnte nüchtern betrachtet „LEIFHEIT regulus" als „regulierbaren" Teppichkehrer einstufen, was er auch ist. „LEIFHEIT Regulus kehrt vom dicksten Teppich bis zum glatten Boden gleich gut", weil er auf jede Teppichhöhe eingestellt werden kann. Diese Deutung wird jedoch zusätzlich überlagert von einer anderen Wirkung: „Regulus" ist – man ist wiederum beim Lateinischen – der „kleine König", zudem der hellste Stern im Sternbild Löwe.

Angekündigt wird der Regulus auch mit einem Bild des nördlichen Sternenhimmels mit der Unterzeile: „In fünf Wochen erstrahlt ein neuer Stern * am LEIFHEIT-Firmament: R E G U L U S." Und auch der „Delphin" wird in diesem Sternbild farblich hervorgehoben. [3]

Dem „Regulus" folgt ein „LEIFHEIT Super Regulus" mit stufenlos verstellbarer Bürstenhöhe. „Mega" war in dieser Zeit noch nicht „in". Mit dem LEIFHEIT Teppichkehrer Rotaro gelingt eine bedeutende Innovation: Er „kehrt bis zum Rand von Wand zu Wand". Im farbigen Katalog heißt es: „Teppichkehrer Rotaro, kehrt randsauber, um jedes Stuhlbein, um jede Möbelkante und bis zur Fußleiste. Stufenlos einstellbar auf jede Teppichflorhöhe".

Bereits 1961 macht Günter Leifheit mit einer besonderen Werbemaßnahme auf den „Star" aufmerksam. Fräulein Marlene Schmidt, frisch gekürte Miss Germany und einige Wochen später auch Miss Universum, präsentiert den LEIFHEIT-Teppichkehrer „Star." 4)

An der Werbung erkennt man unschwer den Ehrgeiz von Günter Leifheit, Produkte weiter zu entwickeln und stets mit Variationen und Neuheiten auf den Markt zu kommen. Und da gibt es noch den „LEIFHEIT Saturna", „Lunett", „Delphin" und „Tapsi" als Teppichkehrer für Kinder. Für den Namen dieses Modells hat der Pudel Tapsi des Ehepaars Leifheit Pate gestanden. Natürlich hat jedes Modell eine bestimmte Eigenschaft, einen – wenn auch nicht immer großen – Funktionsunterschied.

Die Werbung macht auch die Weiterentwicklung der Produktpalette sichtbar, so z.B. die ebenfalls besonders erfolgreichen Wäschetrockner, die leicht und raumsparend selbst in beengten Wohnungen anzubringen sind. Auch da ist man bei der Namensgebung einfallsreich. Da gibt es die „de Luxe" Ausführung, die „Automatik-Wäscheleine-Rollfix", die „Wäscheschiene Telegant", die in dieser Wortschöpfung „elegant" mit „Teleskopausführung" verbindet. Und da gibt es den LEIFHEIT Watermop, den praktischen „Fußboden-Schwammschrubber", weiterentwickelt zum WATERMOP de Luxe – „putzt nass oder feucht Fußböden aller Art mit trockenen Händen ohne Bücken, leichter geht's nicht" –, den Fensterwischer, die „LEIFHEIT Staubbiene", weiterentwickelt als staubanziehende „LEIFHEIT Bienette", wobei man den Textern unterstellen darf, dass sie der nüchternen Staubbiene mit dem französischen „bien" in Verbindung mit „nett" sprachlich noch etwas mehr Glanz verleihen möchten. Mitgedacht ist in jedem Fall die Verkleinerungsform, das „Diminutiv", oft als Kosename genutzt. Und da gibt es noch den Trockenschaumreiniger als „LEIFHEIT Teppich-Shampoona" und „LEIFHEIT Polster-Shampoona". Dazu kommt der „SOOGER" zum „Feucht-Nass-Trockenwischen und Einwachsen" und vieles mehr, so auch „LEIFHEITschnee", ein Teppichpflegemittel, dem jedoch kein großer Erfolg beschieden ist. Und da gibt es noch den LEIFHEIT Heizkörperreiniger „Floretta" mit „Extra-Passform für Rohre" und die LEIFHEIT Dauer-Fusselrolle „Dressy", die einfach abgewaschen wird. Wichtig ist auch die LEIFHEIT Wäschespinne „EXQUISIT 50 + 60 m – exquisit in Qualität, exquisit in Technik, exquisit im Design –, auch als MEDIA und Standard 3". Ein „LEIFHEIT Schuhständer „tip tap", der in jeden Schrank passt, vervollständigt die Palette.

„Grüße aus Nassau" sendet eines Tages LEIFHEIT International an die Adressaten in Kaufhäusern und Einkaufsmärkten. Der Grund: LEIFHEIT nimmt nicht mehr an der Kölner Herbstmesse teil, weil die „Frühjahrsmesse", die „Internationale Hausrat- und Eisenwarenmesse" genug sei. Messen sind teuer und binden Arbeitskraft. An die Stelle soll eine verstärkte Endverbraucherwerbung treten. Dazu gehört die Präsenz bei der Messe in der Dürer-Stadt Nürnberg. Sie wird vom „Nürnberger Bund" (NB), einer Einkaufsgesellschaft für die kleinen Fachhändler, durchgeführt. 1971 lädt Günter Leifheit mit der Gleichung „NB + LEIFHEIT INTERNATIONAL = erfolgreiche Partnerschaft" die Handelsvertreter „zum großen Wurf" mit einem beigefügten Gewinncoupon ein.

Die Firma LEIFHEIT nutzt auch frühzeitig die Möglichkeiten der Kombinationswerbung mit anderen Markenartikeln, so mit Meister Propper, der gleichsam den LEIFHEIT SOOGER griffbereit neben sich stehen hat: „Gewinnen Sie von Meister Propper diesen LEIFHEIT SOOGER". Es versteht sich, dass alle „Hausfrauen" teilnahmeberechtigt sind; der „Hausmann" ist noch nicht geboren.

1963 platziert die Firma in der „Abendpost" vom 26./27. Januar – Kaufpreis 30 Pf. – eine ganzseitige Anzeige mit der Überschrift „LEIFHEIT – die meistgekauften deutschen Teppichkehrer". Sieben LEIFHEIT-Produkte werden werbewirksam dargestellt und Erich Pfaff als Verkaufsleiter Inland vorgestellt.

LEIFHEIT INTERNATIONAL ist nicht nur ein Schlagwort.

Da heißt es in einem Werbeblatt für LEIFHEIT Teleflex in niederländisch „Voorbadkamer en keuken … het meest uitgekiende onder de drogrekken past op alle radiatoren – von Finland tot Italie." Werbeblätter erläutern die Produkte in Französisch, Englisch, Niederländisch, Dänisch, Spanisch, Italienisch und Schwedisch. In späteren Jahren werden ganze Kataloge in Fremdsprachen herausgebracht.

Auch im Vorderen Orient hat die Firma LEIFHEIT KG rasch Fuß gefasst, so in Israel, im Libanon und in Saudi-Arabien, alles Länder, in denen Teppiche eine große Rolle spielen und in denen, so Udo Steinhäuser, hin und wieder Stromausfälle den Staubsaugereinsatz behindern. So kommt es auch zu Besuchen israelischer Handelsvertreter im Hause Günter Leifheit. Und dass Günter Leifheit selbst Ende der 60er Jahre nach Israel fährt, hat sicherlich mehr als nur touristische Hintergründe. Zu einigen israelischen Handelspartnern haben sich freundschaftliche Beziehungen entwickelt.

> BESUCHSANZEIGE
>
> Sehr geehrter Geschäftsfreund!
> Es ist mein Wunsch, Sie zu beraten.
> Am   komme ich zu Ihnen, um
> zu hören, welche LEIFHEIT-Wünsche
> Sie haben. Vielleicht wollen Sie hier
> oder dort eine LEIFHEIT-Lücke schließen.
> Ich werde Ihnen gerne dabei helfen.
>
> Guten LEIFHEIT-Umsatz!
> Ihr

****

Jährlich wird ein Katalog herausgegeben, nicht für die Haushalte, sondern für die Kauf- und Warenhäuser und vor allem für die Handelsvertreter. Da wird auf 28 Seiten die immer breiter werdende Produktpalette in verschiedenen Sprachen dargestellt. „LEIFHEIT INTERNATIONAL" wird dabei durch eine stilisierte Weltkugel veranschaulicht, in der 22 Länderflaggen aus mehreren Erdteilen den weltweiten Exportradius kundtun. Seit 1966 sind die Kataloge bei der Werbeagentur archiviert.

„Gestern im Fernsehen – Heute für Sie hier zu haben"

Mit den heutigen Erfahrungen, wo man in den Medien mit Werbung überschüttet wird, fällt es schwer, den Aufschlag der „Pioniere" in den 60er Jahren zu würdigen, die das Fernsehen als Werbemedium entdeckt und genutzt haben. Und LEIFHEIT ist dabei! Gerade dieses Medium wird zu einem Garant des Erfolges. Man belässt es nicht bei der konventionellen Anzeigenwerbung, sondern nutzt Fernsehwerbung in geschickter Verzahnung mit dem Einsatz der Handelsvertreter. So heißt es in einem für diese Personengruppe gestalteten Info-Blatt, farblich und in der Platzierung ansprechend gestaltet: „Sie und LEIFHEIT, ein unschlagbares Team. Gute Schrittmacherdienste leistet die LEIFHEIT-Fernsehwerbung für Ihren Umsatz. Millionen Hausfrauen werden angesprochen. Leifheit wirbt für Sie über alle Schweizer Sender am 12., 18., 29. Oktober und am 6. und 10. November. Nutzen Sie diesen Schrittmacher-Effekt." Bildlich wird der Schrittmacher durch einen Motorradfahrer dargestellt, in dessen Windschatten der Radfahrer dichtauf folgt, ein Bild, das man von den „Sechs-Tage-Rennen" in dieser Zeit kennt.

Die Fernsehwerbung fordert die Werbeagentur im besonderen Maße heraus. Man hat 20-30 Sekunden Sendezeit, um das Produkt in Bewegung dynamisch vorzustellen. Dafür muss ein Story-Board gezeichnet und geschrieben werden. Es handelt sich dabei um eine gezeichnete Darstellung eines Drehbuchs, das neben der Darstellung des zeitlichen Ablaufs und der Kameraeinstellungen häufig auch zusätzliche Informationen über Ton, Musik, Effekte oder andere relevante Hinweise beinhaltet. Hier haben neben der Werbeagentur Kohn auch Ingeborg Leifheit und Dieter Schüfer intensiv mitgewirkt. Wichtig ist es, dafür die geeignete Frau zu finden und zu präsentieren, die für die Produkte wirbt; sie muss dem

(Haus-)Frauenbild der Zeit entsprechen, hat blonde Haare, zeigt ein offenes, sympathisches Lächeln und strahlt Glück und Zufriedenheit aus, ebenso einen Schuss Elan, mit dem sie die Hausarbeit erledigt.

Auch hier zeigt sich der Mut, die Risikobereitschaft und die Weitsicht des Ehepaares, mit erheblichen Investitionen einzusteigen. Der Erfolg gibt ihnen Recht.

****

Heiner Kohn kennt den Grundsatz von Günter Leifheit: „In der Werbung muss immer Bewegung sein – die Lokomotive muss unter Dampf gehalten werden." Und man muss auf der Höhe der Zeit sein. Als die Amerikaner Neil Armstrong und Edwin Aldrin 1969 im Rahmen der Mission Apollo 11 als erste Menschen den Mond betreten, wird kurz darauf für ein Werbeplakat eine riesige Rakete beim Startvorgang gewählt, mit dem Text: „LEIFHEIT Frühjahrswerbung 1970 – Schubkraft für Ihren Umsatz". Weiter heißt es: „In der Kraft von über 209 LEIFHEIT-Fernsehsendungen steckt eine mächtige Verkaufsenergie, die Sie nutzen sollten – alle Sender in Farbe". Und angeführt werden allein 99 Termine in der ARD. Auf der Rückseite heißt es: „Millionen Verbraucher werden angesprochen durch die gebündelte Kraft der LEIFHEIT-Frühjahrswerbung im Fernsehen, in Illustrierten, Frauenzeitschriften, Modeheften, Wochenblättern, Kundenzeitschriften, Lesezirkeln und durch gute Platzierung in Ihrem Haus."

1972 schreibt Günter Leifheit – es ist sein letztes Jahr als Firmenchef der LEIFHEIT KG – seine „geehrten Geschäftsfreunde" an und kündigt dabei weiteren „Auftrieb für Ihren und unseren Umsatz im neuen Jahr 1973" an.

Udo Steinhäuser und Dieter Moog erinnern noch an eine weitere „Pioniertat" von Günter Leifheit. Die Faszination für die Bergwelt und die Freude des Ehepaars am „Urlaubsdomizil" Garmisch-Partenkirchen veranlasst ihn, dort mit Bandenwerbung beim Eiskunstlauf auf LEIFHEIT aufmerksam zu machen. Den Auftrag, das vor Ort zu realisieren, erhält Dieter Moog, der LEIFHEIT in Bayern vertritt.

Auch nach dem Abschied Günter Leifheits als Chef des Unternehmens und nach dem endgültigen Ausscheiden aus der Firma 1974 bleibt die Werbeagentur Kohn sowohl ihm persönlich als auch der neuen Firmenleitung geschäftlich verbunden.

GÜNTER LEIFHEITS FÜHRUNGSSTIL IN DER FIRMA

Unbestreitbar hat Günter Leifheits Persönlichkeit die Mitarbeiterinnen und Mitarbeiter der Firma tief und nachhaltig beeindruckt. Seine unkomplizierte, offene Zugangsweise auf alle Betriebsangehörigen, seine Ausstrahlung in Verbindung mit Zuwendung, Humor und Hilfsbereitschaft bleiben vielen auch nach Jahrzehnten noch im Gedächtnis. Die hohe Beliebtheit ist ungebrochen.

Günter Leifheit ist kein Büro-, kein Schreibtischmensch. Er ist für jeden zu sprechen, kennt jeden mit Namen, auch mit Vornamen. Er hat bei seinen Rundgängen im Betrieb jeden gegrüßt, jeden mit Namen angesprochen, auch bei zuletzt über 500 Mitarbeitern. Seine Anteilnahme ist nicht gespielt. Günter Leifheit interessiert sich für seine Mitarbeiter über die Arbeit hinaus, kennt häufig die ganze Familie, auch die Kinder, weiß oft über Krankheiten, Urlaube, finanzielle Sorgen Bescheid. Günter Leifheit verkörpert einen Personalchef, den man in dieser Funktion als „väterlich fürsorglich", als „patriarchalisch" bezeichnen kann. Er nimmt eine Art „Vaterfunktion" gegenüber seinen Mitarbeiterinnen und Mitarbeitern und deren Familien wahr. Bei ihm paart sich Neugier mit menschlicher Fürsorge. So bestätigt Marga Maxheimer, von 1961 bis 1974 Assistentin von Ingeborg Leifheit, bis 1997 Organisationsleiterin der LEIFHEIT AG, eine Intervention, die Günter Leifheit selbst etwas ausführlicher schildert, wo er die Eltern einer schwangeren Mitarbeiterin aufgesucht hat, um erfolgreich deren Bedenken gegen eine Heirat wegen unterschiedlicher Konfessionszugehörigkeit auszuräumen. Er hat sich dabei auch angeboten, die Patenschaft für das Kind zu übernehmen.

Das gilt in bestimmten Bereichen auch für Geldsorgen. In einigen Fällen hilft er Mitarbeiterinnen und Mitarbeitern bei der Anschaffung eines Autos mit einem zinslosen Kredit, der dann monatlich mit einem bestimmten Betrag abzuzahlen ist. Er erwartet jedoch dann, dass die auf diese Weise finanzierten Autos einen kleinen Aufkleber tragen. Mitarbeiter haben in Erinnerung, dass er schon einmal gerne bei einem Gang über den Parkplatz zwinkernd hervorgehoben hat, dass das „alles meine Autos" seien. Günter Leifheit hat auch Möglichkeiten gesehen und gefunden, Mitarbeiter beim Hausbau oder der Grundstücksbeschaffung zu helfen. Vieles davon ist nicht bekannt, weil es sehr privater Natur ist, von den Autos einmal abgesehen. So offenbart Karl-Heinz Dieckmann in seinem Kondolenzschreiben für den verstorbenen Günter Leifheit an seine Ehefrau Ilse Leifheit: „Er hat auch mir geholfen, als mit drei Kindern die Wohnung zu klein war, um darin noch mit Ruhe schriftliche Arbeiten zu machen. Günter Leifheit hat mir vor ca. 50 Jahren ein kleines Vermögen geliehen, DM 50.000, zinslos, damit ich mir ein Grundstück kaufen konnte – und nie eine Quittung oder sonstige Unterlagen von mir verlangt!! So etwas schweißt zusammen, und auch alle anderen Handelsvertreter, und nicht nur die, sind für Günter Leifheit durchs Feuer gegangen – obwohl er viel, sehr viel Einsatz verlangt und eine 60 bis 70 Stunden Arbeitswoche üblich war. Freie Wochenende waren auch selten." [1] Ein Meister der Firma erzählt, Günter Leifheit habe ihn beim Hausbau unterstützt. Es ist auch ein Fall bekannt, wo ein Mitarbeiter Günter Leifheit finanzielle Sorgen mitteilt, die ihm durch die Konditionen eines Geldinstituts entstanden seien. Die Bank erlebt ein ungemütliches Gespräch. Folgt man den Informationen aus dem Betrieb, dann hat am Ende vom Lied Günter Leifheit die Bankgeschichte rückgängig gemacht und auch hier das Geld zinslos vorgestreckt.

Günter Leifheit ist jedoch auch Kaufmann und konsequenter Verhandlungspartner, gepaart mit ausgeprägtem „Verhandlungsgeschick". Er geht längst nicht auf alle Wünsche und Forderungen ein. Dieter Schüfer ruft 2009 das sogar in der Trauerrede für Günter Leifheit in Erinnerung: „Kam ein Kunde mit unangenehmen Vorstellungen und Forderungen nach Nassau, so wurde auch ihm die bei Leifheit übliche Gastfreundschaft zuteil. Ausgiebiges Frühstück mit launigen Gesprächen über Gott und die Welt. Eine Stunde. Werksrundgang. Eine Stunde. Umfangreiches Mittagessen im Bären in Holzappel. Mit An- und Abfahrt 3 bis 4 Stunden. Als der Kunde dann nach 5 bis 6 Stunden seine Forderungen endlich vorbringen konnte, war er etwas ermattet, aber gut gelaunt. Wer glaubt nun noch, dass der Kunde seine ursprüngliche Vorstellung bei Leifheit realisieren konnte?" Das wird von einigen Mitarbeitern des Werkes bestätigt, insbesondere auch für „Gruppenwünsche" von Handelsvertretern bei den Außendiensttagungen. Auch innerbetrieblich folgt Günter Leifheit nicht jedem Wunsch auf Höhergruppierung.

Die Fürsorge von Günter Leifheit gilt nicht nur den unmittelbaren Mitarbeitern, sondern häufig auch der ganzen Familie. Da setzt er sich beim Zuzug eines Mitarbeiters für eine Wohnmöglichkeit ein, ggfs. auch für Kindergartenplätze. Als Günter Leifheit feststellt, dass sich die Ehefrau eines Mitarbeiters in Nassau nicht wohlfühlt, vermittelt er ihr zweimal einen Arbeitsplatz, zuerst in einer Anwaltskanzlei und dann bei einem Notar, weil ihr die erste Stelle nicht zusagt hat. Er ist in Nassau und in der

Verbandsgemeinde gut vernetzt und hat sicherlich als größter Gewerbesteuerzahler seinen Einfluss in Behörden und in der Geschäftswelt geltend gemacht.

Bei Günter Leifheit korrespondiert Großzügigkeit mit peniblem Ordnungssinn. Ordnung ist für ihn ein wichtiger Faktor im täglichen Büro- und Berufsleben. So darf kein Glas, kein Becher und keine Tasse ohne einen Unterteller auf dem Schreibtisch stehen, oder es muss ein Blatt Papier darunter gelegt werden. Ist dies nicht der Fall, kann schon einmal ein Donnerwetter losgehen. Das ist auch der Fall, wenn er bei einem Rundgang feststellt, dass nicht alles nach seinen Vorstellungen läuft, wenn etwa ein Feuerlöscher länger nicht abgestaubt worden ist. Da kann er auch schon einmal kräftig schimpfen, so dass betroffene Mitarbeiter kleinlaut werden. Doch schon kurze Zeit später – wenn es nicht spontan erfolgt – kehrt er zurück und klopft demjenigen auf die Schulter: „Bist doch der Beste, woll!" Und schon ist die Welt wieder in Ordnung. Den Ruhrgebiet-Slang aus seiner alten Heimat hat er dabei nicht verloren und auch nicht verborgen. Günter Leifheit kann schon einmal kräftig rüffeln, ist jedoch – das berichten viele Mitarbeiter – nicht nachtragend. In seinem Verhalten drückt sich Respekt, Wertschätzung, Sensibilität und ein Harmoniebedürfnis aus. „Sein anerkennender Schlag auf die Schulter kam fast einem Ritterschlag gleich", so gibt es Marga Maxheimer, von 1961 bis 1974 Assistentin von Ingeborg Leifheit, wieder.[2] Günter Leifheit verfügt über eine Gabe, die für ein Betriebsklima nicht hoch genug veranschlagt werden kann, nämlich die Fähigkeit, bei Betroffenen erkennbar etwas gerade zu rücken, wenn er spontan einmal nicht angemessen reagiert hat. Er fordert viel von den Mitarbeitern. Hans Rinke berichtet, dass Günter Leifheit mit ihm, nachdem dieser die ganze Nacht, von Dänemark kommend, durchgefahren ist, morgens um 7.30 Uhr etwas besprechen wollte. Hans Rinke antwortet ihm lakonisch, er fahre jetzt heim und gehe ins Bett. Am nächsten Morgen lädt Günter Leifheit ihn über den Portier zu sich ein und empfängt ihn, deutliche Entschuldigungssignale aussendend: „Kann man heute mit Dir sprechen?" Er sieht ein, wenn er überzogen oder falsch reagiert hat.

In der Fabrik muss möglichst alles in Reih' und Glied stehen – sonst wird es von ihm persönlich „gerade gerückt" und der dafür Verantwortliche muss ebenfalls „gerade stehen". Rosel Schwarz, der das erinnerlich ist, weist dabei auf eine erzieherische „Nebenwirkung" hin. Die bei Günter Leifheit in die „Ordnungsschule" gegangenen Mitarbeiter/innen hätten dies ins private Leben mitgenommen und beibehalten.

Seinem Motto „Ordnung, Sauberkeit und laufende Maschinen" gemäß ist am Freitag in der letzten Viertelstunde der Arbeitszeit Aufräumen und Saubermachen angesagt. „Wir wollen keinen Gammelladen, woll!" Dazu gehört auch das bereits erwähnte Bestreben Leifheits, Materialien in „Reih' und Glied" stapeln und lagern zu lassen. Dazu werden Mitarbeiter häufiger schon einmal angehalten. Bei einem Rundgang – die linke Hand oft im Jackett steckend – entdeckt Günter Leifheit ein Stück Papier auf dem Boden. Er fragt die Frau am Band, warum das da liege, er verkaufe doch Sauberkeit. Sie will sich vom Band entfernen, um es aufzuheben. „Du bleibst sitzen. Wer ist dein Meister?" Oberstes Gebot ist das „laufende Band". Deshalb muss der Meister kommen, um den Gegenstand des Missfallens zu beseitigen und dabei den Kommentar entgegennehmen, er dürfe sich für das Gehalt ruhig mal bücken. Günter Leifheit hat ihm dann, um die Situation zu entkrampfen, auf die Schulter geklopft. Die Mitarbeiter bescheinigen ihm einen ausgeprägten Gerechtigkeitssinn. Gibt es einmal Vorwürfe, Anschuldigungen, wie es in Betrieben vorkommt, hat er diese umgehend geklärt. Stößt Günter Leifheit auf einen Fehler, eine Panne, und der Betroffene räumt das ein, reagiert Günter Leifheit mit dem aufbauenden Hinweis: „Dann machst Du das beim nächsten Mal anders."

Der Ordnungssinn ist bei Günter Leifheit auch mit Sorgfalt und Sparsamkeit im Kleinen verbunden. Das gilt auch für Schrott und Abfall. Da wirft Günter Leifheit, so erinnert sich Wilfried Treis, hin und wieder schon bei KAISER einen Blick in den Schrottcontainer. Das Weißblech wird zu dieser Zeit in Meterstücken geliefert, aus dem die Tortenböden ausgestanzt werden. „Rund" und „eckig" führt dabei unvermeidlich zu Resten. Und aus den kleinen Ecken, die übrig bleiben, werden die Torteletts, die kleinen Förmchen, gestanzt. Günter Leifheit sieht nach, ob die Reste auch vollständig ausgenutzt worden sind. Da gibt es schon einmal einen Tadel. Es ist wohl eine aus der Vorkriegszeit und der von Mangel geprägten Aufbaujahren nach dem Krieg gewachsene Mentalität, die sich mit Günter Leifheits unternehmerischem Ordnungssinn, Sparsamkeit und sorgsamem Umgang mit Materialien und Rohstoffen verbindet. Diese ausgeprägte Sparsamkeit ist häufig ein Merkmal personen- oder familiengeführter Unternehmen.

Es gibt in der Firma auch klare farbliche Festlegungen. Maschinen werden in der Regel in „Ral 6011" geordert, in einem Grünton, auf den Günter Leifheit Wert legt. Rote Toilettentüren sollen die Verweildauer an diesen Orten für die Mitarbeiter verkürzen.

Allen erinnerlich ist sein Rundgang durch den Betrieb, sein „Leading by walking around". Eine Hand in der Seitentasche des Jacketts, bleibt er stehen, beobachtet zwischen Maschinenreihen die Arbeitsmoral seiner Mitarbeiterinnen und Mitarbeiter, stutzt bisweilen jemanden zurecht, aber noch mehr motiviert und belobigt er. Es handelt sich natürlich auch um einen Kontrollgang, aber nicht in erster Linie. Dagegen spricht auch, dass sein Rundgang in der Regel zu einer festen Zeit stattfindet und nicht auf Überraschung, sondern auf Kommunikation setzte. Die Mitarbeiter/innen haben oft gleichsam auf ihn gewartet. Das bietet beiden Seiten Gelegenheit, unterschiedlichste inner- und außerbetriebliche Angelegenheiten anzusprechen, auch private Probleme, „Problemchen und Wehwechen", so Marga Maxheimer. [4]

Günter Leifheit ist bei seinen Rundgängen auch stets über den Krankenstand informiert und regt sich – wer will es einem Unternehmer verdenken – auch hin und wieder darüber auf. In den einzelnen Abteilungen wird der Krankenstand in Prozentsätzen festgehalten. Günter Leifheit addiert da schon einmal die Werte: 5% in einer Abteilung, 10% in einer anderen, 6% in der nächsten usw. Dann verkündet er schon einmal laut, dass heute ja 50% nicht anwesend seien. Der scherzhafte Umgang mit den Zahlen verweist auf einen ernsten Hintergrund, den Günter Leifheit diesen Fehlzeiten beimisst. „Kein Bademeister macht im Sommer Urlaub!", damit will Günter Leifheit zum Ausdruck bringen, dass in Zeiten hoher Betriebsauslastung eigentlich keiner fehlen sollte. Nebenamtlich tätige Landwirte – aber auch andere – konnten z.B. schon einmal in Versuchung geraten, in der Erntezeit „krank zu feiern" oder auch im Rahmen einer Nachbarschaftshilfe beim Hausbau auszuhelfen.

Bei LEIFHEIT ist eine Gesundheits- bzw. Anwesenheitsprämie, gestaffelt nach Fehltagen, eingeführt worden. Ein Problem der Zeitzeugen bei solchen Erinnerungen ist der Zeitfaktor. Einige Befragte sind der Auffassung, dass es diese Prämie schon bei Günter Leifheit gegeben habe, andere, so auch Rosel Schwarz, ordnen die Prämie erst der Schüfer-Zeit zu; da sie das Lohnbüro leitet und mit dem Auszahlungsmodus befasst ist, kommt ihrer Erinnerung ein hoher Stellenwert zu. Dieter Schüfer bestätigt schließlich, dass die Einführung der Prämie erst in seiner Ägide erfolgt sei. Günter Leifheit, der stets über einen hohen Informationsstand verfügt, hat in Einzelfällen eine nicht ganz unberechtigte Ahnung gehabt, dass da einer „blau mache". Er hat dann, so Dieter Schüfer, demjenigen schon einmal einen Blumenstrauß mit besten Genesungswünschen nach Hause schicken lassen.

Geradezu legendär sind Günter Leifheits Schokoladen- und Pralinenspenden an die Belegschaft, insbesondere an Tagen und in Phasen, wo Rekordergebnisse erzielt werden. In den 60er Jahren sind Pralinen etwas Besonderes, Erlesenes. Ein Mitarbeiter erinnert sich, dass er dafür schon einmal die Bäcker- und Konditorgeschäfte bis nach Lahnstein angefahren hat, um die erforderliche Menge zu requirieren, wobei eine ganz bestimmte Schokoladensorte für Leifheit tabu ist. Im Betrieb verwaltet eine Mitarbeiterin nicht nur zahllose Versandpapiere, Adressen und Bleiplatten, sondern auch ein „Depot" mit Pralinen. Hin und wieder kann man beobachten, wie Günter Leifheit sich hier möglichst unbemerkt eine Praline aushändigen lässt.

Die Betriebsfeiern sind ebenfalls in bester Erinnerung. Ein Artikel aus dem „Nassauer Anzeiger" von 1967 [5] beinhaltet keineswegs unternehmerfreundliche „Zeitungslyrik", sondern gibt das wieder, wovon viele Mitarbeiterinnen und Mitarbeiter heute noch schwärmen. Eine Passage aus dem Artikel „Jahresabschluss der 350-köpfigen LEIFHEIT-Belegschaft im Hotel ‚Waldecker Hof' auf Schloss Schaumburg" vermittelt einen Eindruck: „… das Jahr 1967 war für die Günter Leifheit KG trotz Wirtschaftskrise ein Jahr des großen Erfolges und der Aufwärtsentwicklung im deutschen Marktsektor … Der Dank dafür war wieder die traditionelle Einladung … Keine Mühe und keine Kosten wurden gescheut, um den Abend so zu gestalten, damit sich jeder wohlfühlen konnte und einmal abschalten durfte von dem täglichen Getriebe des Alltags in einer Fabrik."

Günter Leifheit ist bei wichtigen Betriebsangelegenheiten keineswegs ein Mann einsamer Entscheidungen. Großen Einfluss hat seine Frau Ingeborg, die zwar nicht in den Vordergrund tritt, die aber Finanzen verwaltet und den Ausbau des Betriebes wesentlich mitentscheidet und auch in ästhetischen Fragen der Produktgestaltung und bei der Fernsehwerbung aktiv mitwirkt. Sie zieht als treibende Kraft viele Fäden im Hintergrund und führt die Verhandlungen bei Betriebserweiterungen. Es handelt sich bei LEIFHEIT daher um eine Form der „Shared Leadership", in der das Unternehmerehepaar Verantwortungen teilt und Entscheidungen abstimmt.[6] Darüber hinaus finden in der Regel monatlich Besprechungsrunden über gravierende Entwicklungsfragen statt, mit leitenden Mitarbeitern wie Dieter Schüfer, Johannes Liebscher und anderen Entscheidungsträgern aus Entwicklung, Einkauf, Marketing und Produktion. Oft geht es dabei um neue Produkte bzw. Produktoptimierungen und um Marketingstrategien. Das Ehepaar Leifheit handelt als

Personengesellschaft, als Familienunternehmen, letzteres aber nur in sehr begrenzter und in kleinster Weise. Es existiert keine Mehrgenerationenfolge bei LEIFHEIT. Ingeborg Leifheit stammt zwar aus einer Unternehmerfamilie, verlässt jedoch gemeinsam mit Günter Leifheit die Firma KAISER. Sie gründen gemeinsam ein neues Unternehmen, ohne konkrete Aussicht auf eine mögliche Erbfolge. In der LEIFHEIT KG sind auch keine weiteren Familienmitglieder an der Firmenleitung beteiligt. Günter Leifheit ist im Übrigen das beste Beispiel dafür, dass ein erfolgreicher Unternehmer nicht nur derjenige werden kann, der in eine solche Familie hineingeboren worden ist [7], wie man es lange in der Unternehmerforschung geglaubt hat. Er hat unternehmerisches Verhalten erlernt, überwiegend durch Handeln und reflektierte Erfahrung. Günter Leifheit kommt dem Bild des Selfmade-man sehr nahe, jemandem, der sich aus einfachen Verhältnissen durch eigene Kraft und Arbeit zu Erfolg, Wohlstand und Ansehen „hocharbeitet". Dabei ist ihm die Ehe mit Ingeborg Leifheit in Verbindung mit dem Einstieg bei KAISER allerdings eine wichtige Hilfe, seine Talente entfalten zu können.

Weder Günter Leifheits Grundeinstellung noch der ihm eigene Führungsstil lassen allerdings erwarten, dass er auf einen Betriebsrat oder auf Gewerkschaften besonderen Wert legt. Er benötigt nach seinem Selbstverständnis keine Zwischeninstanz zwischen Betriebsleitung und Belegschaft. Natürlich hat es vereinzelt auch Konflikte gegeben. So veranlasst der betriebliche Versuch, eine Akkorderhöhung durchzusetzen, acht Mitarbeiter zur Kündigung. Günter Leifheit schlichtet selbst und nimmt die Akkorderhöhung zurück. Gewerkschaftler hatten „außen vor" zu bleiben, im übertragenen und im wörtlichen Sinne, nämlich vor dem Werkstor. Das Ehepaar, insbesondere Günter Leifheit, sieht sich in der „väterlichen Fürsorge" gegenüber den Beschäftigten. Da ist wenig Raum für den gewerkschaftlichen Gedanken als Interessenvertretung der Arbeiterschaft.

Wolfgang Schön, der erste Betriebsratsvorsitzende, hatte bei W.F. Kaiser & Co. 1960 eine 3½ jährige Lehre als Werkzeugmacher begonnen, dazu in Abendkursen auch die Fachschulreife erworben und auch einige Semester an der Fachhochschule studiert. 1970 wechselte er zu LEIFHEIT. Über den genauen Zeitpunkt und die Art und Weise der Betriebsratsbildung gibt es abweichende Erinnerungen. Das Betriebsverfassungsgesetz von 1952 sieht die Wahl von Betriebsräten schon dann vor, wenn in der Regel mindestens fünf ständige wahlberechtigte Arbeitnehmer beschäftigt sind. Es obliegt allerdings alleine den Arbeitnehmern oder einer im

Betrieb vertretenen Gewerkschaft, die Initiative zu einer Betriebsratswahl zu ergreifen. Der Arbeitgeber ist weder berechtigt noch verpflichtet, eine Betriebsratswahl einzuleiten. Wird kein Betriebsrat gewählt, bleibt das sanktionslos. Die Firma Günter Leifheit KG ist ausweislich einer Mitteilung des „VEM. Die Arbeitgeber" seit dem 1.1.1963 Mitglied in diesem Verband, der damals den Namen „Vereinigung der Eisen- und Metallindustrie Rheinland-Rheinhessen e.V." geführt hat. Die Firma LEIFHEIT ist ein T-Mitglied im Verband, also mit Tarifbindung. Über ein persönliches Engagement Günter Leifheits in diesen Gremien ist dem Verband, der noch über Unterlagen aus dieser Zeit verfügt, nichts bekannt.

Günter Leifheit selbst schreibt: „Als wir dann das Unternehmen an ITT verkauft haben, hat deren Chef mich gebeten, einen Betriebsrat zu gründen, weil sie sonst Schwierigkeiten bekämen. Es war ein Konzern, da war die Gewerkschaft sehr hinterher." Die Zeit ist reif für einen Betriebsrat; über kurz oder lang hätte man ihn ohnehin bekommen. Die Überlegung, ob die Firma nicht einen Betriebsrat benötige, hat es sicherlich auch unter einigen Mitarbeiterinnen und Mitarbeitern gegeben. Insbesondere unter einigen Metallern der Firma, so Wolfgang Schön, habe es durchaus ein Bedürfnis gegeben, einen Betriebsrat zu gründen. Man kann offen lassen, ob Wolfgang Schön auf Günter Leifheit zugegangen ist oder dieser auf ihn. Es ist nachvollziehbar, dass Günter Leifheit in Wolfgang Schön einen kompromissbereiten Kandidaten gesehen und ihn ermuntert hat, die Bildung eines Betriebsrates anzugehen. 1971 ist die Initiative dafür ergriffen worden, zu einem Zeitpunkt, da eine Novellierung des Betriebsverfassungsgesetzes ansteht, die am 18. Januar 1972 in Kraft getreten ist. Für die Gründung eines Betriebsrates sind feste Regeln einzuhalten. So benötigt man zunächst drei Unterschriften, um eine Betriebsversammlung einberufen zu können. Das ist ein äußerst kleines Quorum, aber bei LEIFHEIT sei es gar nicht so einfach gewesen, diese drei Unterschriften zu gewinnen. Man war überwiegend mit dem Betriebsklima zufrieden und wusste sich in etlichen Fällen eher besser bezahlt als mit gewerkschaftlichen Tarifabschlüssen. Mit einer Unterschrift musste man außerdem Farbe bekennen, und man ging nicht fehl in der Annahme, dass ein Betriebsrat für Günter Leiheit eigentlich etwas Unerwünschtes sei. Aber die Unterschriften kamen zustande, ebenso die Betriebsversammlung. Günter Leifheit habe ihn, so berichtet es Wolfgang Schön, zu sich gerufen und ihn gebeten, nicht mit den Gewerkschaften „rum zu machen". Die Chemie zwischen beiden stimmte ohnehin, nicht nur, aber auch weil Wolfgang Schön in der CDU engagiert und bald danach im Stadtrat tätig war, später auch im Verbandsgemeinderat und im Kreistag. Die drei Unterzeichner für die Einberufung der Betriebsversammlung bildeten auch den Wahlvorstand und wurden 1972 in den neuen Betriebsrat gewählt.

Wolfgang Schön schildert, dass bei der ersten Betriebsratssitzung einige Punkte zusammen gekommen seien, die er mit Günter Leifheit erörtern sollte. Dieser lud ihn am späten Vormittag zu einem Gespräch ein. Günter Leifheit lehnte prompt alle Vorschläge ab, so berichtet es Wolfgang Schön, fuhr nach Hause in die Mittagspause, lud ihn danach erneut ein und – sagte in einigen Punkten zu. Ein Zweifaches lässt sich daraus erschließen. Da ist zum Einen der Entscheidungsmodus. In wichtigen Fragen beraten sich Ingeborg und Günter Leifheit gemeinsam. Man geht sicher nicht fehl in der Annahme, dass die Strategie des Gespräches, in diesem Falle bis hin zur Zeitplanung, abgesprochen war, nämlich zunächst abzulehnen und danach gemeinsam zu beraten und zu entscheiden. Die beiden sind außerdem klug genug, einen Betriebsrat, wenn er nun denn da ist und sein muss, zu akzeptieren und erst gar nicht in Kategorien von Schlichtungs- und Einigungsverfahren zu denken. Das ist umso leichter gefallen, weil man die Betriebsratsmitglieder als faire Partner eingestuft und die „Chemie" gestimmt hat. Günter und Ingeborg Leifheit haben durchaus ein Gespür für Anliegen des Betriebsrates entwickelt, und man hat, so Wolfgang Schön, nie ein Arbeitsgericht benötigt. Außerdem rückt der Verkauf der Firma an ITT näher.

Die vielen Details seines Führungshandelns belegen, dass Günter Leifheit ein großer Motivator ist. Bei ihm fühlen sich alle Mitarbeiterinnen und Mitarbeiter gut aufgehoben. Dazu gehört auch die leistungsbezogene Entlohnung, die Teilhabe am Unternehmenserfolg. Das alles schafft eine hohe Identität der Belegschaft mit LEIFHEIT und fördert den Zusammenhalt untereinander. So gibt es viele, die auch heute noch, schon lange im Ruhestand befindlich, es als großes Glück bezeichnen, bei LEIFHEIT gearbeitet zu haben. Sie haben Günter Leifheits Bodenständigkeit erfahren, die sich auf den Umgang mit anderen auswirkt, ohne Unterschiede zwischen „Stand und Person" und betrieblichem Rang zu machen. Sie sprechen mit Hochachtung von ihrem „Chef". Es gibt wenig Wechselstimmung in der Ägide von Günter Leifheit. Man schätzt vor allem die Anerkennung, die man im Betrieb erfährt, die gerade bei Günter Leifheit nicht nur in einer angemessenen Entlohnung, sondern oft in symbolischen Gesten und Aufmerksamkeiten zum Ausdruck kommt.

„BEI LEIFHEIT WIRD NICHT GEBREMST" – ANEKDOTISCHE BEGEBENHEITEN

Es gibt kaum jemanden von den früheren Mitarbeiterinnen und Mitarbeitern, der da nicht etwas zu berichten weiß. Weit mehr noch als Fakten zur Entwicklung der Firma sind die Eigenschaften von Günter Leifheit und besondere Begebenheiten erinnerlich. Es sind geradezu anekdotenhafte Vorfälle. Sie zeigen Günter Leifheit, wie er „leibt und lebt", in seiner typischen Art, wie man ihn kennt. Ein bezeichnender, von mehreren Mitarbeitern bestätigter, geradezu anekdotischer Vorfall wird von Rudolf Hofmann berichtet:

„Es war selbstverständlich, dass jede Produktionsabteilung für jede Schicht ein Fahrrad hatte, damit Meister oder Vorarbeiter auf schnellstem Weg ohne größeren Zeitverlust die einzelnen Abteilungen erreichen konnten. Ebenso waren im Werkzeug- und Maschinenbau Fahrräder stationiert, die sogar mit Anhängerkupplung ausgerüstet waren, an denen Werkzeugwagen angehängt und somit lästige Leerzeiten für das Holen von notwendigen Werkzeugen vermieden wurden. Die Wartung und Instandhaltung dieser Räder wurde meist von Lehrlingen des Werkzeugbaus durchgeführt. Als Günter Leifheit eines Tages eine Bedarfsmeldung für fünf neue Vorderbremsen vorfand, bestellte er umgehend den verantwortlichen Meister und befahl ihm, an allen Fahrrädern die Vorderbremsen abmontieren zu lassen mit der Begründung: ‚Bei LEIFHEIT wird nicht gebremst!'" Immerhin: Rücktritte hatten die Fahrräder ja noch.

Hans Rinke berichtet von einer besonderen Schwierigkeit, die ihm in Dienstausübung in London widerfahren ist. Im Kaufhaus will er LEIFHEIT-Produkte werbemäßig platzieren und ist gerade dabei, eine Lampe aufzuhängen, als ihm dies von englischen Gewerkschaftsfunktionären verboten wird, weil er selbst sich nicht als Gewerkschaftsmitglied oder als jemand, der von einer solchen autorisiert ist, ausweisen kann. Er kündigt resigniert und frustriert telefonisch schon den Heimflug an. Udo Steinhäuser, der in der Firma bis zum Exportchef aufgestiegen ist, teilt das Günter Leifheit mit; der ist „not amused" und spielt zunächst mit dem Gedanken, demonstrativ den Messeauftritt abzubrechen. Udo Steinhäuser kontaktiert rasch die Firma Emsa, die ebenfalls in London mit einem Stand vertreten ist, und erfährt, dass deren Mitarbeiter über Gewerkschaftsausweise verfügen würden. Er besorgt sich dort ein Ausweisformular, das Heiner Kohn „fachmännisch" bedruckt.

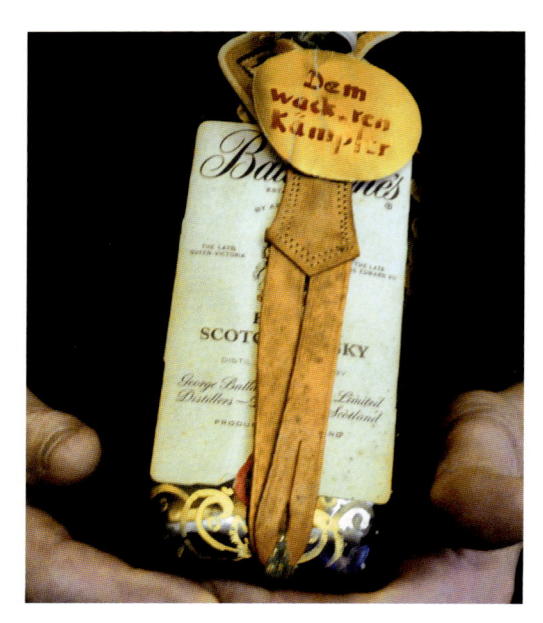

*Der „Hosenbandorden"
für Hans Rinke*

Udo Steinhäuser bringt diesen „Ausweis" umgehend per Flugzeug nach London, wo Hans Rinke nun freie Bahn hat, da das Papier seinen Zweck erfüllt. Er kann dann doch seine Arbeit in London erledigen. Zurück in Nassau ruft Günter Leifheit ihn in sein Büro und überreicht ihm schmunzelnd eine Flasche Scotch Whisky der Marke Ballentine's, die kunstvoll von Hosenträgern gehalten wird, unverkennbar eine Anspielung auf den Hosenbandorden des Vereinigten Königreichs, der bis heute dort als höchster Orden fungiert. Versehen hat ihn Günter Leifheit mit dem würdigenden Spruch „Dem wackeren Kämpfer". Hier passt das „Honi soit, qui mal y pense" – „ein Schelm, wer Böses dabei denkt", das Motto für diesen Orden. Die Flasche Whisky ist im Hause Rinke bis heute nicht angebrochen worden und wird gerne samt Hosenträgerhalterung Besuchern gezeigt; einen solchen Orden hält man in Ehren.

Etliche Begebenheiten ranken sich um den Ordnungssinn, der bei Günter Leifheit auch mit großer Sorgfalt und Sparsamkeit im Kleinen und mit Pünktlichkeit verbunden war. „Da liegen 50 Pfennig auf dem Boden", spricht Günter Leifheit Wilfried Treis an, der am 1.4.1958 eine Lehre als Maschinenschlosser bei KAISER begonnen hat. Dieser sucht vergeblich ein solches Geldstück auf dem Boden, bis er merkt, dass es sich um ein kleines rotes Holzteil handelt, das für die Produktion benötigt wird. Auch Bernhard Stötzer erinnert sich an Günter Leifheits ausgeprägte Sparsamkeit. „Heb' mein Geld auf", so wird er von Günter Leifheit angesprochen. Nach kurzer, recht ratloser Sucherei hat er dann begriffen, dass er eine M8-Mutter aufheben soll.

Wie in vielen Betrieben erhält jeder Mitarbeiter im technischen Bereich ein AWF-Werkzeugbuch – von einem Ausschuss für wirtschaftliche Fertigung e.V. erstellt und bezogen –, in dem alle Werkzeuge aufgelistet sind, die ihm vom Betrieb zur Verfügung gestellt werden; sie sind häufig auch von mehreren Personen zu benutzen, etwa im Schichtwechsel. Günter Leifheit wundert und ärgert sich, dass „Dreizehner-Schlüssel" besonders oft nachbestellt werden müssen, und dass überhaupt Werkzeug schon einmal verschwindet. Wilfried Treis und Hans Gritzner erinnern sich, dass einige Werkzeuge mit Hilfe eines Elektroschreibers mit der Aufschrift „Bei Leifheit geklaut" versehen worden sind.

Günter Leifheit sieht durch ein Fenster, wie ein Mitarbeiter sich am Waschbecken zu schaffen macht. Er hat den sicherlich nicht ganz unbegründeten Verdacht, dass sich da einer etwas vorzeitig auf den Feierabend vorbereitet: „Was machst Du da?" Der Mitarbeiter ist jedoch nicht auf den Kopf gefallen: „Ich mache das Waschbecken sauber".

Hans Rinke, ein echter „Kowelenzer", nein, ein „Neuendorfer" wie er präzisiert, beteiligt sich gern bei einem „Streich", mit dem man Günter Leifheit auf die Probe stellen will. Man weiß, wie genau dieser den Standaufbau bei Messen inspiziert und stellt bewusst in einem kurzen Text einen Buchstaben auf den Kopf. Günter Leifheit entdeckt es auf den ersten Blick.

Marga Maxheimer führt ein weiteres Beispiel an, dass Günter Leifheit stets einen Blick fürs Detail hat. „Messe Köln. Querbretter wurden mit Messingschrauben befestigt. Eine Schraube fehlte. Wir haben sie an einer schlecht einsehbaren Stelle weggelassen. Günter Leifheit war noch keine 10 Minuten am Stand, als er uns darauf hinwies: „Da fehlt eine Schraube."

Dieter Schüfer weiß zu berichten: „Einmal habe Günter Leifheit aus heiterem Himmel angeordnet, ... einen Propaganda(-Vorführ)stand in einem großen Warenhaus ... in nachtblau zu gestalten. Auf Schüfers verdutzte Nachfrage habe er erklärt, dass der Geschäftsführer eines wichtigen Kunden diese Farbe liebe und gerade sein Schlafzimmer habe darin streichen lassen – eine Anekdote, die Günter Leifheit zustimmend schmunzelnd zur Kenntnis nahm", wie es in der RLZ vom 23.9.2005 nachzulesen ist.

Rosel Schwarz erzählt auch die folgende Geschichte, die Günter Leifheits Einstellung zu Mitarbeitern charakterisiert. „Ein Mann aus der Lackiererei wollte kündigen und kam zu Herrn Leifheit, um ihm dies mitzuteilen. ‚Ja, Karl, warum willst Du denn kündigen ...?' , fragte Herr Leifheit den Mann. ‚Ja', sagte der, ‚weißt du, Chef, bei der neuen Firma bekomme ich Arbeitsstiefel gestellt.' Sofort reagierte Herr Leifheit und brachte ihm gefütterte Stiefel mit. Er bestellte den ‚Karl' zu sich und übergab ihm die Stiefel, die dieser mit Freuden annahm und nun nicht mehr kündigen wollte. Von nun an trug der Mitarbeiter – es war Sommer – die gefütterten Stiefel jeden Tag und war zufrieden."

Man mag über die Bedeutung eines solchen Details schmunzeln, was viele Mitarbeiter auch getan haben. Dass Etliche von ihnen heute noch diese Geschichte erzählen, belegt aber auch, dass sie das Verhalten von Günter Leifheit sehr beeindruckt hat. Die kleinen Dialoge sind auch ein Indiz dafür, dass Günter Leifheit seine Mitarbeiterinnen und Mitarbeiter in der Regel mit „Du" und mit Vornamen angesprochen hat, ohne dass diese das erwidert haben.

Zwei Geschichten betreffen die Qualitäts- und Stabilitätstests durch Günter Leifheit. Die von LEIFHEIT produzierten Wäschespinnen bestehen aus Aluminium und sind extrem leicht und stabil. Für ein Wäschetrockner-Modell hat man sich den Namen „Alu-Klick" ausgedacht, weil beim Auseinander- oder Zusammenschieben der beiden Gelenkteile beim Einschnappen ein Klick-Geräusch entsteht. Große Spannung bei den anwesenden Mitarbeitern, als Günter Leifheit, der wie üblich eine Produktabnahme durchführt, sich das Modell vorstellen lässt. Aus dem angekündigten hellen „Klick" wird ein dumpfes „Plopp", weil das Aluminium an einer kleinen Gelenkstelle aus Funktionsgründen mit Kunststoff überzogen worden ist. Wer Günter Leifheits Spontaneität und Temperament kennt, kann nachvollziehen, dass das eine heftige Reaktion ausgelöst hat. Ob seine Reaktion über das Verbale hinaus gegangen ist oder ob er Hand an die Wäschespinne angelegt hat, wird unterschiedlich erinnert.

Verbürgter ist ein Fensterwurf bei einem Stabilitätstest: Der Telegant wird von einigen Kunden im Hinblick auf seine Stabilität beanstandet. Der Großhandel will wissen, ob Waren in Ordnung sind. Dabei ist die Stabilität ein überaus wichtiges Produktmerkmal. Es geht auch darum, Transportschäden zu vermeiden. Nach der Überarbeitung in der Firma wird Günter Leifheit das verbesserte Modell vorgestellt. Die Schwachstelle ist beseitigt, und es funktioniert einwandfrei. Günter Leifheit ist jedoch vom Ergebnis noch nicht ganz überzeugt und will auf Nummer sicher gehen; er wirft das Modell aus dem Fenster und lässt auf diese Weise die Stabilität überprüfen. Die Ware muss einen solchen „Stresstest" aushalten, allein schon, um beim Transport keinen Schaden zu nehmen. Man weiß aus anderen Firmen der Branche, dass man vergleichbare Produkte aus Testgründen auch schon einmal gegen die Wand geworfen hat. Die beiden Varianten sprechen dafür, dass – mindestens – ein „Fensterwurf" stattgefunden hat.

Auch im Marketing-Bereich fehlt es nicht an Begebenheiten mit nahezu anekdotischem Hintergrund, die ein Licht auf Günter Leifheit werfen. Da gibt es z.B. einen konkurrierenden Handelsvertreter, der in einem bestimmten Warenhaus gegenüber den LEIFHEIT-Produkten immer den Kürzeren zieht und sich beklagt, dass für ihn nur die „Krümel" übrig bleiben würden. Der zuständige Abteilungsleiter verspricht ihm, dass das beim nächsten Mal anders würde. Dem ist aber nicht so. Als der Handelsvertreter ihn darauf anspricht, entgegnet dieser lapidar, er „duze" mittlerweile Günter Leifheit.

Eine geradezu anekdotische Begebenheit zur Geburt ihres ersten Kindes hat Gisela May, Hauswirtschafterin beim Ehepaar Leifheit, selbst in „LEIFHEIT intern" 30 Jahre später niedergeschrieben. Am Tag der Weihnachtsfeier der Firma LEIFHEIT auf der Schaumburg muss sie ins Krankenhaus, wo der kleine Thorsten gegen 17 Uhr, wohl etwas schneller als erwartet, das Licht der Welt erblickt. Da sie wusste, das Leifheits immer etwas später zur Feier nachgefahren sind, hat sie die Krankenschwester gebeten, dort telefonisch Bescheid zu sagen. „Als Günter Leifheit dann meinem Mann verkündete ‚Reiner, Du bist Vater geworden, herzlichen Glückwunsch!', sagte der nur: ‚Mm, ja, ja.' Da Herr Leifheit immer gerne einen Spaß machte, glaubte mein Mann ihm nicht, worauf Günter Leifheit ganz aufgeregt an den Tisch der Sekretärinnen ging. Diese aber meinten nur: ‚Wenn Sie die Leute nicht immer so aufziehen würden, würde er ihnen jetzt auch glauben.' Erst als der Weihnachtsmann verkündete, ‚Mays sind Eltern geworden', glaubt es dann auch mein Mann". Auch der kleine Thorsten ist später zu LEIFHEIT zur Arbeit gegangen.

Einen wahren „Schildbürgerstreich" vermag Hans-Peter Kohn zu schildern: Zum wiederholten Male haben sich bei Günter Leifheit Geschäftspartner beschwert, dass man zwar recht schnell vom Ruhrgebiet bis Montabaur gelange, aber dann große Schwierigkeiten habe, den Weg nach Nassau zu finden. Günter Leifheit ärgert sich, dass auf der Umgehung von Montabaur zwar Bad Ems auf einem Straßenschild ausgewiesen wird, nicht aber Nassau, obwohl auf dem Schild dafür reichlich Platz sei. Er macht schriftlich der Straßenverwaltung den Vorschlag, das möglichst zügig zu ändern. Die Antwort, man werde den Vorschlag in ein Arbeitsprogramm aufnehmen, erzürnt Günter Leifheit. Er ist ein Mann der Tat und schreitet zur Selbsthilfe. Die Werbeagentur Kohn muss einen möglichst passenden Buchstabensatz in entsprechender Größe beschaffen. Zwei Mitarbeiter, in weiße Kittel gekleidet, fixieren am helllichten Tag auf dem Straßenschild sodann „Nassau" unter

„Bad Ems", ebenso an der Bäderstraße Wiesbaden-Nassau. Günter Leifheit schreibt danach erneut die Behörde an, wann sie endlich zu handeln gedenke. Er erhält zu Nikolaus 1971 die Antwort, dass man das doch schon erledigt habe. Günter Leifheit wird Freude an diesem gelungenen „Schildbürgerstreich" empfunden haben. Der ganze Betrieb hat sich amüsiert. Ein kurzes Schreiben von Ingeborg Leifheit an Herrn Kohn endet mit dem Satz „Der Amts-Nikolaus erklärte sich mit der zivilen Courage des Privat-Nikolaus solidarisch! Welch eine staatsbürgerliche Freude!"

INGEBORG LEIFHEIT   5408 NASSAU, 10. Dezember 1971
                                NEUZEBACHTAL

Sehr geehrter Herr Kohn,

der zivil-couragierte Handstreich des Nikolaus in Montabaur hat
nicht nur Anklang gefunden, sondern einen neuen Amts-Nikolaus
geboren.

Oder anders ausgedrückt: Der Amts-Nikolaus erklärte sich mit der
zivilen Courage des Privat-Nikolaus solidarisch! Welch eine staatsbürgerliche Freude!

Mit freundlichen Grüßen

[Unterschrift]

****

ZUR SOZIALEN LEISTUNG DES UNTERNEHMENS

Leifheits haben Leistung verlangt, aber diese auch honoriert, und das nicht kleinlich. Auch die Frauen am Band sind gut entlohnt worden; da erinnert sich noch mancher Mann, dass die bei LEIFHEIT beschäftigte Ehefrau mehr Geld zum Familieneinkommen beigetragen habe als er selbst. „Der gut bemessene Akkordlohn, der damals meinen Lohn bei weitem überstiegen hat, hat uns beim Aufbau unserer jungen Familie sehr geholfen," so bekennt es Helmut Klöckner, Verbandsbürgermeister a.D., im Grußwort zu dem Günter Leifheit gewidmeten Buch im Jahr 2005 mit Blick auf seine eigene frühere Angestelltentätigkeit. Der „Akkordlohn" ist de facto ein Prämiensystem, bei dem auf einen festen Grundlohn leistungsbezogene, meist stückzahlbezogene Prämien hinzu kommen. In Nassau und Umgebung hat sich durch die Firma LEIFHEIT durchaus für viele Familien ein regionales Wirtschaftswunder ereignet. Bei LEIFHEIT ist gut bezahlt worden, in etlichen Fällen nach Auskunft von Mitarbeitern übertariflich.

Auf viele Leistungen, die Günter Leifheit in eigener Verantwortung erbracht hat, ist bereits verwiesen worden. Es gibt ein Thema, ja ein Stichwort, dass viele heutige Rentnerinnen und Rentner, darauf angesprochen, lächeln, ja strahlen lässt. Da leuchten die Augen, noch bevor sie das näher erläutern. Sie profitieren von der Betriebsrente bei LEIFHEIT. Ein guter Teil ihres derzeitigen Wohlstandes gründet sich auf diese Unterstützung.

Anstoß hat eine in Not geratene Familie gegeben. Ein in der Firma beschäftigtes Ehepaar hat den Tod eines Kindes zu beklagen und gerät dadurch auch in finanzielle Not. In einem anderen Fall stirbt ein Mitarbeiter, der Frau und zwei Kinder hinterlässt. Der Vorsatz, in solchen Fällen helfend tätig werden zu können, führt zur Schaffung einer „Unterstützungseinrichtung", deren Hauptzweck allerdings dann eine Vereinbarung für eine Betriebsrente wird. Die Vorbereitungen für die „Unterstützungseinrichtung Günter Leifheit e.V." fanden mit der Anerkennung durch das Amtsgericht Nassau am 24.5.1971 ihren Abschluss, und am 1.9.1971 informierte LEIFHEIT per Aushang die Mitarbeiterinnen und Mitarbeiter über Sinn und Zweck und die wichtigsten Detailregelungen. Der vollständige Inhalt der Vereinssatzung war bei Rosel Schwarz ausgelegt worden und konnte auf Wunsch eingesehen werden. Im Aushang heißt es:

„Der Verein hat den ausschließlichen Zweck, den Betriebsangehörigen der Firma Leifheit International Günter Leifheit KG, deren Familienangehörigen und früheren Betriebsangehörigen Unterstützung zu gewähren in Fällen
a) der Not, b) des Renten-Alters, c) der Erwerbsunfähigkeit oder d) des Todes ... Einmalige oder wiederholte Unterstützungen können gewährt werden, wenn Betriebsangehörige in eine unverschuldete Notlage geraten, z.B. durch Erkrankung, Betriebsunfall oder Sterbefall in der Familie. Laufende Unterstützungen können als Alters- und Invalidenrente gewährt werden." [1]

Dann werden die Voraussetzungen wie Länge der Betriebszugehörigkeit, Höhe und Höchstgrenze genauer geregelt. „Die LEIFHEIT-Rente darf zusammen mit der gesetzlichen Alters- und Invalidenrente nicht mehr als 75 % des bereinigten Jahresdurchschnitts-Bruttoverdienstes der letzten fünf Jahre vor Eintritt des Versorgungsfalls betragen." Man muss 10 Jahre im Betrieb tätig sein, um in den Genuss der Betriebsrente zu gelangen, die mit jedem weiteren Jahr ansteigt.

Die Zahl der Vereinsmitglieder ist auf sieben begrenzt. Es handelt sich um Günter und Ingeborg Leifheit, Hans Busch, Paul Busch, Hans-Werner Knopp, Johannes Liebscher, Karl Pfeiffer. Dem vierköpfigen Vorstand gehören an: Günter Leifheit, Johannes Liebscher, Hans-Werner Knopp und Karl Pfeiffer.

In der Schaffung dieser Betriebsrente kommt ein ganz entscheidender sozialer Grundsatz des Ehepaares, neben der wichtigen Einzelfallhilfe für in Not Geratene, zum Ausdruck: Es ist die Sorge um die Lebenssituation der Menschen im Alter. Ingeborg und Günter Leifheit haben es im Betrieb weitgehend mit einer Generation zu tun, die auch in ökonomischer Hinsicht schwere Zeiten erlebt hat, so einige davon die Weltwirtschaftskrise ab 1928 mit hoher Arbeitslosigkeit in Deutschland und viele die Kriegszeit und die ersten Nachkriegsjahre. Dazu fällt der gesetzliche Rentenanspruch in den 60er Jahren noch recht bescheiden aus. Für die ungelernten Arbeitskräfte aus der Landwirtschaft ist diese Betriebsrente besonders wichtig. Es ist eine besondere soziale Leistung, die LEIFHEIT mit der Betriebsrente erbringt; sie hat natürlich auch einen hohen betrieblichen Nutzen, indem sie die Mitarbeiterinnen und Mitarbeiter an die Firma bindet und somit einen weiteren Grund schafft, etwaige Wechselambitionen gar nicht erst aufkommen zu lassen.

Die Initiative dieser Betriebsrente im Jahr 1971 stammt vom Ehepaar Leifheit. Ein Betriebsrat wird in der Firma erst 1972 gewählt. Nach der Wahl hat sich der Betriebsrat an der Weiterentwicklung der Satzung (1976) und der „RICHTLINIEN der Unterstützungseinrichtung Günter Leifheit e.V." beteiligt und sie nach dem Betriebsratsgesetz überarbeitet. In der ITT-Ägide der Firma LEIFHEIT wird diese Form der Betriebsrente für Neueinstellungen außer Kraft gesetzt. Zwischenzeitlich haben auch andere rechtliche Bestimmungen zur Altersversorgung vorgelegen.

Hans Rinke und Udo Steinhäuser verweisen noch auf einen anderen sozialen Aspekt: Mitarbeiter wie sie, die als Dekorateur oder als Exportleiter 50-70.000 km pro Jahr für die Besuche bei Kunden und Fahrten zu Messen jährlich im PKW zurück gelegt haben, seien von der Firma besonders hoch versichert worden; das gilt für Versicherungsleistungen wie Todes- oder Invaliditätsfall, für Zusatzheilkosten und für das Tagegeld bei längerer Krankheit. Günter Leifheit weiß, dass den Handelsvertretern, seien es Selbständige oder bei der Firma Angestellte, in ihrem Außendienst viel abverlangt wird, mit häufiger Wochenendarbeit und zahllosen Hotelübernachtungen und der damit verbundenen Abwesenheit von der Familie. Wo er zuständig ist, genehmigt er gute Hotelunterbringung.

Günter Leifheit hat stets Wert darauf gelegt, dass bei Auftragsvergaben, die allein wegen des raschen Wachstums der Firma einschließlich des damit verbundenen Innovationsprozesses recht umfangreich gewesen sind, wo möglich einheimische, in der Region verwurzelte Betriebe zum Zuge kommen. Das ist Bestandteil seines unternehmerischen Selbstverständnisses. Zur Familie Gross hat es schon in Beierfeld freundschaftliche Beziehungen gegeben. Curt Gross war von den Sowjets zu langer Bergwerkarbeit in Russland verurteilt worden. 1958 haben Ingeborg und Günter Leifheit ihn zunächst in der Wohnung im Kaltbachtal aufgenommen und bei der Einrichtung eines Haushaltes und schließlich bei der Ansiedlung der Firma „C. Hermann Gross Metallwarenfabrik KG" in Nassau unterstützt.

GÜNTER LEIFHEIT – EIN UNTERNEHMER MIT CHARISMA

Die Würdigung von Günter Leifheits unternehmerischen Leistungen basiert auf den Erinnerungen vieler Wegbegleiter, die ihm in unterschiedlichen Funktionen begegnet sind. Sie alle kommen zu erstaunlich übereinstimmenden Charakterisierungen. Das gilt auch für die offiziellen Würdigungen seiner Unternehmertätigkeit im Rahmen von Anlässen wie Betriebsjubiläen der LEIFHEIT AG, runden Geburtstagen des Firmengründers, der ihm gewidmeten Ausstellung im Jahr 2005 „Günter Leifheit – Unternehmer, Ehrenbürger, Mensch" in Nassau, der Trauerfeier im Jahr 2009 und der Gedenktage nach seinem Tod.

Die Analyse von Teilaspekten des unternehmerischen Handelns, wie sie in acht Komponenten untersucht und geschildert worden sind, darf nicht außer Acht lassen, dass sie Einzelelemente e i n e s Unternehmerkonzeptes, e i n e r „Firmenphilosophie" sind. Die verschiedenen Aspekte hängen voneinander ab und beeinflussen sich wechselseitig. Zwischen Produktion, Design und Marketing muss es stimmen. Ein Produkt muss zur Corporate Identity des Unternehmens passen, die Verbindung zum Unternehmen und zu anderen Produkten muss sichtbar sein. Das Konzept haben Ingeborg und Günter Leifheit gemeinsam mit vielen Mitarbeiterinnen und Mitarbeitern erfolgreich entwickelt und umgesetzt.

Manchmal wird Leifheit als Unternehmer vom „alten Schlag" oder vom „echten Schrot und Korn" bezeichnet. Da finden sich in der Tat einige Merkmale in diesen Bezeichnungen – gradlinig, kantig, bodenständig, zupackend, unverfälscht, risikobereit, wagemutig –, die auch auf Günter Leifheit zutreffen. Aber er ist weit mehr als ein typischer Unternehmer seiner Zeit, mehr als ein Vertreter des deutschen Wirtschaftswunders – was er in hohem Maße ist. Aber das sind Sammelbegriffe, die nicht seine Originalität verdecken dürfen. Die Eigenschaftsmischung, die ihm eigen ist, macht ihn zum unverwechselbaren Unikat in einer weiten Unternehmerlandschaft.

Viele bescheinigen ihm Charisma, mit dem er Menschen überzeugen, gewinnen und begeistern konnte. Neuerdings gibt es Versuche, Charisma in einzelne Bestandteile zu zerlegen, deren Zusammenwirkung dann zu dieser komplexen Eigenschaft führt. So stellt Dr. Claudia E. Enkelmann „10 Grundbausteine" [1] zusammen, die, kombiniert mit einer inneren Grundhaltung, eine charismatische Wirkung entfalten können. Sie nennt und erläutert im Einzelnen: Vitalität, Kraft, Energie – Ruhe und Konzentration – Lebensfreude und Begeisterung – Emotion – Empathie – Entschlossenheit – die Botschaft – Professionalität – Stimmigkeit – meisterhaft sprechen.

Diese Vorgehensweise legt nahe, dass eine charismatische Wirkung weitgehend erlernbar sei. Legt man die Messlatte der 10 Kriterien an Günter Leifheit an, so stellt man in der Tat fest, dass vieles auf ihn zutrifft, und dass es da weitreichende Übereinstimmungen gibt. Man kann sicherlich durch Training seine Wirkung optimieren; aber man darf bezweifeln, ob Charisma erlernbar ist.

Es lohnt sich jedenfalls, den wohl bekanntesten Versuch, Charisma zu erfassen, heranzuziehen. Dieser stammt von dem Soziologen und Nationalökonomen Max Weber (1864-1926). Danach hat derjenige Charisma, der mit außergewöhnlichen, nicht jedermann zugänglichen Kräften und Fähigkeiten ausgestattet ist. Charisma sei dabei jedoch keine objektive Eigenschaft, sondern eine Zuschreibung von außen. Entscheidend ist die Wirkung auf das Umfeld. Dabei unterstützt der Erfolg eine solche Wirkung. Günter Leifheits Charisma hält den Kriterien von Max Weber stand. Personen, die auf diese Weise aus ihrer Umgebung herausragen, sind nicht einfach zu beschreiben.

Eine sozialethische Überlegung mag den Gedankengang an dieser Stelle abschließen:

„Die Unternehmertätigkeit, die eine edle Berufung darstellt und darauf ausgerichtet ist, Wohlstand zu erzeugen und die Welt für alle zu verbessern, kann eine sehr fruchtbringende Art und Weise sein, die Region zu fördern, in der sie ihre Betriebe errichtet, vor allem, wenn sie versteht, dass die Schaffung von Arbeitsplätzen ein unausweichlicher Teil ihres Dienstes am Gemeinwohl ist." Das ist eine Aussage, die bei Günter Leifheit uneingeschränkt auf Zustimmung stoßen würde. Mancher wird darüber erstaunt sein, dass dieser Satz von Papst Franziskus stammt, und zwar aus seiner bekannten Umwelt- und Sozialenzyklika „Laudato si" (2015, Abschnitt 129), in der er Auswüchse des Kapitalismus – vor allem an die Adresse von internationalen Großkonzernen gerichtet – mit harten Worten geißelt, aber in der er in verantwortlichen Unternehmern wichtige Akteure der gesellschaftlichen Entwicklung sieht –, wenn sie denn diese Verantwortung wahrnehmen. Und das wird Günter Leifheit uneingeschränkt bescheinigt. In diesem Zitat wird auch die „fruchtbringende Art und Weise ..., die Region zu fördern" hervorgehoben. Bis heute erinnert die Stadt Nassau um die Mittagsstunde des 19. März an die Bombenangriffe im Jahr 1945, die Zerstörung, Tod und Leid über die Stadt gebracht haben. Allein am 19. März 1945 haben 72 Bomber in 12 Wellen eine Stunde lang Nassau bombardiert. Man hat 250 Tote zu beklagen und 80 Prozent aller Häuser sind zerstört oder stark beschädigt worden. Da ist es nachvollziehbar, wie wichtig die Ansiedlungen von KAISER im Jahr 1954 und die Gründung der LEIFHEIT KG 1959 für die Region sind. Die LEIFHEIT KG hat sich rasch zum größten Arbeitgeber in der Verbandsgemeinde Nassau entwickelt. Sie schafft Arbeit und Einkommen, zahlt Gewerbesteuer und trägt wesentlich zur Beseitigung von Kriegsschäden und zum Wiederaufbau bei. Mit Nassau geht es in der unternehmerischen Ägide des Ehepaars Leifheit aufwärts.

Da liegt die Frage nahe, wie und wann nun die Stadt Nassau und die Region die Unternehmerleistung von Günter Leifheit auch offiziell zu würdigen weiß.

*

ABSCHIED AUS NASSAU

„Und der Betrieb lief gut und ich habe dann 1972 verkauft. Ich sagte meiner Frau …, jetzt verkaufen wir, der Betrieb war in der Blüte", mit diesen Worten leitet Günter Leifheit selbst das letzte Kapitel seiner kleinen Firmengeschichte ein. Im Mai/Juni 1972 reisen Ingeborg und Günter Leifheit nach USA, um Verkaufschancen auszuloten. Der Verkauf einer Firma dieser Größenordnung bedarf einer längeren Vorbereitung und Planung, um sie „verkaufsfähig" zu machen. Dr. Rudolf Block, als Wirtschaftsprüfer bei der Schwäbischen Treuhand AG seit vielen Jahren für die Firma LEIFHEIT zuständig, beschreibt den Prozess recht ausführlich. „Über eine Ausschreibung wurde eine international bekannte Wirtschaftsprüfungs- und Treuhandgesellschaft engagiert: die Schwäbische Treuhand-AG. Das war schon vor 1972. Jetzt konnten die Jahresabschlüsse, also die Darstellung der Vermögens- und Ertragslage des Unternehmens, testiert und in Prüfungsberichten dokumentiert werden. Verkaufsunterlagen, die jeder Käufer verlangt. Dann wurde die Rechtsform geändert und die KG in eine GmbH umgewandelt. Kommanditanteile sind schwer verkäuflich, Anteile an Kapitalgesellschaften aber gut. Zur direkten Vorbereitung der Verkaufsverhandlungen wurden dann Bewertungsgutachten erstellt, notwendig, um die Preisvorstellung für das Unternehmen zu begründen.

Die Verkaufsverhandlung selbst liefen in der Schlussphase in Köln bei der Anwaltskanzlei OPPENHOFF. Für ITT war der Vizepräsident angereist, ein Texaner. Das Ehepaar Leifheit kam in Begleitung von RA Nörr, Steuerberater Schindele und Wirtschaftsprüfer Dr. Block. Zwei Knackpunkte mussten geregelt werden: die Höhe des Kaufpreises und die Zahlung in bar und nicht in ITT-Aktien. Mehrmals zogen sich die Parteien zur getrennten Beratung zurück. Schließlich konnte Herr Leifheit seine Vorstellungen ohne Abstriche durchsetzen." [1] Dr. Rudolf Block schildert schmunzelnd ein Detail der Verhandlungen: Günter Leifheit hatte stets ein „Köfferchen" mit Unterlagen dabei, das geöffnet auf dem Tisch stand. Wurde man sich in der Preisvorstellung nicht einig, schloss Günter Leifheit den kleinen Koffer und sagte: „Ingeborg, wir gehen" und beide verließen den Raum.

Ende 1972 verkaufte das Ehepaar Leifheit schließlich sein Unternehmen an den amerikanischen Konzern ITT, eines der größten weltweit agierenden Unternehmen. Der Konzern vertrat eine Diversifikationsstrategie und war bemüht, in Europa Branchenführer aufzukaufen. Mit Verhandlungsgeschick und Verweis auf die extrem hohe Gewinnrate und den Wert der Patente war es gelungen, das zunächst niedrigere Angebot von ITT aufzubessern.

Die „Frankfurter Allgemeine Zeitung" berichtet in ihrer Ausgabe vom 31.1.1973 mit der Überschrift „ITT übernahm Leifheit" über diese Veränderung. Darin wird die Entwicklung der Firma LEIFHEIT gewürdigt, die zu diesem Zeitpunkt auf über 500 Mitarbeiter angewachsen sei. „Günter Leifheit erklärte zu dem Entschluss, die Anteile zu verkaufen, dass er die Nachfolgefrage hätte lösen müssen. Mit der jetzt gefundenen Lösung seien rechtzeitig und auf lange Sicht die Risiken für die Arbeitsplätze ausgeschaltet, die sich aus Zufall früher oder später ergeben können. Es wird ausdrücklich ergänzend erklärt, dass die alleinige Geschäftsführung in den kommenden Jahren weiter bei Günter Leifheit und seiner Frau Ingeborg liegen werde … Leifheit hält viel von dem ‚ITT-Hausrezept', dass Tochtergesellschaften als nationale Unternehmen in einem internationalen Verband geführt werden."

Günter und Ingeborg Leifheit bleiben noch knapp zwei Jahre Geschäftsführer der Firma, die nun als GmbH geführt wird. Er begründet es u.a. damit, dass „unsere Leute sich erst eingewöhnen konnten mit den Amerikanern, die ja kein Deutsch sprachen." Ein Schreiben vom 21. Juni 1974 verdeutlicht Günter Leifheits neue Rolle – und es ist eine seiner letzten offiziellen Handlungen als Geschäftsführer. Die darin verwendete Formulierung ist sicherlich für ihn ebenso ungewöhnlich wie gewöhnungsbedürftig, selbst wenn es sich um einen ganz „normalen Standardsatz" handelt: „Ich, der unterzeichnende Kaufmann Günter Leifheit, handelnd als vertretungsberechtigter Geschäftsführer der Firma LEIFHEIT INTERNATIONAL GÜNTER LEIFHEIT GmbH in Nassau (Lahn), erteile für das unter dieser Firma in Nassau betriebene Handelsgeschäft Herrn Udo Steinhäuser, geb. 24.11.1946, hiermit

Nach Verkauf und Umwandlung der Firma in eine GmbH nehmen Günter und Ingeborg Leifheit die Geschäftsführung noch für zwei Jahre wahr. *

Handlungsvollmacht." ²⁾ Diese bezieht sich auf das Sachgebiet „Verkauf Ausland". Man überinterpretiert wohl nicht, wenn man die Formulierung als äußeres Indiz – mehr kann es natürlich nicht sein – dafür ansieht, dass die Führungsstrategie von ITT nicht zu Günter Leifheit passt, der in voller Eigenverantwortung anders formuliert und vor allem agiert hat. Die neue Geschäftsstruktur ist nicht mehr seine Welt. Ein Einladungstext an die Belegschaft kündigt das endgültige Ausscheiden an. Im Briefkopf heißt es: „Leifheit International – Günter Leifheit GmbH Fabrik für Haushaltsgeräte – Geschäftsleitung: G. Leifheit, I. Leifheit" und nach der Anrede: „... meine Frau und ich möchten uns gerne am 26. Juli 1974 im Dorint Hotel in Lahnstein von Ihnen verabschieden und gleichzeitig Herrn Schüfer als Nachfolger einführen. Der Firma bleiben wir als Berater verbunden." ³⁾

Erwin Köhler drückt bei der offiziellen Verabschiedung von Ingeborg und Günter Leifheit am 26. Juli 1974 im Dorint Hotel in Lahnstein den Dank der Handelsvertreter mit einem Strauß roter Rosen aus. *

Das kommt sicherlich nicht überraschend, ändert aber nichts an der großen Betroffenheit vieler Mitarbeiterinnen und Mitarbeiter. Stellvertretend für viele bringt das ein Satz von Dieter Moog zum Ausdruck: „Ich kann es nicht begreifen, dass Sie uns verlassen." Viele Mitarbeiterinnen und Mitarbeiter sind tief betroffen von dieser Entscheidung. Einige selbständige, für LEIFHEIT tätige Handelsvertreter bringen Ihren Dank an das Ehepaar in einem Brief vom Juli 1974 zum Ausdruck: „... Sie verlassen ein Lebenswerk, das ihren Namen trägt und von der ersten Stunde bis heute Ihren ganz persönlichen Einfluss ausstrahlt. Der Erfolg Ihrer Firma LEIFHEIT, in kurzer Zeit von den ersten kleinen Anfängen im Jahre 1959 bis zur Weltgeltung von heute, ist nur phantastisch zu nennen und innerhalb der Haushaltwaren-Branche fast schon legendär. Dass sie als Unternehmer uns in so vorbildlicher, partnerschaftlicher Weise an Ihrem Erfolg haben teilnehmen lassen, ist in der heutigen Zeit nicht so selbstverständlich, wie es für Sie war ..." ⁴⁾ Erwin Köhler drückt den Dank der Handelsvertreter mit einem Strauß roter Rosen aus, den er Ingeborg und Günter Leifheit überreicht.⁵⁾

Günter und Ingeborg Leifheit bleiben bis zum 31.8.1974 offiziell in der Geschäftsführung, die sie aber nur noch bis zum 31.6.1974 ausüben. Am 1.7.1974 tritt bereits Dieter Schüfer die Nachfolge in der Geschäftsführung an. Günter Leifheit erhält am 1.9.1974 einen Beratervertrag, den er bis zum 31.8.1976 wahrnimmt. Er wird auch Aufsichtsratsvorsitzender der GmbH und bleibt es bis zum 28.2.78, ebenso Aufsichtsratsvorsitzender der Sheraton-Hotelgruppe in Deutschland, die ITT erworben hat. Günter Leifheit legt in seinem Schreiben vom 28.2.78 an ITT den Vorsitz im Aufsichtsrat nieder und verweist darin auch auf Spannungen mit der neuen Geschäftsführung.[6] Ihm selbst passen allerdings auch die Rahmenbedingungen dieser Tätigkeit nicht: „Da musste ich immer hinfahren und viel reisen, da hatte ich keine Lust zu," so sagt er selbst im Rückblick auf seine Geschäftsführertätigkeit, die Fahrten nach München und nach Brüssel zur europäischen ITT-Zentrale erforderlich macht. Seit 1974 muss er diese von seinem neuen Wohnsitz in Campione/Italien aus unternehmen. Letztendlich kann sich Günter Leifheit mit den Unternehmensstrategien von ITT nicht hinreichend identifizieren.

Günter Leifheit ist 54 Jahre alt – also ein „junger" Unternehmer – als er gemeinsam mit Ingeborg Leifheit die Geschäftsführung in der LEIFHEIT GmbH aufgibt. Es mag als Grund hinreichend sein, dass man, wenn man genug verdient hat, sich auch aus dem aktiven Berufsleben zurückziehen könne. Es wäre jedenfalls nicht anstößig, heute schon gar nicht. „Kriegsjahre zählen doppelt" in der Betrachtung von Günter Leifheit. Außerdem hat man keinen gemeinsamen Erben, der das Unternehmen weiterführen könnte. Aber die Motivation ist wohl doch noch vielschichtiger.

Es ist kein Geheimnis, dass ihn – und vermutlich nicht weniger auch seine Frau – der Wahlsieg Willi Brandts im Jahr 1972 geschockt hat. Christian Gross und Günter Röckel erinnern sich, dass Günter Leifheit in etwa zur Jahreswende 1971/72 schon den Satz geäußert hat „Wenn die nächste Wahl verloren geht, dann werde ich verkaufen und Deutschland verlassen." Dr. Rudolf Block kommentiert es nüchtern: „Für den Verkaufszeitpunkt war sicherlich der Wahlsieg der SPD von Einfluss. Herr Leifheit erwartete eine wesentlich schärfere Besteuerung für Unternehmen und eine falsche Wirtschaftspolitik."[7]

Da stehen die damals noch verbreiteten Ängste vor „Sozialisten" im Raum, die ja nicht mit Geld umgehen können – das Adenauer Wort wirkt nach –, dazu auch die traumatischen Erfahrungen von Ingeborg, die vor der russischen Front mit dem Fahrrad geflüchtet ist, in Beierfeld den Familienbesitz verloren und erlebt hat, dass

Verabschiedung 1974, Dorint Lahnstein, v.l.: Walter Gonder, Vilja Steinhäuser, Rosel Schwarz, Günter Leifheit, Marga Maxheimer *

der Vater von den Sowjets in der „SBZ" für ein halbes Jahr inhaftiert wurde. Man darf die Emotionen bei solchen Entscheidungen nicht außer Acht lassen; diese beruhen keineswegs nur auf rationaler Abwägung. Die Ängste von Ingeborg Leifheit müssen eine wichtige Rolle gespielt haben; sonst würde Dieter Schüfer das nicht in seiner Grabrede von 1999 noch einmal so deutlich hervorheben: „Frau Ingeborg Leifheit fand (in der Schweiz) die ersehnte Ruhe. Und ihre auf der erlittenen Vertreibung fußende Angst vor dem Einmarsch der Kommunisten verlor sich mehr und mehr." Auch Verbandsbürgermeister Helmut Klöckner, der Günter Leifheit seit 1969 kennt, erinnert sich an dessen große Sorge vor der Bundestagswahl 1972, „mit Willy Brandt würde der Sozialismus in Deutschland Einzug halten." Das war wohl auch einer der Gründe, warum er kurz nach dieser Wahl seine Firma verkauft hat.[8]

Günter Leifheit selbst beruft sich dabei auf eine Einsicht seines Vaters, dass man alles vom – möglichen – Ende her bedenken müsse. „Richte dich nicht nach heute, sondern richte dich nach morgen", so zitiert er den Vater. Das dem zugrunde liegende alte römische Sprichwort „quidquid agis, prudenter ages et respice finem" erläutert es noch genauer: „Was auch immer du tust, handle klug und bedenke das Ende."

Und da zeichnen sich neue Entwicklungen im ökonomischen und unternehmerischen Bereich ab, die mit Günter Leifheits Unternehmensphilosophie nicht mehr ohne weiteres kompatibel sind, so die stärker werdenden Betriebsräte, der zunehmende gewerkschaftliche Einfluss und Englisch als Verkehrssprache. Es ist nicht auszuschließen, dass andere Unternehmensformen ins Blickfeld rücken könnten, in Verbindung mit mehr Verwaltung, Bürokratisierung und Gremienentscheidungen, die die Verantwortung eines Einzelnen einschränken könnten. Controlling – intern oder extern – gewinnt zunehmend an Bedeutung. Es fällt schwer, sich Günter Leifheit derart in komplexe Abstimmungsprozesse eingebunden vorzustellen.

Hinzu kommt, dass die Zeit für eine qualitative Erweiterung der Produktpalette gekommen ist. Eine Meinung aus der Leitungsebene der Firma bündelt diese Argumentation in einer bedenkenswerten Analyse der Firmensituation: Zum Zeitpunkt des Verkaufs habe sich die Firma, bezogen auf den Umsatz, auf dem Höhepunkt befunden, im Zenit ihrer Entwicklung. Man kann da von einer Sättigung des Marktes ausgehen. Die Kurve der Stückzahlen habe bei Teppichkehrern bereits begonnen, zurückzugehen. Erheblich größere Investitionen oder Strukturveränderungen als bisher wären erforderlich, um ökonomisch weiterhin auf Erfolgskurs zu bleiben. Ein Verkaufspreis für die Firma könnte – zumindest vorübergehend – eher fallen. Das deckt sich mit der Einschätzung von Dr. Rudolf Bock: „Zu diesem Zeitpunkt (1972) hatte aber auch die Umsatzgewinnrate des Unternehmens einen Höhepunkt erreicht, begünstigt durch den Boom bei Teppichböden in Neubauten. Auf längere Sicht konnte man einen Rückgang nicht ausschließen." [9] Günter Leifheit charakterisiert die geschäftliche Situation der Firma im Jahr 1972 mit dem bereits zitierten Satz „Der Betrieb war in der Blüte", was auch einem Zenit nahekommen kann. Dr. Gerhard Lempenau verfolgt den Verkauf der Firma und bescheinigt Günter Leifheit, auch diese Transaktion in „hoher Professionalität" abgewickelt zu haben. Ihn „bedrückt allerdings, dass hierdurch ein blühendes deutsches Familienunternehmen in einem internationalen Konzern aufging und damit die von Günter Leifheit geschaffene Führungskultur nicht fortgesetzt werden konnte." [10]

Es muss und darf jedoch kein Zweifel aufkommen: Günter Leifheit würde gemeinsam mit seiner Frau Ingeborg das große mittelständische Unternehmen auch durch schwierige Zeiten führen, mit weiter entwickelter und diversifizierter Produktpalette. Es ist die Verquickung mehrerer Motivstränge, die ihn zum Verkauf veranlasst hat. Unabhängig von unterschiedlichen Einschätzungen wird der Ausgang der Bundestagswahl von 1972 einhellig als der gravierendste Grund angesehen. Man darf in der Tat von einem Mix der Motive ausgehen, der auch Raum für unterschiedliche Bewertungen und Spekulationen lässt.

Dieter Schüfer, dem Günter Leifheit bereits 1964 die Verkaufsleitung Inland und später auch die Vertriebsleitung insgesamt, einschließlich Export und Marketingbereiche, übertragen hatte, übernahm die Geschäftsführung der LEIFHEIT INTERNATIONAL GmbH. In Fortführung der erfolgreichen unternehmerischen Tätigkeit von Günter Leifheit wurden weitere Produkte entwickelt, die durch hohe Qualität in den nächsten Jahrzehnten LEIFHEIT zu einer der größten europäischen Marken für nichtelektronische Haushaltsgeräte machten.

1983/84 begann ITT, sich von Beteiligungen in Europa zu trennen und wollte auch die LEIFHEIT GmbH verkaufen. Da sich die Verhandlungen mit Firmen und Banken als schwierig erwiesen, wandelte sich die Firma unter Dieter Schüfer zur AG und ging 1984 an die Börse. 1997 löste Wolf Meyer Dieter Schüfer ab und wurde Vorstandssprecher. Dieter Schüfer wurde Aufsichtsratsvorsitzender.

Dieter Schüfer tritt am 1.7.1974 die Nachfolge als Geschäftsführer an und wandelt 1984 mit dem Gang an die Börse die Firma zur LEIFHEIT AG.*

Nach eigenen Angaben ist der LEIFHEIT-Konzern heute einer der führenden europäischen Markenanbieter von Haushaltsartikeln. Er erzielte 2015 einen Jahresumsatz von rund 232 Mio. Euro und beschäftigt gut 1.000 Mitarbeiter. Das Unternehmen steht für hochwertige und innovative Produkte und Lösungen, die das tägliche Leben zuhause leichter und bequemer machen. Es vertreibt seine Produkte in mehr als 80 Ländern weltweit. Der LEIFHEIT-Konzern verfügt über 15 eigene Standorte und Niederlassungen in Europa, den USA und in China. Die wichtigsten Standorte sind die Hauptverwaltung in Nassau mit circa 300 Mitarbeitern, der zentrale Logistikstandort in Zuzenhausen bei Heidelberg mit circa 100 Mitarbeitern und das Werk Blatná/Tschechien mit circa 400 Mitarbeitern.

Der LEIFHEIT-Konzern gliedert sein Geschäft in zwei Unternehmensbereiche: das Markengeschäft und das Volumengeschäft. Zum deutlich größeren Markengeschäft gehören LEIFHEIT mit den Reinigungs-, Wäschepflege- und Küchenprodukten und seit dem Jahr 2011 auch die Marke Soehnle mit Küchen- und Personenwaagen. Zum Volumengeschäft zählen die französischen Tochterunternehmen Birambeau und Herby.

Die Marke LEIFHEIT gehört heute zu den besten und stärksten Marken Deutschlands. Laut den Angaben des Unternehmens hat die Marke hier eine Bekanntheit von rund 88 Prozent. LEIFHEIT wurde darüber hinaus mit dem Siegel „Superbrand 2014/2015" ausgezeichnet – eine Auszeichnung der gleichnamigen Brandmarketing-Organisation für Marken, die in Kriterien wie Marktwert, Image, Markenakzeptanz, Beständigkeit und Kundenbindung herausragende Bewertungen erhielten. Aus 1.100 nominierten Marken wählte die Jury die 52 Superbrands Deutschlands aus. Soweit die Darstellung aus der Feder der LEIFHEIT AG.

Die LEIFHEIT AG präsentiert sich unter der Headline „Immer eine Idee besser" im Jahr 2015 in der Superbrands Germany Dokumentation VI (S.76-77), in der den prämierten Unternehmen die Möglichkeit zur Darstellung geboten wird. Da erfährt man Einiges über die aktuelle Produktpalette, wie die mehrfach ausgezeichnete ‚Linomatic Deluxe'-Wäschespinne, neue Air-Bügeltischserien, das „Clean Twist" Wischsystem, den mit dem „Plus-X-Award" ausgezeichneten Fenstersauger und Küchengeräte wie den „Comfort Slicer" oder den „Speed Quirl" aus Edelstahl. Dazu werden die Werbestrategien dargestellt, u.a. mit dem Motto „Jetzt wechseln – zu unseren Besten!" Wenn man einmal von dem unvermeidlichen Vormarsch des Englischen bei der Produktbenennung absieht, erinnert vieles noch an die Unternehmens- und Werbestrategien der Ära von Günter Leifheit, in deren Tradition man sich weiter entwickelt hat.

Günter Leifheit hat nicht alle Entwicklungen und Entscheidungen seiner Nachfolger in der LEIFHEIT GmbH, seit 1984 in eine AG umgewandelt, gutgeheißen. Es hat ihn jedoch ebenso mit Stolz erfüllt, dass die von ihm gegründete Firma sich insgesamt sehr positiv entwickelt, vergrößert und die Produktpalette erheblich erweitert und auch im Laufe der Entwicklung auftretende Schwierigkeiten gemeistert hat. In späteren Rückblicken wird nicht zu Unrecht das Bild gebraucht, dass man auf dem Fundament von Günter und Ingeborg Leifheit erfolgreich weiter aufgebaut habe. Aber genau besehen hat das Ehepaar dem Fundament bereits nicht nur einen Keller, sondern auch äußerst stabile Etagen hinzugefügt. Bildlich drückt sich im Vergleich mit dem Fundament die Solidität und Stabilität aus, auf der man weiter aufbauen kann, was auch in einem außerordentlichen Maße geschehen ist.

DIE LEIFHEIT AG IM JAHR 2015

DIE VERLEIHUNG DER EHRENBÜRGERWÜRDE AN GÜNTER LEIFHEIT

Zwei Überlegungen rücken in der Retrospektive im Hinblick auf die Verleihung der Ehrenbürgerschaft für Günter Leifheit in den Vordergrund: 1990/91 wird Günter Leifheit die Ehrenbürgerwürde verliehen. Warum zu diesem Zeitpunkt? Warum ca. 16 Jahre nach der Verabschiedung aus der Firmenleitung? Womit wird die Ehrenbürgerschaft begründet?

Als Verbandsbürgermeister war Helmut Klöckner lange Jahre Ansprechpartner für das Ehepaar Leifheit bei Anliegen, die die Stadt Nassau betrafen. „1990 (in seiner Erinnerung ‚70 Jahre Windener. 40 Jahre Kommunalpolitiker' schreibt Helmut Klöckner versehentlich ‚1991', der Autor) rief mich Herr Leifheit an, er wolle mit seiner Frau Ingeborg nach Nassau kommen, um sich auf dem Friedhof nach einem Bestattungsplatz zu erkundigen. Dabei stellte sich das Ehepaar Leifheit eine Gruft vor, ähnlich der des Ehrenbürgers Hasenclever. Ich ging zusammen mit dem Bauamtsleiter Joachim Horbach und dem Ehepaar Leifheit über den Friedhof, und Herr Horbach, der den Friedhof besser kannte als ich, zeigte uns einen Platz in der Nähe des Denkmals für die Lübener Heimatvertriebenen. Das Ehepaar Leifheit war mit dem Platz einverstanden und bot der Stadt eine Million DM für die Gruft an. Die Stadt sollte auf Dauer (für 100 Jahre – der Autor) die Unterhaltung übernehmen. Die Gruft würde das Ehepaar Leifheit natürlich auf eigene Kosten bauen lassen. Der Stadtrat stimmte diesem Vorhaben und den vorgelegten Bauplänen zu." [1)]

Die Initiative zur Verleihung der Ehrenbürgerschaft ist von Helmut Klöckner ausgegangen. Sie steht im Zusammenhang mit der Wahl der Eheleute Leifheit, eine Gruft in Nassau zu erwerben. „Als das Geld eingegangen war, empfahl ich dem damaligen Stadtbürgermeister Wolfgang Knoth, Herrn Leifheit zum Ehrenbürger der Stadt Nassau zu ernennen. Wolfgang Knoth nahm diesen Vorschlag spontan an und überraschte damit den Rat in einer unmittelbar danach anstehenden Sitzung" [2)]
Helmut Klöckner sah in dem bevorstehenden 70. Geburtstag von Günter Leifheit die geeignete Gelegenheit, mit der Verleihung der Ehrenbürgerwürde für den Jubilar ein längst überfälliges und passendes Geschenk zu machen. Das geschah nur wenige Minuten vor der Stadtratssitzung, der letzten im Jahr 1990. Wolfgang Knoth beantragte zu Beginn der Öffentlichen Stadtratssitzung eine Erweiterung der Tagesordnung um diesen Punkt. Im Stadtrat selbst gab es dazu keine Aussprache. Man befürwortete einstimmig, Günter Leifheit die Ehrenbürgerwürde zu verleihen. Im Protokoll der Stadtratssitzung vom 6. Dezember 1990 heißt es: „TOP 9 – Herr Knoth informiert den Stadtrat darüber, dass Herr Leifheit am 13.12.

das 70. Lebensjahr vollendet. Er schlägt dem Stadtrat vor, Herrn Leifheit zum Ehrenbürger zu wählen. Aufgrund der Verdienste für die Stadt Nassau wird er einstimmig zum Ehrenbürger der Stadt Nassau gewählt."

Die Spontaneität des Vorgangs mag Rätsel aufgeben. Der Verleihung dieser Ehrenbürgerwürde hätte der Stadtrat auch mit Vorbereitung und gründlicher Debatte positiv entschieden, vermutlich im Endergebnis auch einstimmig. Das ein oder andere wäre aber u. U. im Vorfeld auch erörtert, zerredet worden, was wiederum die Würde des Verleihungsaktes hätte mindern können.

Der Beschluss wurde Günter Leifheit per Telegramm nach Gstaad in der Schweiz mitgeteilt:

SEHR GEEHRTER HERR LEIFHEIT,
DER STADTRAT DER STADT NASSAU HAT SIE AM 06. DEZEMBER
EINSTIMMIG ZUM EHRENBUERGER GEWAEHLT:
HIERMIT SOLLEN DIE VERDIENSTE VON IHNEN UND IHRER FRAU BEIM AUFBAU
DER WIRTSCHSAFTLICHEN GRUNDLAGEN IN NASSAU GEWUERDIGT WERDEN:
HERZLICHEN GLUECKWUNSCH
IM NAMEN DER STADT HELMUT KLOECKNER,
BUERGERMEISTER DER VERBANDSGEMEINDE

In Absprache mit Günter Leifheit ist die Aushändigung der Urkunde am 26. Januar 1991 in der Schweiz in Gstaad vorgesehen, im Winterdomizil des Ehepaars Leifheit. Dafür hat es den gesamten Stadtrat sowie Helmut Klöckner mit seiner Frau Gertrud nach Gstaad eingeladen. Johannes Liebscher hat eine private Einladung erhalten.

Die Initiative für die Verleihung der Ehrenbürgerwürde an Günter Leifheit basiert auf mehreren Motiven. Nicht vergessen sind seine herausragenden Verdienste für viele Familien und für die Region Nassau als Arbeitgeber, auch nicht seine besonderen menschlichen Qualitäten als Unternehmer und Bürger der Stadt Nassau. Man sieht die Chance, etwas bisher Versäumtes nachzuholen. Der Beziehungsdraht zwischen Nassau und der Schweiz ist außerdem nie ganz abgerissen. Mit der Entscheidung für eine Grabstelle in Nassau sendet das Ehepaar Leifheit ein unübersehbares Signal, wo es sich beheimatet fühlt. Es ist ein untrügliches Indiz für die Verbundenheit, die nie aufgegebene Bindung an die Stadt und viele ihrer Bürger. In Nassau steht ihr berufliches unternehmerisches Lebenswerk. Die Stadt ist ihnen zur Heimat geworden, keineswegs das Domizil in der Schweiz. Sie haben zwar mehr Jahre in der Schweiz verbracht als in Nassau, aber sie bleiben Deutsche in der Schweiz, und die starke emotionale Bindung an ihre unternehmerische Wirkungsstätte und die Verbundenheit mit den Menschen in Nassau ist nie verloren gegangen. Eine mit Nassau vergleichbare Integration im städtischen Leben hat es in Gstaad nicht gegeben, erst recht nicht in Lugano. Daraus lässt sich schließen, dass sich die Beziehungen zu Nassau künftig noch enger gestalten würden. Es liegt nahe, dass mit der Verleihung der Ehrenbürgerwürde an Günter Leifheit auch eine stärkere offizielle Bindung an die Stadt Nassau intendiert worden ist, durchaus auch mit der Hoffnung auf Unterstützung bei bestimmten Projekten. Man weiß auch in Nassau von der am 26.11.1984 gegründeten Stiftung des Ehepaares in der Schweiz. Zwischen 1974 und 1990 – das sind immerhin 16 Jahre –, ist eher im offiziellen, nicht im privaten Miteinander, ein Stillstand, zumindest eine Flaute, in den Beziehungen eingetreten. Bei einigen Nassauern hat sich der Eindruck festgesetzt, dass die Verleihung der Ehrenbürgerwürde vorausgegangen und in Folge davon der Wunsch entstanden sei, die Grabstätte in Nassau zu erwerben. Zeitlich fällt in der Tat beides dicht zusammen, aber die Reihenfolge ist jedoch eine andere. Hier hat zunächst das Ehepaar Leifheit mit seinem Wunsch nach einer Grabstelle in Nassau den ersten Schritt getan und die Stadt Nassau den zweiten.

In der Tat folgte der gesamte Stadtrat der Einladung, auch der Vorstandsvorsitzende der Firma LEIFHEIT, Dieter Schüfer, der auch Stadtratsmitglied war. Das Verhältnis der Familie Leifheit zur LEIFHEIT AG war zeitweilig recht abgekühlt. Zudem hatte es persönliche Spannungen seit den Gerichtsverhandlungen um die Hömberger Jagd zwischen dem Ehepaar Leifheit und Dieter Schüfer gegeben. Die Begrüßungsworte von Günter Leifheit „Auch Sie, Herr Schüfer, sind uns herzlich willkommen", brachen das Eis und führten Familie und Firma wieder näher zusammen.

Es verwundert nicht, dass Günter Leifheit in seine Dankesrede auch die erfolgreiche Weiterführung des Werkes hervorhob; er dankte dafür Dieter Schüfer und bat darum, „diesen Dank auch an die Mitarbeiter und Mitarbeiterinnen im Stammwerk Nassau und den Filialen weiterzuleiten."[3] Auch die Leistungen des anwesenden ehemaligen Betriebsleiters Johannes Liebscher hob er besonders hervor. Günter Leifheit weiß, dass er den Erfolg einem Team zu verdanken hat, in dem Johannes Liebscher eine besonders wichtige Rolle gespielt hat.

1: *Der Stadtrat weilt im Januar 1991 auf Einladung von Günter Leifheit im Chalet in Gstaad.**
2: *Stadtbürgermeister Wolfgang Knoth überreicht die Ehrenbürger-Urkunde.**
3: *Verbandsbürgermeister Helmut Klöckner gratuliert Günter Leifheit.**
4: *Zur Feier ist eine Torte mit dem Wappen der Stadt Nassau gebacken worden.**

VERLEIHUNG DER EHRENBÜRGERSCHAFT

Es muss eine beeindruckende Feier gewesen sein, die in der Rhein-Lahn-Zeitung vom 30. Januar 1991 genauer geschildert wird: Empfang durch Alphornbläser, Dekoration der Wohnräume mit Blumen in den Nassauer Farben blau-orange, eine große Torte mit dem Nassauer Stadtwappen, großes Abendessen in einem Hotel und am Tag darauf das Buffet im Hause der Familie Leifheit. Das Ehepaar Leifheit ist tief beeindruckt von der Würdigung, was die Bindung zu Nassau zweifellos belebt und intensiviert hat.

Die Urkunde zur Ehrenbürgerschaft hat der Stadtbürgermeister Wolfgang Knoth überreicht. In seiner Rede verweist er eingangs auf die zurückhaltende Verleihungspraxis dieser Auszeichnung, die nur für herausragende Leistungen für das Gemeinwohl in Frage komme. Nach dem Baurat Eduard Zeis (1870) und dem Bürgermeister Bernhard Hasenclever (1920) ist Günter Leifheit „sozusagen der Dritte im Bunde", betont er in seiner Laudatio. Zum Schluss hebt er die Identifikation hervor, die zwischen LEIFHEIT und den Bürgern von Nassau entstanden ist: „Wir als Nassauer sind durch die Firma LEIFHEIT gezeichnet. Wenn man sich außerhalb von Nassau aufhält und erklären will, wo man herkommt, dann ist man bei geografischen Beschreibungen nicht sehr erfolgreich. Wenn man aber sagt, man kommt aus der Stadt, in der die Firma LEIFHEIT ihren Sitz hat, dann ist durch die vielfältige und der Welt bekannte Produktpalette eine Identifikation geschaffen. Hierfür haben Sie, sehr geehrte Frau Leifheit, und Sie, sehr geehrter Herr Leifheit die Grundlage geschaffen."

Man verbindet heute mit größerem zeitlichen Abstand, wenn sich der Blick auf Günter Leifheits Spuren in Nassau richtet und die Chronologie dabei weniger bewusst ist, oft in den Hintergrund tritt und sich bisweilen ganz verliert, mit der Verleihung der Ehrenbürgerschaft sowohl die unternehmerische Tätigkeit als auch sein Mäzenatentum in der Stadt Nassau. Dem ist nicht so. Günter Leifheit ist ausschließlich wegen seiner unternehmerischen Tätigkeit geehrt worden. Da spielt die von 1954 bis 1974 geleistete Unterstützung von Sportvereinen, Adventsfeiern u.a. keine entscheidende Rolle, sie finden auch keinerlei Erwähnung in der Laudatio in Gstaad im Januar 1991. Günter Leifheit wird nicht Ehrenbürger, weil er ein wichtiger Mäzen der Stadt ist. Als Ehrenbürger wird er Mäzen in Nassau, wobei darin eine zeitliche Abfolge und keineswegs eine Kausalität zum Ausdruck kommt. Ein Blick auf die Rede des Stadtbürgermeisters in Gstaad verdeutlicht das. Sie ist überschrieben: „Mut, Tatkraft und Entschlossenheit führte zur Gründung des

Unternehmens – Ehepaar Leifheit hat große Verdienste für den Wohlstand der Stadt". Es geht nahezu ausschließlich in der Laudatio um d e n bzw. d i e Unternehmer, das Ehepaar. Da heißt es: „Sie, Herr Leifheit, und ihre Gattin haben sich verdient gemacht um die wirtschaftliche Grundlage der Stadt Nassau und ihrer Bürger, Ihrem unternehmerischen Engagement ist es zu verdanken, dass die Stadt Nassau heute so gut dasteht." Danach wird das außerordentlich fürsorgliche und persönliche Verhalten von Chef und Chefin zu den Mitarbeiterinnen und Mitarbeitern hervorgehoben.

Diese Laudatio ist eine rhetorische Meisterleistung. Sie wird gehalten zur Verleihung der Ehrenbürgerschaft an Günter Leifheit und stellt in den würdigenden Passagen Günter und Ingeborg weitgehend auf „Augenhöhe". Das lässt den Schluss zu, dass man sich in Nassau bald die Frage gestellt hat, ob die Ehrenbürgerwürde nicht beiden, Ingeborg und Günter Leifheit gemeinsam hätte verliehen werden sollen.

Mit der Formulierung des Schlusssatzes seiner Rede versucht Bürgermeister Wolfgang Knoth dem Rechnung zu tragen: „Der Rat der Stadt Nassau hat in seiner letzten Sitzung im Jahr 1990 einstimmig beschlossen, Ihnen, sehr geehrter Herr Leifheit, stellvertretend gleichsam auch für Ihre Gattin, die Ehrenbürgerschaft anzutragen."[4)]

Auch Verbandsbürgermeister Klöckner ergreift das Wort und überbringt die Grüße der 18 Umlandgemeinden und hebt ergänzend hervor, dass die Firma LEIFHEIT Arbeitsbeschaffer für das Handwerk und den Handel in der Region und nicht zuletzt ein sehr guter Steuerzahler sei. Erich Bruchhäuser überreicht als Geschenk zwei handgegerbte Schaffelle, Christa Noffke (SPD) einen Bildband aus der Heimat, den alle Delegationsmitglieder unterschrieben haben. Wolfgang Schön (CDU), Ratsmitglied und Betriebsratsvorsitzender der LEIFHEIT AG, gratuliert in Doppelfunktion und Dieter Schüfer für die FWG.

Bisher hat der Stadtrat mit der Verleihung der Ehrenbürgerrechte an Günter Leifheit ausschließlich die unternehmerische Leistung gewürdigt. Das umfängliche Mäzenatentum Günter Leifheits und der G. und I. Leifheit Stiftung in Nassau hat am sichtbarsten in der Namensgebung des „Günter-Leifheit-Kulturhauses" (2004) und des „Leifheit-Campus" (2015) Ausdruck gefunden.

Ingeborg Leifheit wird posthum zur Ehrenbürgerin ernannt

Thema dieser Dokumentation ist die Rolle von Günter Leifheit. Und so hat sich das Frage- und Analyseinteresse in der Beschreibung der betrieblichen Entwicklung in ihren verschiedenen Bereichen von der Produktion bis zum Marketing vor allem auf ihn gerichtet. In der Öffentlichkeit hat stets Günter Leifheit im Vordergrund gestanden. Es stellt sich die Frage, ob es Ingeborg Leifheit nicht gestört hat, dass die Ehrenbürgerwürde nur ihrem Mann verliehen worden ist. Sie habe sich sehr über die Ehrung ihres Mannes gefreut und selbst nie die Neigung verspürt, nach vorn zu treten, so haben es mehrere aus dem engeren Bekanntenkreis empfunden. In Nassau haben sich viele die Frage gestellt, ob nicht Ingeborg Leifheit gleichermaßen diese Ehrung zukommen müsste.

Dass die Stadt Nassau im Jahr 2011, 12 Jahre nach ihrem Tod – also posthum – und 20 Jahre nach der Ehrenbürgerschaft von Günter Leifheit auch Ingeborg Leifheit durch Stadtratsbeschluss vom 21. Juni 2011 zur Ehrenbürgerin ernannt hat, ist ein Indiz dafür, dass man auch ihr einen hohen Anteil an der Firmenentwicklung zuschreibt. Ingeborg Leifheit ist nie, auch wenn die beiden gemeinsam auftreten, in den Vordergrund gerückt. Diese Zurückhaltung ist sowohl in ihrem Naturell als auch in den Zeitumständen begründet, die das Unternehmertum noch vorrangig als männliche Angelegenheit wahrnehmen. „Als sich 1954 die ‚Vereinigung der Unternehmerinnen' (VdU) gründete, konstatierte der damalige Präsident des Bundesverbandes der deutschen Industrie (BDI), Fritz Berg, dass die Unternehmerinnen nur eine Kriegsfolgeerscheinung und in wenigen Jahren von der Bildfläche verschwunden seien." [5] Da hat jemand die „Zeichen der Zeit" im Hinblick auf die Rolle von Frauen im gesellschaftlichen, politischen und ökonomischen Bereich zumindest aus heutiger Sicht nicht hinreichend gedeutet.

Es ist nicht ganz einfach, der Frage nachzugehen, warum diese Würdigung ausgerechnet zu diesem Zeitpunkt stattfindet. Man kann davon ausgehen, dass es einen Anstoß dafür bereits unmittelbar nach der Beerdigung von Günter Leifheit (2009) gegeben hat. Der Stadt sind für den Fall, dass sie auch Ingeborg Leifheit zur Ehrenbürgerin ernennen würde, Spenden von Ute Fleischhacker, einer Nichte von Ingeborg Leifheit, in Aussicht gestellt worden. Das will sich die Stadt mit Blick auf die klamme Haushaltssituation nicht entgehen lassen. Man muss es nicht als Zufall ansehen, sondern kann es durchaus als kausalen Zusammenhang betrachten, dass nur einige Monate später nach der Verleihung der Ehrenbürgerwürde für Ingeborg Leifheit die Stadt Nassau eine Spende für den städtischen Haushalt in Höhe von einer Million Euro von Ute Fleischhacker erhält. Sie will, so bekennt sie selbst, damit ihrer Dankbarkeit Ausdruck verleihen, dass die Stadt Nassau nun auch ihrer Tante Ingeborg die Ehrenbürgerrechte verliehen hat. Weitere Spenden, die dem Vernehmen nach von dieser Seite in Aussicht gestelllt worden sind, sind bisher nicht geleistet worden.

Ein zentrales Motiv für den Stadtrat besteht darin, Ingeborg Leifheits Anteil am Aufbau und der Entwicklung der Firma gerecht werden zu wollen. Da gilt es jedoch, zunächst ein Hindernis aus dem Weg zu räumen. Die Ehrenbürgerschaft ist in der rheinland-pfälzischen Gemeindeordnung im § 23 geregelt. Die Verwaltungsvorschrift zur Gemeindeordnung präzisiert das und baut in diesem Fall gleichermaßen einen Weg als auch eine Hürde auf: „1. ... deshalb kann das Ehrenbürgerrecht auch Personen verliehen werden, die nicht Bürger der Gemeinde sind. 2. Das Ehrenbürgerrecht kann nur lebenden Personen verliehen werden ...". In der Stadtratssitzung vom 21. Juni 2011 teilt Stadtbürgermeister Armin Wenzel mit, „dass er mit Herrn Landrat Kern und Herrn Korn gesprochen habe, und dass die Kommunalaufsicht diesen Beschluss duldet."

Armin Wenzel betont, dass man damit ein Versäumnis der Vergangenheit wieder gutmachen wolle. Er bezeichnete Ingeborg Leifheit als eine der erfolgreichsten Unternehmerinnen im Nachkriegsdeutschland. In der mit ihrem Mann aufgebauten Firma habe sie den Finanzbereich geleitet und die Qualität der Produkt selbst überprüft ... Sie und ihr Mann hätten sich in idealer Weise ergänzt ... Alle Ratsfraktionen pflichteten Wenzel ausdrücklich bei. „Mit diesem Akt wächst wieder zusammen, was immer zusammen war und nie hätte getrennt werden dürfen", so Thorsten Reinhardt im Namen von FWG-Forum. Damit wird zum Ausdruck gebracht, dass der Erfolg der 1959 gegründeten LEIFHEIT KG beiden gebührt. Redakteur Carlo Rosenkranz lässt im Artikel „Weggefährten erinnern sich an Ingeborg Leifheit" [6] deren Verdienste noch einmal mit den Stimmen von Johannes Liebscher, Hans Erich Slany, Marga Maxheimer und Wolfgang Schön zu Wort kommen.

Johannes Liebscher, „der Mann der ersten Stunde", hat da im Rückblick ein sehr ausgewogenes Urteil. „Laut Liebscher waren die Rollen der Eheleute Leifheit im Geschäftlichen klar verteilt. ‚Er repräsentierte nach außen und war ein hervorragender

Verkäufer. Sie lenkte die internen Abläufe', so der 79-Jährige. ‚Sie haben sich sehr gut ergänzt. Das war der Grund ihres Erfolges.'" Wolfgang Schön, Betriebsratsvorsitzender Anfang der 70er Jahre bei LEIFHEIT, ist als Ratsmitglied bereits 1991 dabei, als Günter Leifheit die Ehrenbürgerrechte verliehen worden sind. Er hat Ingeborg Leifheit als eine Unternehmerin erlebt, die sich um die Belange der Mitarbeiterinnen und Mitarbeiter kümmerte. „‚Wir haben damals versäumt, beide auszuzeichnen' räumt er ein. ‚Die Ehrenbürgerrechte gebühren ihr wie ihrem Mann.'" Marga Maxheimer bezeichnet die beiden als „kongeniale Geschäftleute", also von ebenbürtigem Rang. Bei einer Gedenkfeier für Ingeborg Leifheit bedauert Wolf Meyer, „dass der Stadtrat nicht schon vor 20 Jahren auch Ingeborg Leifheit die Ehrenbürgerwürde verliehen habe. Ein Umstand, den die Unternehmerin freilich nie beklagt habe." [7] Sie arbeitet unauffälliger, außerbetrieblich zurückhaltender. Insbesondere ihre Zuständigkeit für Finanzen räumt Ingeborg Leifheit eine starke Position ein. Da kann bei wichtigen Investitions- und Produktionsentscheidungen kaum ohne sie entschieden worden sein.

Wer Geschäftsverteilungspläne und Organigramme von Verwaltungen und/oder Firmen kennt, weiß, dass sich darin Hauptverantwortlichkeiten fest- und zuschreiben lassen. In Organigrammen kommt in der Regel jedoch der Überschneidungsbereich zu kurz; man hebt nur die Aufgabenschwerpunkte hervor. Ressorts lassen sich in der Realität jedoch nicht eindeutig abgrenzen. Was solche Zuordnungen niemals vollständig zu erfassen vermögen, ist das, was in der Kommunikation und Kooperation zwischen den Bereichen geschieht, etwa im Hinblick auf wichtige Firmenentscheidungen. Das ist umso mehr der Fall, wenn die Firmenleitung in der Hand eines Ehepaares liegt, das über interne Erörterungs- und Entscheidungsprozesse kaum Protokoll führt, aus dem sich entnehmen lässt, wer wann was argumentativ in die Waagschale geworfen hat. Bekannt wird dann die Entscheidung.

Man ist bestrebt, die Leistung einer Person, eines Paares – gerade auch im Vergleich – bildhaft zu würdigen, um so das Wesentliche herauszustellen. Das ist nachvollziehbar; aber es ist nicht unproblematisch, die unternehmerische Leistung des Ehepaars in einer Ergänzung von „Verstand" einerseits und „Herz" andererseits und von „Führung nach innen" und „Vertretung nach außen" auszudrücken, da auch die distanzierter wirkende Ingeborg Leifheit „Herz" hatte – so Wolfgang Schön – und Günter Leifheit großen unternehmerischen Verstand besaß – so Dr. Gerhard Lempenau, was auch Dr. Rudolf Bock bestätigt. Es fällt schwer, das Zusammenwirken der beiden in einfachen, in „vereinfachenden" Bildern auszudrücken. Die Finanzdomäne obliegt keinesfalls ausschließlich Ingeborg Leifheit. Dr. Gerhard Lempenau [8], der 1971 als junger Steuerberater erstmals in die Firma kommt und Günter Leifheit dabei kennenlernt, hat erlebt, wie das Ehepaar gemeinsam die Auseinandersetzungen mit einem „starrköpfigen" und „an Fiskalismus kaum zu übertreffenden Betriebsprüfer des Finanzamtes" geführt hat. Ingeborg und Günter Leifheit haben sich ausgetauscht und sind in der Vorgehensweise abgestimmt. Er hat Günter Leifheit auch bescheinigt, die Verkaufsverhandlungen mit ITT in hoher Professionalität geführt zu haben.

Diejenigen, die länger bei LEIFHEIT gearbeitet haben, insbesondere auch an verantwortlichen Stellen und mit persönlichem Bezug zu Günter und Ingeborg Leifheit, kommen überwiegend zu einer einhelligen Einschätzung: Der Erfolg der Firma LEIFHEIT KG ruhe auf beider Schultern, auf Günters und Ingeborgs „kongenialem Zusammenwirken", mag auch die prozentuale Zuordnung der Verdienste unter den Betrachtern abweichen. Demnach ist der Schluss erlaubt, dass keiner von beiden alleine mit seinem Naturell und seiner Begabung die Firma zu einem derartig großen Erfolg geführt hätte. Udo Steinhäuser spricht von einer „perfekten Ergänzung der beiden". Das wird auch von Dr. Gerhard Lempenau, Dr. Rudolf Bock und Christian Gross, die alle über sehr profunde Einblicke in die Entwicklung der Firma LEIFHEIT verfügen, so bestätigt.

Wenn es um die unternehmerischen Verdienste von Günter und Ingeborg Leifheit geht, sollte man Berthold Brechts „Fragen eines lesenden Arbeiters" nicht ganz außer Acht lassen. In den Erfolg ihres Unternehmens fließt die Arbeit vieler zusammen, so die Managementqualitäten leitender Angestellter, insbesondere von Dieter Schüfer, das Können der Meister und Facharbeiter und die außerordentliche Verkaufsleistung der im Marketing Beschäftigten, sei es als Firmenmitarbeiter oder als freie Handelsvertreter. Allerdings kann sich der Unternehmer auf die Fahnen schreiben, die richtigen Personen eingestellt und deren Kreativität und Können gefördert und für die positive Geschäftsentwicklung genutzt zu haben.

Wichtig ist, dass in der Stadtratssitzung vom 21.6.2011 auch das Wirken von Ilse Leifheit, Günter Leifheits Witwe, zur Sprache kommt. So äußerst ein Stadtratsmitglied, dass er froh sei, „dass auch auf Ilse Leifheit in dieser Sitzung eingegangen wurde und die von ihr geleisteten Dienste zu gegebener Zeit zu würdigen sind."

GÜNTER LEIFHEIT ALS FÖRDERER DER STADT NASSAU UND DER REGION

Günter Leifheit zeichnet ein außerordentliches Mäzenatentum aus, das in der Höhe der Mittel und in der Vielfalt der Förderprojekte von herausragender Bedeutung ist. Deren Darstellung verfolgt mehrere Ziele:

Es sollen möglichst alle Projekte erfasst werden, und zwar in ihrer chronologischen Reihenfolge. Darüber hinaus geht es auch darum, Günter Leifheits Motive und konkreten Intentionen, seinen Gestaltungswillen herauszukristallisieren. Da spielt auch eine Rolle, wer initiativ wird, ob man auf ihn zugeht oder ob er der Stadt Nassau von sich aus Projekte und Unterstützung anbietet. Gleichzeitig wird auf diese Weise sichtbar, mit welchen Gruppen und Vereinen Günter Leifheit in Beziehung steht und welche Personen für ihn besondere Ansprechpartner bei Förderprojekten sind. Soweit erkennbar sollen auch Entwicklungsphasen in der Fördertätigkeit sichtbar gemacht werden.

Es bietet sich an, eine Einteilung in drei Phasen vorzusehen. Da ist zunächst Günter Leifheits aktive Unternehmertätigkeit in Nassau von 1959 bis 1974. Während der Schweizer Jahre zeichnet sich ab 2000 ein deutlich stärkeres Mäzenatentum in Nassau ab, so dass dieses Jahr eine weitere Zäsur bildet.

ERSTE SPONSORTÄTIGKEITEN IN LEIFHEITS AKTIVER UNTERNEHMERZEIT – 1954 BIS 1974

Seit 1969 wird ausweislich der Darstellung des RSV Oranien-Nassau der Radsport von Günter Leifheit gesponsert. Das erste große internationale Rennen, das der Verein ausrichtet, findet am 17. August 1969 statt. „Bewusst und aus werbetechnischen Gründen hat der Vorstand dem Rennen den Namen ‚Großer Preis der Kurstadt Nassau' gegeben." [1] Dabei wurde – wie dann jährlich bei jedem späteren Rennen – der LEIFHEIT-Preis und der Wanderpreis des damaligen Ministerpräsidenten von Rheinland-Pfalz, Dr. Helmut Kohl, ausgefahren. Noch heute bekannte Fahrer wie Rudi Altig, Rolf Wolfshohl und Karl-Heinz Kunde nahmen an diesen Rennen teil.

Dr. Meinhard Olbrich schildert die Begegnung mit Günter Leifheit: „Über den Radsport habe ich mit Willi Sarholz und Erich Thisse als Vorstandsmitglieder in den 70er Jahren Herrn Leifheit persönlich kennen – und schätzen gelernt. Wir hatten um ein Gespräch gebeten, um die geplanten Aktivitäten des Vereinslebens vorzustellen. Kurzfristig hat Herr Leifheit uns in sein Büro eingeladen (1969). Wir waren überrascht, dass er sich so viel Zeit nahm, um sich nach einem rein persönlichen Informationsgespräch unsere umfangreichen Pläne anzuhören. ... Ohne Detailfragen zu stellen, erklärte Herr Leifheit, dass er die Schirmherrschaft und die Finanzierung der Hauptklasse übernehmen werde. Diese Zusage galt für alle Radrennen, die der Verein in und um Nassau bis 1975 veranstaltete." [2]

Man liegt wohl nicht falsch, dass diese Form der Sponsorentätigkeit – wie vielerorts üblich – zum einen dem Verein zugute kommt und die Verbindung zu Nassau und der Region stärkt und zum anderen eine geeignete Form der Imagewerbung, der Erhöhung des Bekanntheitsgrades der Firma LEIFHEIT bedeutet. Hier kreuzt sich die Förderung mit einer Werbemaßnahme; da geht beides Hand in Hand.

Großer Preis der Firma Leifheit im Jahr 1975 – Dritter: Horst Vieten, RSV Nassau-Oranien. Axel Hampe (r.), Marketingleiter der LEIFHEIT GmbH, überreicht die Preise.*

Günter Leifheit unterstützt auch die Anschaffung von Trikots und Trainingsanzügen für die aktiven Vereinsmitglieder. „Mit seiner Zustimmung und Genehmigung durch den Verband wurde die Sportkleidung mit dem Logo: ‚LEIFHEIT – Oranien-Nassau' versehen."[3] Es versteht sich, dass während der Rennen das Zieltransparent und das Siegespodest für die Plätze 1-3 mit „LEIFHEIT immer vorn" auf den Sponsor „LEIFHEIT INTERNATIONAL" verweisen.

Da die Rennen jährlich stattfinden, hat man zur Vereinfachung zwischen der „Patenfirma" LEIFHEIT und dem RSV 1970 eine „jährliche Verlängerung des Werbevertrages nach Rücksprache des Vorstandes des RSV Nassau-Oranien mit Herrn Leifheit seit Gründung des Vereins 1970 bis zum Rückzug des Ehepaares Leifheit aus dem Geschäftsleben" abgeschlossen.[4]

Intensiv hat sich Günter Leifheit auch um den Nassauer Kanuclub gekümmert, in dem er Mitglied und auch von 1959 bis 1975 Vorsitzender gewesen ist (vgl. S. 181 und Kapitel „Biografische Ergänzungen"). Hier kommt als Hauptmotiv sein sportliches Interesse in Frage, zumal mit seinen internen Unterstützungen für den Kanuclub in dieser Zeit noch keine besonderen öffentlichkeitswirksamen Maßnahmen verbunden gewesen sind. Im Kanuclub fühlt sich Günter Leifheit ausgesprochen wohl, sowohl sportlich als auch gesellig.

Auch mit dem „TUS Nassovia 1913 e.V." hat Günter Leifheit gute Kontakte. Er hat die Bildung einer Betriebsfußballmannschaft gefördert, sicherlich auch als eine weitere Maßnahme für ein gutes Betriebsklima. Sport- und Firmeninteresse gehen erkennbar Hand in Hand, wenn er ein Freundschaftsspiel mit dem Kaufhaus Rheinbrücke aus Basel anregt und unterstützt. Betriebs- und einige Vereinsfußballer haben gemeinsam ein Hin- und Rückspiel in den Jahren 1964 und 1965 ausgetragen mit beeindruckenden Empfängen in Basel. Der Verein erinnert auch daran, dass der Scheck für die AG Sporttreibende Vereine, der die Jugendarbeit in den Sportvereinen unterstützt hat, oftmals von Günter Leifheit gekommen ist.

Es ist bekannt, dass Günter Leifheit in dieser Zeit auch Aktivitäten der katholischen Kirche unterstützt hat. Darauf verweist Pater Heinz Klapsing vom Kloster Arnstein (Obernhof). So hat sich Günter Leifheit mit Anregungen in die Vorbereitung kirchlicher Fortbildungs- und Diskussionsveranstaltungen eingebracht. Er hat Adventsfeiern der Senioren finanziell gefördert und auch großzügig Weihnachtsschmuck gesponsert. Nahezu legendär sind in Nassau seine großzügigen Pralinenspenden bei Seniorenfeiern, die zur festen Tradition werden.

DIE ZEIT VON 1974 BIS 2000

Das Ehepaar Leifheit hat nach dem Wegzug 1974 zunächst in Campione und dann in der Schweiz Domizil genommen. Damit ist allerdings die Beziehung zu Nassau keineswegs „abgehakt". Mit Nassau verbindet Günter Leifheit nach wie vor ein recht dichtes soziales Netz über Telefon, Briefe und Besuche in Nassau mit Freunden und Bekannten, mit ehemaligen Mitarbeiterinnen und Mitarbeitern aus seiner Firma und mit Vertretern und Mitarbeitern in der Kommunalpolitik, wobei diese Gruppierungen sich in Nassau ohnehin stark überschneiden.

Die Verleihung der Ehrenbürgerwürde im Januar 1991 hat, soweit vorhanden, den Stillstand bzw. die Flaute in den offiziellen Beziehungen beendet und zu einer stärkeren Hinwendung des Ehepaares Leifheit zu Nassau geführt.

1995 – 25JÄHRIGES BESTEHEN DES RSV ORANIEN-NASSAU

Der Radsportverein Oranien-Nassau feiert 1995 sein 25jähriges Bestehen. Da Günter Leifheit den Verein von der Gründung an unterstützt hat, verwundert es nicht, dass man ihm dafür die Schirmherrschaft anträgt. Günter Leifheit schreibt am 12. Juni 1995 an Dr. Meinhard Olbrich:

„Meine Frau und ich fühlten uns in all den Jahren, seit dessen Gründung, dem RSV Oranien-Nassau verbunden und haben die Aktivitäten des Vereins stets mit Interesse verfolgt. So übernehme ich gerne die Schirmherrschaft über die 25jährige Jubiläumsfeier und unterstütze mit beiliegendem Scheck in Höhe von 8.000,– DM die Gestaltung der Feierlichkeiten. Aus gesundheitlichen Gründen können meine Frau und ich leider nicht an den Jubiläumsfeierlichkeiten teilnehmen. …" [1]

Er fügt dem Schreiben ein Grußwort an die „Mitglieder und Festgäste" bei, in dem er dem RSV gratuliert: „Viele, auch internationale sportliche Aktivitäten und Erfolge sind bis heute zu verzeichnen, auf die der Verein zu Recht stolz sein darf. Die Partnerschaft zwischen Nassau und Pont-Chateau/Bretagne ist eng verknüpft mit der Vereinsgeschichte." [2] Günter Leifheit weiß, dass der RSV u.a. mit seiner häufiger durchgeführten „Tour de France" als „Friedensfahrt" einen wichtigen Beitrag zur Aussöhnung und Völkerverständigung leistet.

1997 – ERRICHTUNG DES GRABMALS FÜR DAS EHEPAAR LEIFHEIT

1997 wird das vorgesehene Grabmal für das Ehepaar Leifheit geschaffen. Unter der Überschrift „Nassauer Friedhof um Leifheit Grab bereichert" berichtet die Rhein-Lahn-Zeitung am 26.7.97 darüber. Der Entschluss dazu war 1990 gefallen. Mit der Gestaltung wurde der Bad Emser Steinmetz- und Grabgestaltungsbetrieb Gerharz beauftragt. Zunächst hatte das Ehepaar Leifheit eine Wandgestaltung präferiert, sich dann jedoch für eine stärker figürliche Ausführung entschieden. Als Material hatte Günter Leifheit hellen Tessiner Gneis gewählt, einen harten, zähen Stein, vergleichbar mit Basalt, der nur mit Diamant-Werzeugen bearbeitet werden kann. Der Rohling ist ca. 4,5 m hoch und mehrere Tonnen schwer.

Ins Auge fällt sofort der aus dem Steinblock herausragende Oberkörper, der die Auseinandersetzung des Menschen mit dem Leben und seiner Aufgabe symbolisieren soll, so kann die Vorgabe von Günter Leifheit gelautet haben.[3] Man mag an eine ringende faustische Figur, und – was naheliegt – auch an Nachdenklichkeit über das Leben einschließlich seiner Vergänglichkeit, an Zweifel und Trauer denken. Wenn man den zur Seite gewendeten Kopf ganz aus der Nähe anschaut, blickt man in ein Gesicht, das Klarheit und Entschlossenheit ausdrückt. Die über den Kopf erhobenen, beinahe verschränkten Hände erschweren die Deutung. Betrachter werden Unterschiedliches darin sehen. Die Entwürfe des Grabmals werden mit Günter Leifheit persönlich besprochen; ein Modell im Maßstab 1:18 wird ihm in Lugano vorgestellt und erläutert. Rechts und links von der Grabskultpur befinden sich, auch das ein Wunsch von Günter Leifheit, jeweils eine flache Stele, auf der Zeilen des Gedenkens Platz finden können. Das Grabmal hat das Ehepaar Leifheit selbst errichten lassen und dafür der Stadt, wie bereits erwähnt, auch eine Million DM für die langfristige Pflege zur Verfügung gestellt.

1997 – DIE NASSAUER STADTGESCHICHTE

Die Verleihung der Stadtrechte an Nassau und Scheuern vor 650 Jahren hat die Stadt veranlasst, ein 352 Seiten starkes Buch herauszugeben. Es trägt den Titel „Stadt Nassau – Ursprung und Gestaltung – Geschichte und Geschichten". Es ist keine Frage, dass Günter Leifheit sich da gerne und großzügig engagiert. Nassau ist seine Wirkungsstätte und Heimat; das kreuzt sich mit seinem starken geschichtlichen Interesse. So kommt er gerne der Bitte nach, mit einer Spende von 50.000 DM die Publikation zu unterstützen; er ist dabei nicht der einzige Sponsor. Bei einem solchen Vorhaben mit ausdrücklichem lokalen Bezug werden viele darauf angesprochen. Man kann davon ausgehen, dass Günter Leifheit den Hauptbeitrag geleistet hat. Die Buchredaktion besteht aus Herbert Baum, Dr. Meinhard Olbrich und Dorothee Brown. Bei der offiziellen Präsentation am 14.11.1997 im Ratssaal der Nassauer Stadthalle dankt Dr. Meinhard Olbrich … „vor allem dem Ehrenbürger unserer Stadt … Ihrer Großzügigkeit ist es zu verdanken, dass die

Redaktion nach ihren Vorstellungen dieses 352 Seiten umfassende Buch reich illustriert und repräsentativ gestalten konnte." [4] "Dank Ihrer Spende", so schreibt Stadtbürgermeister Wolfgang Knoth am 21.11.1997 an Frau und Herrn Leifheit, „war es möglich, die Geschichte Nassaus und seine Entwicklung umfassend in einem Buch zusammenzutragen. Es ist ein umfangreiches Werk geworden, das bei der Bevölkerung viel Resonanz hervorgerufen hat. Bitte blättern Sie unter ‚Menschen in unserer Stadt' auf S. 55 und unter ‚Selbstdarstellung Nassauer Unternehmen' am Ende des Buches." [5] Die beiden Texthinweise verdeutlichen die Intention des Buches, einen Brückenschlag von der Vergangenheit bis zur Gegenwart vorzunehmen. So wird die „Stadtgeschichte"

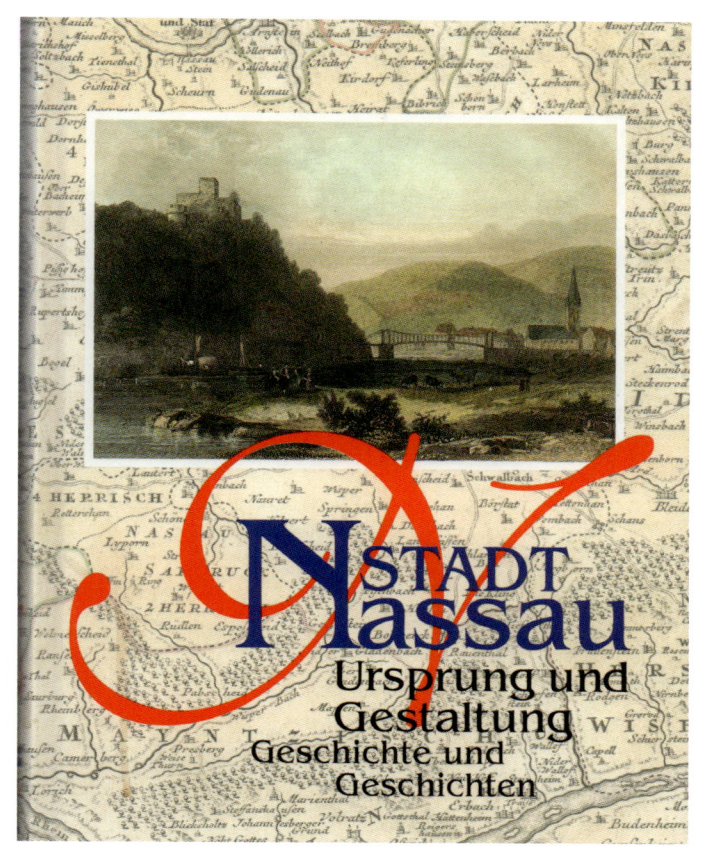

Günter Leifheits Spende ermöglicht die Herausgabe dieses Bandes über die Nassauer Stadtgeschichte.

bereichert mit Kapiteln über die Juden in Nassau, über „Große Nassauer", Baudenkmäler, Einrichtungen, Wirtschaft und Verkehr, Kunst und Kultur, Vereinsgeschichte – mit 20 aktuellen Beiträgen –, Land und Leute, Sagen und Märchen und einer Selbstdarstellung Nassauer Unternehmer. Dass die im Jahr 2006 gegründete G. und I. Leifheit Stiftung die „Förderung der Pflege der deutschen Kultur, Geschichte und Schulbildung" zum Ziel hat, kommt nicht von ungefähr.

13. MÄRZ 1999: TOD VON INGEBORG LEIFHEIT

Ingeborg Leifheit, geborene Kaiser, ist nach längerer Krankheit am 13. März 1999 im Alter von 79 Jahren gestorben. Die Beisetzung findet am 19.3.1999 in Nassau statt. Die Rhein-Lahn-Zeitung schildert ihren Lebenslauf und ihr unternehmerisches Wirken bei Kaiser und beim Aufbau und der Entwicklung der LEIFHEIT KG. Auch die LEIFHEIT AG würdigt sie unter der Überschrift: „Ingeborg Leifheit – eine Unternehmerpersönlichkeit mit Herz und Verstand hat uns verlassen."

Ingeborg Leifheit ist früh aus der evangelischen Kirche ausgetreten. Der Sohn eines Großkunden, der Pfarrer ist, soll die Trauerfeier zelebrieren, muss jedoch kurzfristig absagen. Günter Leifheit bittet Dieter Schüfer, die konkreten Vorbereitung der Beisetzung vor Ort zu übernehmen und auch auf dem Friedhof die Trauerrede zu halten. Es läuten die Glocken der katholischen Kirche. Dieter Schüfer stellt den persönlichen und beruflichen Werdegang von Ingeborg Leifheit ausführlich dar und würdigt insbesondere ihre unternehmerische Leistung an der Seite ihres Mannes. „Wenn man die erfolgreichsten Unternehmerinnen im Nachkriegsdeutschland auflistet: Der Name Ingeborg Leifheit steht auf der ersten Seite", so Dieter Schüfer. Prof. Bellinger entbietet „einen letzten Gruß" und Verbandsbürgermeister Helmut Klöckner würdigt eine „verdiente Bürgerin".

In einer der beiden Todesanzeigen beschreibt Günter Leifheit Ingeborg als „Frau mit Unternehmergeist, großer Kreativität und Weitblick. Ihre Art, den Menschen zu begegnen, war gekennzeichnet durch ihr offenes Wesen, Sinn für Gerechtigkeit und Fürsorge." Er wird diese Charakterisierung mit Bedacht gewählt haben. Günter Leifheit, der sich sehr um seine erkrankte Frau gekümmert hat, schreibt in die Todesanzeige, auf das Wesentliche verweisend: „Seelen sterben nicht, solange wir sie lieben."

Das entspricht dem Text auf dem Grabmal. Auf die beiden seitlichen Steinplatten des Grabmals sind zwei Strophen des Gedichts von Friedrich Rückert (1788-1866) eingraviert:

Du bist ein Schatten am Tage,
Und in der Nacht ein Licht;
Du lebst in meiner Klage,
Und stirbst im Herzen nicht.

Wo ich mein Zelt aufschlage,
Da wohnst du bei mir dicht,
Du bist mein Schatten am Tage,
Und in der Nacht mein Licht.

In der Literaturkritik zählt man diese Gedichte Rückerts zu „den größten Klagen der Weltliteratur". Er hat sie geschrieben, um die Trauer über zwei zu früh an Scharlach verstorbene Kinder zu bewältigen. Die hier ausgewählten Strophen, die sich einiger – für Rückert typischen – orientalischer Bilder bedienen, wollen Klage in Trost verwandeln.

DIE JAHRE 2000-2009: EIN FÖRDERBOOM FÜR NASSAU

Das Jahr 2000 gleicht einer Initialzündung für das Mäzenatentum von Günter Leifheit. Es ist zunächst nicht leicht, dafür eine Erklärung zu finden. Vielleicht ist es die Erfahrung mit der Endlichkeit des Lebens und mit dem Tod seiner Frau Ingeborg; Günter Leifheit kann in dem Jahr seinen 80. Geburtstag feiern. Vieles spricht dafür, dass er etwas bewirken möchte, was mit seinem Namen dauerhaft verbunden werden kann. Und wo könnte das besser geschehen als in Nassau, da, wo er sein eigentliches Lebenswerk vollbracht hat. Er will und kann dabei auch etwas zurückgeben an diejenigen, die in seiner Firma gearbeitet haben und ihm zu Wohlstand verholfen haben. Ganz entscheidend kommt hier auch der Einfluss von Ilse Leifheit hinzu.

Eheschließung von Günter Leifheit und Ilse Melbert

Am 2.6.2000 heiraten Günter Leifheit und Ilse Melbert, geb. Schadeck, in Saanen/Gstaad in der Schweiz. Die beiden kennen sich seit vielen Jahren. Ilse Schadeck ist bereits seit Frühjahr 1960 in der LEIFHEIT KG tätig, hat zunächst eine kaufmännische Lehre absolviert und bis 1974 dort im Vertrieb gearbeitet. Auf Wunsch des Ehepaares ist sie dann mit ihren beiden Töchtern Carmen und Marion mit nach Campione und Lugano gegangen, um viele Jahre für die beiden als Privatsekretärin zu arbeiten. Ilse Leifheit stammt aus Nassau und hat dort die Schule besucht. In Nassau wohnt auch ihre Mutter (+ 2003); die Familie des Bruders wohnt im benachbarten Obernhof. Auch sie hat in den Schweizer Jahren

Eheschließung von Günter Leifheit und Ilse Melbert, geb. Schadeck, am 2.6.2000 in Gstaad

die Verbindung nach Nassau, zu Familie, Freunden und Bekannten nicht abreißen lassen. Durch diese Heirat wird die Beziehung von Günter Leifheit nach Nassau deutlich enger. Es ist unverkennbar, dass Ilse Leifheit ihren Mann in seinem Engagement für Nassau unterstützt und bestärkt hat, auch schon in der Absicht, ein Kulturhaus in Nassau zu stiften. Das Füllhorn der Spenden kommt nun Nassau zugute.

Ihr ist es mit zu verdanken, dass Nassau – sie ist geborene Nassauerin – viel stärker als bisher in den Fokus rückt. Dafür spricht auch ein Brief, den Stadtbürgermeister Herbert Baum am 21.11.2005 zu ihrem besonderen Geburtstag an sie gerichtet hat. „Sicher werden Sie mir erlauben, die Gelegenheit zu nutzen, um Ihnen unseren herzlichen Dank zu sagen. Es ist mehr als erkennbar, dass Sie Ihren verehrten Gatten stets unterstützen, das Beste für unsere Heimatstadt zu tun. Darum sind wir Ihnen diesen Dank ebenso schuldig wie Ihrem verehrten Gatten und sprechen ihn gerne aus."[1)]

In der Zeit der intensivsten Spenden und Förderung hat Herbert Baum das Amt des Bürgermeisters von 1999 bis 2009 inne. Bei ihm sprechen hin und wieder Bittsteller vor, tragen Anliegen an ihn heran im Sinne von „Kannst Du nicht mal mit Leifheit reden?". Er gibt diese Wünsche in den allermeisten Fällen nicht weiter. Er besteht darauf, dass Günter Leifheit selbst entscheidet. Es geht ihm darum, dass die Beziehung zwischen dem Mäzen Günter Leifheit und der Stadt Nassau und ihren Bürgern von Würde und Respekt getragen ist. Günter Leifheit ist kein „Esel-streck-Dich", der auf Zuruf spendet. Ein handschriftlicher Vermerk aus der Feder von Stadtbürgermeister Baum wird nicht deshalb hier wiedergeben, um Interna nach außen zu tragen, sondern um den Geist und die Praxis der Beziehung zwischen Spender und der Stadt zu verdeutlichen: „Lege großen Wert auf pfleglichen Umgang mit Ehrenbürger der Stadt. Andeutungen gehören nicht in die Zeitung. Sonst werden sie zu einem Druckmittel. Das entspricht nicht dem respektvollen Umgang, den die Stadt mit ihrem Ehrenbürger praktiziert. Erst wenn Herr L. eine feste Zusage gibt, dann kann man dies publizieren, weil man sich auf sein Wort verlassen kann." Damit artikuliert er ein Gebot des respektvollen Umgangs. Als Bürgermeister, der die Interessen der Stadt vertritt, darf er durchaus darin den größeren Nutzen für Nassau mitdenken – die Chance, dass Günter Leifheit in einer Beziehung, die auf Fairness beruht, eher großzügige Projekte unterstützen wird.

Als Quellen für das Mäzenatentum Günter Leifheits dienen zunächst die ausführlichen Berichterstattungen der Rhein-Lahn-Zeitung, in der die Redakteure Bernd-Christoph Matern, Achim Steinhäuser und Carlo Rosenkranz recht engagiert und detailliert über Fördervorhaben informieren. Einblick vermitteln auch die Stadtratsprotokolle der öffentlichen Sitzungen, dazu die Erinnerungen von Bürgerinnen und Bürgern. Das gilt vor allem für die Verbandsbürgermeister Helmut Klöckner und Udo Rau und für Stadtbürgermeister Herbert Baum. Dieser ist als Stadtbürgermeister der wichtigste Ansprechpartner bei nahezu allen Projekten dieser Zeit und verfügt dazu über umfängliche Dokumente. Auch die Firmen und Künstler Gerharz, Gerz und Lamché tragen Wichtiges zu Skulpturen, Statuen und anderen Kunstwerken bei, die Günter Leifheit gestiftet hat.

Ab dem Jahr 2000 fördert Günter Leifheit eine Reihe von Projekten in Nassau. Im Folgenden sollen die Projekte in der Reihenfolge der Realisierung dargestellt werden. Hinzu kommen Unterstützungen, die Günter Leifheit jährlich leistet, so etwa 8.000 DM bzw. Euro an die sporttreibenden Vereine, die dieses Geld nach einem Schlüssel aufteilen, der insbesondere die Jugendarbeit berücksichtigt. Günter Leifheit hat jedes Jahr den Weihnachtsschmuck für die katholische Kirchengemeinde gesponsert, und es bleibt auch bei den legendären Pralinenspenden bei den Festen für die Seniorinnen und Senioren. Auch der Männergesangverein wird von ihm unterstützt. Die Eigenart einiger „stillen Spenden", auf die auch Ministerpräsident Kurt Beck bei der Verleihung des Verdienstordens des Landes Rheinland-Pfalz verweist, besteht darin, dass man über sie nicht spricht und oft auch nichts davon weiß.

Die kommunalen Projekte verdienen es, detailliert im Entwicklungsprozess von der Idee bis zur Realisierung beschrieben zu werden. Erst dadurch gewinnt man ein konkretes Bild von Günter Leifheit und den Nassauern und ihren kommunalpolitischen Akteuren und dem, was sie miteinander verbindet. Es geht um mehr als um Fördersummen. Wofür stiftet und spendet Günter Leifheit? Was bedeuten die Projekte für Nassau und seine Entwicklung? Das alles ist ein spannender Prozess, der nicht auf nüchterne Zahlen und Fakten reduziert werden sollte. Und jedes einzelne Projekt hat eine spezielle Geschichte.

2000

Zwei Millionen für eine neue Kulturstätte

*An Fastnacht 2000 teilt Günter Leifheit Helmut Klöckner und Dieter Schüfer mit, dass er der Stadt Nassau 2.000.000 DM für eine Kulturstätte in Nassau schenken möchte, v.l.: Dieter Schüfer, Günter Leifheit und Helmut Klöckner. ***

Bereits am 31.3.2000 erfährt die Öffentlichkeit durch eine Publikation der Rhein-Lahn-Zeitung von der Absicht des Ehrenbürgers Günter Leifheit, anlässlich seines 80. Geburtstages der Stadt Nassau zwei Millionen Mark zweckgebunden für eine neue Kulturstätte zu spenden. Das bietet dem Stadtrat und der Verwaltung die Möglichkeit, einen wichtigen neuen Akzent, sowohl im Kulturleben als auch in der Stadtsanierung, zu setzen. Diese Zusage erlaubt der Stadt Nassau ein Projekt, das sie mit eigenen Haushaltmitteln trotz etwaiger Bundes- und Landeszuschüsse nicht angehen kann.

Bronzeskulpturen prägen das Stadtbild

Aus Anlass seines Geburtstages – der Ehrenbürger wird am 13. Dezember 80 Jahre alt – stiftet Günter Leifheit der Stadt Nassau vier lebensgroße Bronzeskulpturen des Bildhauers Helmut Bourger. Günter Leifheits Vorliebe für die Bourger-Skulpturen hat eine Vorgeschichte. Gemeinsam mit seiner Frau Ilse begegnet er bei einer Skulpturenausstellung im Kloster Eberbach im Rheingau den Werken von Helmut Bourger (1929-1989). Dieser hat in vielen Ländern Aufträge für Kirchen, Städte und auch von Privatpersonen erhalten. Helmut Bourger hat schon seit der Mitte der 70er Jahre Kontakte mit dem Atelier Gerz im nahe gelegenen Nomborn bei Montabaur. 1979 beginnt eine intensive Zusammenarbeit zwischen ihm und Fred Gerz. Er ist Lehrer und Ansporn zugleich für Fred und Patrick Gerz. Bis zu seinem Tod (1989) gestaltete Helmut Bourger 50 verschiedene Motive für deren Atelier, die in limitierten Auflagen nachgegossen werden. Patrick Gerz erinnert sich, dass Günter Leifheit großen Gefallen an der in Rom geprägten Bildhauerei von Helmut Bourger gefunden habe.

Skulpturen wie „Flötenspieler", „Lautenspieler", „Lauscher" haben Günter Leifheit, so Patrick Gerz, vom Handwerklichen und von der Ästhetik sehr beeindruckt. So ist es kein Zufall, dass dieser intensiv und dauerhaft die Zusammenarbeit mit dem Atelier Gerz gesucht hat. Er ist für die Botschaft, die hinter den Skulpturen steht, empfänglich. Was Reinhard Müller-Mehlis in Worte fasst, hat sicherlich auch Günter Leifheit gespürt: „Bis in die Feinheit der Hände hinein dringt die Musikalität der lebensgroßen Gruppe ‚Lautenspieler und Lauscher', besinnlich und voller Liebe. Bis in die Zehen hinein musiziert der gesamte Körper des sitzenden, ebenfalls lebensgroßen ‚Flötenspielers'. ... Die ... Zartheit der Knaben, die sich voll inniger Konzentration ihrem Flötenspiel, dem Klang der Geige oder einer Lautenmelodie widmen, scheint wie die kontemplative Andacht der Lauschenden, Schauenden und Singenden in einem Arkadien angesiedelt zu sein ... Sinnbilder unserer Sehnsucht nach Friede und Gelassenheit, nach Grazie und Schönheit..."[2] „Günter Leifheit hat sich die Bildhauerei für sein Kunstempfinden auserkoren. Damit kann er mit dazu beitragen, private und öffentliche Räume zu gestalten und ihnen ein Gesicht zu geben", so erlebt und beschreibt es Patrick Gerz. [3]

Günter Leifheit hat auch für sein Haus in Lugano und für Gstaad dem Atelier Gerz Aufträge erteilt. Sowohl Fred als auch Patrick Gerz sind einige Male dort gewesen, um Projekte zu erörtern, Modelle zu fertigen, vorzustellen und auch Skulpturen aufzustellen. Sind sie von einer Reise zurückgekehrt, hat Günter Leifheit häufig schon am nächsten oder übernächsten Tag angerufen, weil er sich für Details interessiert oder noch Klärungsbedarf gesehen hat. Er legt großen Wert auf beste Ausführung seiner Aufträge. Günter Leifheit ist und bleibt als Mäzen auch Unternehmer, der entschlossen und großzügig Kunstprojekte anstößt und auf zügige Realisierung drängt, ohne dabei das Kaufmännische, etwa die Preisgestaltung, außer Acht zu lassen.

In einem an den Verbandsbürgermeister Helmut Klöckner gerichteten Brief vom 19. Oktober 2000 bedauert es Günter Leifheit, von einem Empfang des Gemeinderates für den anstehenden 80. Geburtstag aus gesundheitlichen Gründen Abstand nehmen zu müssen. Weiter heißt es: „Jetzt möchte ich dafür der Stadt Nassau vier Skulpturen des bekannten Bildhauers Helmut Bourger schenken." Der Schlusssatz in seinem Brief lautet: „Nunmehr bitte ich Sie, meinen Vorschlag dem Gemeinderat zu unterbreiten und erwarte eine rasche Entscheidung, damit die Skulpturen Anfang Dezember aufgestellt werden können." Dem kommt man nur zu gerne nach und geht zur Auswahl und Begutachtung der Standorte über. Es versteht sich, dass Günter Leifheit sich auch daran telefonisch beteiligt, ja, weitgehend mit seinen Vorschlägen die Standorte mitbestimmt.

Die Firma Gerz wird in der Standortfrage insbesondere dann näher einbezogen, wenn es zwischen Günter Leifheit und der Stadtverwaltung Diskussionsbedarf gibt, gleichsam als Entscheidungshilfe aus „künstlerischer Sicht". „Einige Damen und Herren, unter ihnen Frau Kunde und Herr Schüfer, haben sich bereit erklärt, gemeinsam mit unserem Städteplaner Prof. Dipl. Ing. Mathias Uhle und Herrn Gerz Vorschläge für die bestmögliche Platzierung und das Arrangement vorzulegen", schreibt Bürgermeister Herbert Baum an Günter Leifheit. Schließlich sind als Standorte festgelegt worden:

*Die Doppelgruppe – Lauscher und Lautenspieler – „unter dem Baum"
zwischen Rathaus und Stadthalle, der Spieler mit der Querflöte vor der Stadthalle,
der Flötenspieler vor der Evangelischen Kirche*

Am Sonntag, dem 10.12.2000 – drei Tage vor dem 80. Geburtstag von Günter Leifheit, also „termingerecht" – werden die vier gestifteten Skulpturen der Öffentlichkeit in einer kleinen Feier übergeben. Der Arzt hat Günter Leifheit von einer Reise nach Nassau abgeraten. Mit einer überdimensionalen Geburtstagskarte, in die sich jeder hat eintragen können, werden die Nassauer sich beim Spender bedanken.[4)]

Die Stadtarchivarin Dorothee Brown übernimmt, von Stadtbürgermeister Herbert Baum darum gebeten, die Aufgabe, grafisch ein ansprechendes „Geburtstagsbuch" zu gestalten, für dessen Vorderseite sie ein Aquarellbild von Gerda Dürrbaum (1901-1996) wählt. In dieses „Buch" trägt sich eine höhere dreistellige Zahl von Freunden und Bürgern aus Nassau ein, einzeln, als Paar oder als Gruppe und Verein mit Text und Unterschrift, wie der Männerchor Nassau, der Seniorenkreis der katholischen Pfarrei St. Bonifatius, Seniorinnen und Senioren des Hauses Hohe Lay, der SPD-Ortsverein, Stadtbürgermeister und Stadtrat, Pater Heinz Klapsing und Mitarbeiter der Pfarrei, das Team vom Restaurant zur Stadthalle, der Eine Welt Arbeitskreis, die Kanu-Frauen, ein Stammtisch „The people of the English round table" aus den „Nassauer Stuben" (früher „Piskator"), die „Grünen Damen" aus dem Nassauer Marienkrankenhaus, Mitarbeiter des Stadtarchivs und der Stadtbücherei, der Treff Miteinander, Mitarbeiterinnen und Mitarbeiter der Verbandsgemeindeverwaltung, die erste Mannschaft des TUS Nassovia und deren Fans, „Alte Herren" u.a.

Einen besonders originellen Gruß hat der Stammtisch „The people of English round table" verfasst, der sich dabei auch selbst vorstellt: „The English round-table is a group of people who started meeting 9th November '99 and have been chatting weekly ever since", und das bis auf den heutigen Tag. Das Gedicht stammt aus der Feder von Linda L. Kurz, die sich dabei in meisterhafter Weise der Form eines Limericks bedient:

„There came a young man from Wetter
to Nassau his chances to better
with all of his might
(His name was Leifheit)
That guy was a real go-getter."

Man könnte es frei, zwar mit reduzierter literarisch-rhythmischer Qualität, aber immer noch sinngemäß, so übersetzen:

Aus Wetter kam ein Unternehmer heran,
nach Nassau, wo er mehr leisten kann,
namens Günter Leifheit
mit viel Power und Heiterkeit
ein echter Selfmade-Mann.

Das eigentliche Kompliment liegt im englischen Wort „go-getter". Das ist jemand, der mit viel Power und Erfolg neue oder schwierige Situationen zu meistern vermag. (Internet: someone who is very energetic, determined to be successful and able to deal with new or difficult situations easily.)

Günter Leifheit übersendet der Stadtverwaltung im Schreiben vom 30. November 2000 die Expertisen des Atelier Gerz für die gestifteten Bronzefiguren. „Inzwischen haben sie ihren Standort gefunden und dienen als Bereicherung des Stadtbildes. Ich wünsche den Bürgerinnen und Bürgern der Stadt Nassau viel Freude an den Figuren." In der Tat finden die Einheimischen und die Gäste Gefallen an den Skulpturen. Sie haben auch die Nassauer Bürgerin Lydia Wrobel zu ihrem kleinen Gedichtband „Lebens-Sinfonie" angeregt. Ein Vers – unschwer ist der Hinweis auf den Stifter zu erkennen – mag dafür als Beispiel dienen:

„Wer tut, was andern Freude macht,
der hat sein Leben gut verbracht."

2001

Im März holt Günter Leifheit die Feier zu seinem 80. Geburtstag nach. Dazu lädt er den ganzen Stadtrat, Bürgermeister, Beigeordnete und zahlreiche weitere Gäste in Nassau in den Ratssaal der Stadthalle ein.

Die Rhein-Lahn-Zeitung vom 20.3.2001 schildert die Feier: „Abends wurden die Gäste von einem gut gelaunten und vitalen Gastgeber herzlich begrüßt. Günter Leifheit berichtete darüber, wie Anfang 1954 der damalige Bürgermeister Schneider zusammen mit seinem Amtmann Steinhäuser sich um Industrieansiedlung in Nassau bemüht hatte. Lebhaft schilderte er, welche Schwierigkeiten die Firmengründung mit sich gebracht hatte und welche Anstrengungen notwendig waren, geeignetes Personal und Wohnungen dafür zu finden."

Sanierung der Friedhofskapelle – IN MEMORIAM INGEBORG LEIFHEIT

Der Todestag von Ingeborg Leifheit, der 13.3.1999, liegt ein gutes Jahr zurück. Da unterbreitet Günter Leifheit am 25. Juni 2000 in einem Telefongespräch mit Bürgermeister Helmut Klöckner den Vorschlag, die alte Friedhofskapelle möglichst rasch zu sanieren. Man solle umgehend die Kosten ermitteln. Mit der Maßnahme könne dann sofort begonnen werden. Auf der Glocke soll der Name Ingeborg

Leifheit mit ihrem Geburts- und Todestag stehen. Günter Leifheit drängt auf rasche Realisierung, und wünscht, dass die Renovierung zum 80. Geburtstag von Ingeborg Leifheit am 5.7.2001 möglichst abgeschlossen sein sollte. Rasche, klare Entscheidungen und Erwartung an andere, ebenfalls zügig zu handeln, entspricht seinem Naturell, das ihn schon als Unternehmer gekenn- und ausgezeichnet hat. Die Nachricht trifft auf eine äußerst positive Resonanz in der Stadt. In Kenntnis der städtischen Finanzen haben das viele Bürger bisher als einen unerfüllbaren Wunsch betrachtet. Am 22. August schreibt Günter Leifheit den Stadtbürgermeister und Dieter Schüfer an:

„Schenkung an die Stadt Nassau. In Memoriam Ingeborg Leifheit 05.07.1921 -13.03.1999: Sehr geehrter Herr Baum, sehr geehrter Herr Schüfer, wie besprochen, bin ich bereit, der Stadt Nassau per Ende September 2000 eine Schenkung zu machen in Höhe von DM 450.000. Der Betrag ist zweckgebunden und dient zur Restaurierung der alten Friedhofskapelle mit Glocke in Nassau. Herrn Schüfer ernenne ich hiermit zu meinem Sachwalter in dieser Angelegenheit. Ihm obliegen Aufsicht und Kontrolle des Objekts."

Günter Leifheit kümmert sich stets auch um Details, um die Konkretisierung eines Projektes. In diesem Falle bestellt er sogar einen Sachwalter. Es versteht sich, dass dem ein Gespräch vorausgegangen ist und sich Dieter Schüfer angeboten hat, das Projekt vor Ort zu begleiten. Seit der Überreichung der Ehrenbürgerwürde im Jahr 1991 ist ein Vertrauensverhältnis zwischen den beiden gewachsen. Es befremdet ein wenig, dass Günter Leifheit in einer Spende an die Stadt, die das vorgeschlagene Projekt zunächst in Ratsbeschlüssen umsetzen und dann realisieren muss, einen „Sachwalter" einsetzt, dem „Aufsicht und Kontrolle des Objekts" obliegen. Dahinter kann man zum Einen ein Misstrauen vermuten, ob kommunales, staatliches Handeln professionellen unternehmerischen Ansprüchen im Hinblick auf Wirtschaftlichkeit genügt. Zum Anderen ist Günter Leifheit selbst ja nicht vor Ort, um sich von Planungs- und Baufortschritten überzeugen zu können. Die Verwaltung empfindet Dieter Schüfer weit mehr als Unterstützer, ist dieser doch selbst lange Ratskollege gewesen und mit den handelnden Personen vertraut. Man kooperiert, wobei der Hauptpart von der Verwaltung geleistet und verantwortet wird. Man kann den Eindruck gewinnen, dass Günter Leifheit auch bald größeres Vertrauen in die Verwaltungskompetenz gewinnt, ohne dass er kaufmännisch-unternehmerisches Handeln als Prüfstein aufgibt.

Die Friedhofskapelle war teils von Rissen durchzogen und drohte abzusacken. Weil sich der Untergrund der Kapelle auf einer Seite abgesenkt hatte, war die Südwand bereits von großen, bis zu acht cm breiten Rissen gezeichnet. Die Kapelle diente nur noch als Geräteunterstand für Leitern und Werkzeuge des städtischen Bauhofs. In der Sitzung des Stadtrates vom 1. September steht die Beratung und Beschlussfassung über das Sanierungskonzept „Alte Friedhofskapelle" auf der Tagesordnung: „Die Sanierung umfasst eine Erneuerung des Daches, die Sanierung der Fundamente und der Außenfassade, die vollständige Erneuerung des Innenputzes, eine neue Decke, Aufarbeitung der Türen, neuen Natursteinboden, Stromanschluss, Leuchten, Innenanstrich, Herrichten des Nebenraumes und des Eingangsbereiches sowie eine anspruchsvolle Gestaltung des Innenraums und eine Glocke." ... „‚In der Amtszeit unseres ersten Ehrenbürgers Bernhard Hasenclever erbaut, kann die Kapelle jetzt durch die Spende des zweiten Ehrenbürgers, Günter Leifheit, erhalten und restauriert werden', zog Stadtbürgermeister Herbert Baum eine sinnige Parallele, als der Stadtrat jetzt die Sanierungsarbeiten für das historische Gebäude vergab." [5] In der Tat ist Herbert Baum nicht der einzige, der Günter Leifheit als zweiten Ehrenbürger der Stadt Nassau ansieht. Sein Vorgänger Wolfgang Knoth hat bei der Überreichung der Ehrenbürgerwürde 1990 jedoch auch Baurat Eduard Zeis (1870) genannt und eine durchaus überzeugende Begründung dafür angeführt. So betrachtet, wäre Günter Leifheit der dritte Ehrenbürger der Stadt Nassau.

*Einweihung der renovierten alten Friedhofskapelle 2001,
v.l.: Dieter und Katharina Schüfer, Günter und Ilse Leifheit, Herbert Baum,
Christa Kunde, Dr. Brigitte Menzel-Wortmann, Pater Nieten ****

Günter und Ilse Leifheit sind zur Einweihung der Friedhofskapelle im Juli 2001 angereist. Wie vorgesehen findet die Feier am 5. Juli, dem Todestag von Ingeborg Leifheit, statt. Stadtbürgermeister Herbert Baum begrüßt die Anwesenden, auch Günter Leifheit ergreift das Wort. Der Festakt wird umrahmt vom Männergesangverein und dem Posaunenchor Nassau. Segensworte sprechen Pfarrerin Dr. Brigitte Menzel-Wortmann und Pater Nieten.

Die Glocke dieser Friedhofskapelle, die mit Fernbedienung in Gang gesetzt werden kann, begleitet mit ihrem Klang ausnahmslos jedermann, ganz unabhängig ob mit oder ohne Konfession. „Ich möchte, dass in Nassau für jedermann geläutet wird." Das ist Günter Leifheit ein wichtiges Anliegen, das eng mit dem Tod seiner Frau Ingeborg zusammenhängt. Ihn hat es tief getroffen, dass es eine Kontroverse um das Geläut bei der Beisetzung gegeben hat.

*Tafel an der renovierten
Friedhofskapelle **

Für die Glocke, bei der Günter Leifheit wohl eher an einen Neuguss gedacht hat, ist eine andere Lösung gefunden worden. Man verabredet, eine alte Glocke in Augenschein zu nehmen, deren Montage in der Kapelle für möglich gehalten wird. Die alte „neue" Glocke im Dachstuhl ist ein Kleinod. Sie trägt die Inschrift:

„In Godes ere lude ich,
Peter va Echternach gos mich 1536,
Maria heissen ich".

Die Glocke diente in Bergnassau-Scheuern als Totenglocke im Torturm der Mühlbachbrücke. Lange stand sie vergessen im Stadtarchiv, bevor sie jetzt in der restaurierten Friedhofskapelle Platz erhielt. „‚Es müssen wohl glückliche Umstände gewesen sein, die sie vor dem Einschmelzen im Zweiten Weltkrieg bewahrt haben' meinte Christa Kunde in ihrem Rückblick auf die Geschichte der Kapelle." [6] Die gusseiserne Wendeltreppe aus dem 19.Jahrhundert, die auf den Dachboden der Kapelle zu dieser Glocke führt, hat Dieter Schüfer gestiftet. Mit einer weiteren Spende von Günter Leifheit, zugesagt im Schreiben vom 24. September 2001, wird bei der Stadt Nassau eine Sonderrücklage „Bauliche Erhaltungsmaßnahmen der Friedhofskapelle Nassau" gebildet.

10 Jahre Ehrenbürger der Stadt Nassau

Vertreter der Stadt und der Verbandsgemeinde übersenden „Dem Ehrenbürger der Stadt Nassau Herrn Günter Leifheit zum 10jährigen Bestehen seiner Ehrenbürgerschaft" eine umfängliche Gruß- und Jubiläumskarte mit den Zeitungstexten von der Verleihung im Jahr 1991 und Fotos der gespendeten Skulpturen und der Friedhofskapelle und mit guten Wünschen für Günter und Ilse Leifheit.

2002

Würdigung des Engagements von Günter Leifheit beim Neujahrsempfang

Der Neujahrsempfang hat sich in Nassau zu einem herausragenden gesellschaftlichen Ereignis entwickelt. Ins Leben gerufen worden ist er 1999 von der AG Sporttreibende Vereine und der Stadt Nassau; er hat am 2.2.2000 erstmals in der Stadthalle stattgefunden, mit anschließendem Sportlerball. Nach dem Jahr 2000 findet er jährlich im Januar statt. In diesem Jahr wird das Engagement von Günter Leifheit besonders hervorgehoben. Er selbst kann leider nicht dabei sein. Die ihm zugedachte und in die Schweiz übersandte Urkunde lautet: „Der Ehrenbürger der Stadt Nassau, Herr Günter Leifheit, ist stets als Förderer der Vereine tätig gewesen. Er hat damit viele Initiativen der Vereine im Dienste der Allgemeinheit erst möglich gemacht. Im Jahre 1997 förderte Herr Leifheit das Buch „Stadt Nassau – Geschichte und Geschichten" mit einem maßgeblichen Betrag. Günter Leifheit hat durch weitere großzügige Unterstützung der Stadt Grundsteine gelegt für die Erhaltung der kleinen Friedhofskapelle, sowie den Bau und die Einrichtung eines Kulturhauses. Die Besucher der Stadt werden durch Skulpturen des Bildhauers Helmut Bourger erfreut, die Herr Leifheit stiftete. Für die tätige Verbundenheit mit der Stadt Nassau sprechen wir Herrn Günter Leifheit unsere besondere Anerkennung aus und danken ihm sehr für die Förderung kultureller Anliegen und der Vereinsarbeit." [7]

2003

Ministerpräsident Kurt Beck in Nassau

Im Mai macht sich Ministerpräsident Kurt Beck ein Bild von den aktuellen Nassauer Baustellen, dem Kulturhaus, der Kettenbrücke und dem Schwimmbad. Stadtbürgermeister Herbert Baum bedankt sich bei ihm für die Landesmittel, die in diese Projekte fließen, jedoch nicht, ohne die Finanzspritzen aus der Hand von Günter Leifheit zu erwähnen, ohne die z.B. das Kulturhaus nicht in Angriff genommen werden könnte.

Sanierter Pavillon ist wieder ein Aushängeschild für die Stadt Nassau

Der Zahn der Zeit hat an ihm genagt, dem Pavillon im Kurpark. Da ist die Rede von Ruinen, die übrig geblieben seien. Durch eine Spende von Günter Leifheit im Frühjahr 2002 soll er wieder zu einem Schmuckstück werden. Der Stadtrat hat die Investition im Nachtragshaushalt der Stadt für das Jahr 2002 beschlossen. Dieter Schüfer berichtet, Günter Leifheit habe ihn gebeten, darauf zu achten, dass das Geld auch „gescheit" angelegt werde; das betrifft vor allem die Frage, ob eine Sanierung oder ein Neubau sinnvoller sei. Eigentlich hätte man ein Abrissunternehmen beauftragen müssen. Doch nach Prüfung von Fachleuten sei es sinnvoller gewesen, den Bauhaus-Stil, den „Bauklassiker der 60er Jahre zu erhalten." [8]

Zur Sanierung sind „Dachdecker-, Metall- und Schlosserarbeiten, Putzarbeiten, Maler- und Bodenbelags- und Natursteinarbeiten, Heizungs- und Sanitärinstallationen"

Der sanierte Kurpavillon ist ein gelungenes Beispiel für den Erhalt eines prägenden Bauklassikers in Nassau mit einer neuen Funktion als Vereinshaus. ***

(Ratsprotokoll vom 6. Mai 2002) erforderlich, die mit knapp 200.000 Euro veranschlagt werden. Da mag es bei Konzeption oder Kostenvoranschlag kleinere Schwierigkeiten gegeben haben, die Günter Leifheit im Schreiben vom 25. April einsieht; er möchte aber bei seinem Betrag von 200.000 Euro bleiben. Der Stadtrat dankt ihm im Schreiben vom 6. Mai 2002 für diese Spende, die es erlaubt, „ein Gebäude zu unterhalten, das in vielfältiger Weise der Nassauer Bevölkerung zugute kommt." In seinem Schreiben vom 22. Mai 2002 kündigt Günter Leifheit für den 4. Juni einen Besuch an und hofft, „dass trotz verschiedener Einsprachen alles normal verläuft. Ihnen allen wünschen wir bei der weiteren Entwicklung der Stadt Nassau Erfolg. Mit unseren Unterstützungen können Sie auch weiterhin rechnen."

Am Mittwoch, dem 28. Mai 2003, kann um 11.30 Uhr im Kurpark dann die offizielle Einweihung des Kurpavillons im Beisein von Günter und Ilse Leifheit stattfinden. Die vom Redakteur gewählte Überschrift „Nassauer schwelgen in Kurstadt-Zeiten" weckt Assoziationen zum alten Glanz der Kurstadt Nassau. Die Bürgerinnen und Bürger in Nassau und auch Günter Leifheit haben allerdings mit der Sanierung keineswegs in erster Linie Nostalgie im Sinn, wenn man auch mit der Erhaltung des Pavillons – statt Abriss und Neubau – eine bauliche Komponente dieser Ära wahrt und würdigt. Primär geht es – und dafür ist der Pavillon ein ausgezeichnetes Beispiel – um eine zeitgemäße Weiterentwicklung, eine Revitalisierung mit neuen Zielsetzungen, nicht nur um den Versuch, zur alten Tradition zurückzukehren. Noch 1957, als die Stadt Nassau 3200 Einwohner, aber 16.827 Gäste mit 146.834 Übernachtungen zählte, hat der Pavillon in der Tat primär dem Kurbetrieb gedient. Da hat es im Kurpark Gelegenheit gegeben, Musik zu hören, auch dargeboten von Nassauer Vereinen, und Freilichttheater und Konzerte zu besuchen.

An diese Tradition knüpft Verbandsgemeinde-Bürgermeister Udo Rau bei der Einweihung des renovierten Kurpavillons an. Er hofft, „… dass der Kurpavillon der Bedeutung des ersten Wortteils, der Kur, wieder zu Aufwind verhilft, … . Ich würde mir wünschen, dass wir das Gebäude wirklich als Kurpavillon nutzen können', sagte Rau im Hinblick auf die benachbarte Kurklinik der LVA." [9] Ein durchaus nachvollziehbarer Wunsch, aber die Kurklinik bleibt Nassau nicht mehr lange erhalten. Nun ist der Kurpavillon in seiner Hauptfunktion ein Vereinshaus. Im Außenbereich gibt es neben Minigolf mittlerweile auch Supa-Golf.

Den Gedanken des Vereinshauses rücken sowohl Stadtbürgermeister Herbert Baum als auch Dieter Schüfer und Günter Leiheit in den Mittelpunkt. „Wenn man nach einem Alleinstellungsmerkmal für die Stadt Nassau sucht, braucht man nicht lange zu überlegen. Es ist unser Ehrenbürger Günter Leifheit", eröffnete Stadtbürgermeister Herbert Baum die Einweihung für den in rötlichem Farbton erstrahlenden Kurpavillon. Einzige Bedingung für die Spende sei gewesen, dass es der Bevölkerung gefallen müsse, erinnerte sich der Stadtchef. „Beim Pavillon ist das bestimmt zu 99 Prozent der Fall", so Baum, der auflistete, dass das Gebäude von der TUS Nassovia, dem DRK, dem Männergesangverein, der Volkshochschule und der Bambini-Gruppe des Nassauer Carneval Clubs genutzt werde. „Nicht zu vergessen die vielen älteren Menschen, die den Pavillon besuchen und die Scharen von Kindern, die beim Spielfest und anderen Gelegenheiten die Anlage bevölkern." [10] Darüber hinaus ist auch an eine Nutzung für kulturelle Zwecke, Sportereignisse und an Veranstaltungen in den Lahnanlagen gedacht. Der Pavillon beherbergt auch einen Veranstaltungsraum, der beispielsweise vom Orchester Lahn Sin(n)fonie sowie dem Männerchor Nassau für Proben genutzt wird. Außerdem befinden sich die Kasse der Minigolfbahn und öffentliche Toilettenanlagen im Gebäude.

„Noch fehlten Vorhänge und einige Einrichtungsgegenstände – im Verhältnis zum Aufwand müsse aber noch mehr passieren, sagte Schüfer im Hinblick auf die vielen Nassauer Räumlichkeiten im Kurpavillon, der Stadthalle und im Kulturhaus. Es dürfe nicht nur um Investitionen in neue Steine und Glas gehen. ‚Es muss auch in Initiativen investiert werden', so Schüfer. Stadt, Vereine und Bürger seien aufgerufen, die Räume mit Leben zu erfüllen." [11] Günter Leifheit ruft den Einweihungsgästen ein „Glück auf" zu und bringt es, wie so oft, prägnant auf den Punkt: „In diesen Räumen soll man Freude finden für alle Nassauer Vereine und diejenigen, die hier wirken."

Letztlich ist hier eine ausgezeichnete Synthese zwischen Vergangenheit und Gegenwart gelungen. Man bewahrt ein historisches Gebäude im Bauhaus-Stil, ein Element baulicher Identität für Einheimische und Touristen und erfüllt es mit neuem Leben. Günter Leifheit trägt sich aus Anlass der Kurpavillon-Einweihung ins goldene Buch der Stadt ein. Zur Inneneinrichtung des Kurpavillons steuert Günter Leifheit noch einmal 10.000,- Euro bei. 2004 steht noch die Herrichtung des Untergeschosses des Kurpavillons an. Günter Leifheit stellt dafür weitere 26.000 Euro zur Verfügung. Einige Jahre später stiftet die G. und I. Leifheit Stiftung auf Befürwortung durch Ilse Leifheit den Aufzug am Pavillon, um einen barrierefreien Zugang zu ermöglichen.

13 Jahre später, Im Herbst 2016, stimmt der Stadtrat zu, den Pavillion für gastronomische Zwecke zu vermieten. Was würde wohl Günter Leifheit dazu sagen? Da tut sich ein Dilemma auf zwischen der Stiftungsabsicht einerseits und den finanziellen Engpässen der städtischen Finanzen andererseits.

Generalsanierung des Freibades

Gemeinsam machen Günter und Ilse Leifheit sich nach der Einweihung des Pavillons auf den Weg zum Freibad, wo ebenfalls eine Einweihung stattfindet. Bereits 2002 hat das Land signalisiert, die Sanierung des Stadtbades mit 400.000 EUR zu unterstützen. Die Kosten für das Funktionsgebäude – Kasse, Duschen, Umkleide – müssten von der Verbandsgemeinde übernommen werden. Günter Leifheit hat zugesagt, das mit einer Spende von 200.000 Euro zu fördern; er verhindert damit eine Verschuldung der Kommune und ermöglicht so die Errichtung des Funktionsgebäudes mit einem neuen Sanitärbereich einschließlich behindertengerechter Toiletten.

„Günter Leifheit hält dabei auch eine Ansprache und ruft allen, die Freude am Schwimmen haben, ‚Wasser heil' zu und gibt dann mit einer großen Pistole den Startschuss für den ersten Schwimmwettkampf auf der 50-Meter-Bahn, der von den Bewohnern aus den Heimen Scheuern ausgetragen wurde. Es sei gut, dass man Freunde habe, meinte Klöckner, der sich bei Günter Leifheit für die Spende bedankt. Nachdem die übliche zehnprozentige Förderung durch den Rhein-Lahnkreis nicht mehr möglich gewesen sei, habe Günter Leifheit damit sicher gestellt, dass das Projekt vollendet werden könne." [12]

******

Im März 2004 wird im Beisein von Ilse und Günter Leifheit mit einem kleinen Festakt eine besondere Wandtafel im Schwimmbad enthüllt. Sie enthält die Handabdrücke von Günter und Ilse Leifheit. „Auch an dieser Stätte haben die Eheleute Leifheit ihre Spuren hinterlassen," so erläutert es der Text. Bürgermeister Udo Rau kann bei dieser Gelegenheit mit Stolz darauf verweisen, dass 2002 nur 40.000 Besucher und 2003 nach der Sanierung 85.000 das Bad besucht hätten.

Stadtbürgermeister Baum merkt lächelnd an, Nassau sollte wieder Bad werden. Günter Leifheit freut sich, dass die Sanierung so gelungen sei, bedankt sich für die ehrende Erinnerungstafel und bekennt, dass er jeden Tag mit Schwimmen beginne, im Sommer im Freibad und im Winter im Hallenbad. [13)]

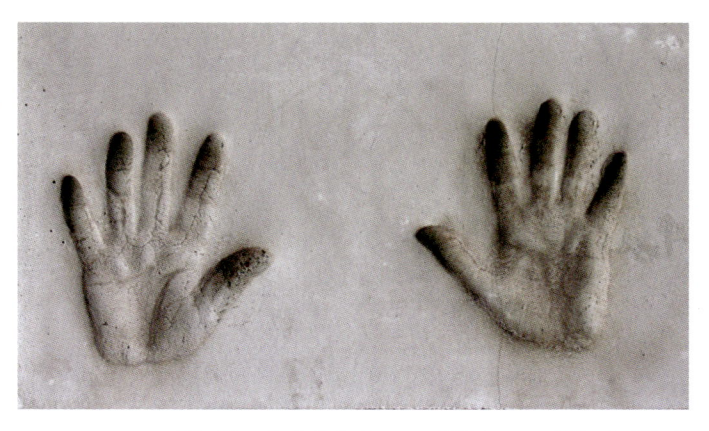

Die Handabdrücke von Günter und Ilse Leifheit auf einer Wandtafel im Schwimmbad verweisen auf die Spuren ihrer Förderung. **

147

2004

Restaurierung des Gedächtnisbrunnens auf dem Marktplatz

Günter Leifheit hat bei einem seiner Besuche bemerkt, dass der Brunnen dringend einer Renovierung bedürfe. Die Initiative zur Restaurierung ist von ihm ausgegangen. Dabei werden die Reliefs und die Inschriften des Gedächtnisbrunnens freigelegt und die schmiedeeisernen Brunnenausläufe erhalten. Am 18.10.2004 berichtet der Redakteur Achim Steinhäuser in der Rhein-Lahn-Zeitung, dass der zurzeit „so friedlich vor sich hinplätschernde Kriegergedächtnisbrunnen", der an den Ersten Weltkrieg erinnert und 1923 errichtet worden ist, für mehrere tausend Euro restauriert worden ist. Günter Leifheit hat die dafür erforderlichen Mittel aufgebracht. 1923 – das war das Jahr der Inflation und des „Ruhrkampfes" –, in dem die französische Besatzungsmacht Zwangsmaßnahmen gegen Teile der Bevölkerung durchsetzte, von denen auch der Nassauer Bürgermeister Dr. Schlössin, nicht zuletzt wegen dieser Denkmalenthüllung, betroffen war. Die Inschrift besagt:

Den Gefallenen zur Ehre,
den Kindern und Enkeln zur Mahnung
schufen die Bürger der Stadt diesen Brunnen
im Jahr schwerer Not und
großer Bedrängnis 1923.

Das Günter-Leifheit-Kulturhaus

Am 12. März 2004 um 10.45 Uhr enthüllt Günter Leifheit gemeinsam mit seiner Frau Ilse die Namenstafel für das nach ihm benannte und 2002-2003 erbaute Kulturhaus. Diese Tafel ist auf einer Natursteinsäule befestigt, die einst als Mittelpfeiler die Torbögen der Brauerei gestützt hat. Das Kulturhaus ist die größte Einzelspende, die Günter Leifheit der Stadt Nassau hat zukommen lassen. Die Ankündigung, dafür zwei Millionen DM zu spenden, hat Günter Leifheit schon im Jahr 2000 gemacht.

Aufschlussreich ist die Schilderung der Vorgeschichte von Verbandsbürgermeister Helmut Klöckner. Günter Leifheit habe ihn angerufen und ihm den Vorschlag unterbreitet, in Nassau ein Kulturhaus zu errichten. Ähnliche Wunschvorstellungen – allerdings weit entfernt von einer Realisierungschance – gab es auch schon in Nassau im Rahmen der Stadtsanierung. „An Fastnacht 2000 war ich zusammen mit

Manfred Riege in der Schweiz. Auch Herr Schüfer und seine Frau kamen dazu. Herr Leifheit hatte die Absicht, in Nassau ein Kulturhaus zu errichten. Wir empfahlen ihm, dies auf dem Gelände der ehemaligen Nassauer Löwenbrauerei zu tun." [1] Die Stadt hatte zu Beginn des Jahres 1999 im Rahmen der Stadtsanierungsbemühungen die Gewerbebrache Brauereihof gekauft. In der Kombination der finanziellen Zusage von Günter Leifheit mit den Überlegungen zur Stadtentwicklung konnte dann die konkrete Planung entwickelt werden.

„Herr Leifheit stimmte dem zu und das Projekt konnte auch in die Förderung für die Stadtsanierung aufgenommen werden. So wurden aus der Spende von 2 Millionen DM mit den Zuschüssen 6 Millionen DM. Nicht einfach war es dann, dass die Leifheit-Spende als Eigenmittel der Stadt anerkannt wurde. Die Städtebauförderung sah zwar eine Finanzierung von je einem Drittel Stadt, Land und Bund vor. Man rechnete aber dort anders. Von den geschätzten Baukosten von 6 Millionen DM sollte zunächst die Spende von Herrn Leifheit abgezogen werden und dann sollte erst die Drittelung Platz greifen. Wir konnten aber erreichen, dass die Spende als das Drittel der Stadt angesehen wurde und die Bundes- und Landeszuschüsse von jeweils zwei Millionen flossen", so erläutert es Helmut Klöckner. [2]

Man kann davon ausgehen, dass Günter Leifheit zunächst eine Finanzierung mit ausschließlich oder überwiegend eigenen Mitteln bevorzugt hat, um mit dieser großzügigen Förderung eine Einrichtung auf „der grünen Wiese" zu schaffen. Die Vorgehensweise lässt erkennen, dass er im engen Kontakt mit den politischen Entscheidungsträgern steht und guten Argumenten gegenüber aufgeschlossen ist. Er stimmt dem günstigeren Weg, einer „gemischten" Förderung und Finanzierung im Rahmen der Stadtsanierung, zu. Bezeichnend ist auch die Vorgehensweise von Günter Leifheit. Gerne erörtert er sein Vorhaben zunächst mit Personen, die ihm besonders vertraut sind – was bei Helmut Klöckner in ganz besonderer Weise und auch mit Dieter Schüfer der Fall ist – und nutzt sie als Überbringer guter Nachrichten, mit der Bitte, Stadtverwaltung und Stadtrat als die zuständigen Adressaten in diesem Sinne zu kontaktieren und ggfs. zu überzeugen. Die konkrete Planung – Standortfrage und Konzeption – und Finanzierung sind dann im Stadtrat und seinen Gremien zu beraten, und die Finanzierung bedarf in einigen Fällen der Abstimmung mit dem Land Rheinland-Pfalz.

Nach umfänglichen Planungsarbeiten kann das Kulturhaus 2002 und 2003 realisiert werden. Damit erhält Nassau ein kulturelles Zentrum, einen Treffpunkt, in dem bisher verstreute Einrichtungen integriert und optimiert werden, so „die Stadtbücherei, das Stadtmuseum, das Stadtarchiv/Magazin, Lübener Stube, Dauerausstellung ‚Gerda Dürrbaum', Jugendtreff, TNL-Geschäftsstelle, Tagungs- und Festsaal". So ist es dem Ratsprotokoll vom 22. März 2001 zu entnehmen.

Schon die Grundsteinlegung für das Kulturhaus am 4. Juni 2002 ist ein bedeutsames Ereignis. Günter Leifheit legt persönlich „die Kartusche mit Urkunde, Münzen und einer Rhein-Lahn-Zeitung in den Grundstein." [4]. Auf der im DIN A3 Format schmuckvoll gestalteten Urkunde heißt es nach der Nennung der Regierenden in Bund und Land und der Amts- und Mandatsträger vor Ort:

„Wir mauern diesen Grundstein ein in der Hoffnung, dass es gelingen möge,
dieses Bauwerk zu einer guten Vollendung zu bringen.
Das Kulturhaus sei ein lebendiger Ort der Begegnung für Jung und Alt,
für die Bürgerinnen und Bürger unserer Stadt, der umliegenden Gemeinden
und für alle Besucher der Region."

Das spiegelt exakt die Intention von Günter Leifheit wider. Genannt werden in der Urkunde auch die Spende von 2 Millionen DM und die voraussichtlichen Gesamtkosten des Projekts in Höhe von 3,5 Millionen Euro. Das Kulturhaus soll in erster Linie neuer Treffpunkt für die Bürger werden, aber auch an die Historie erinnern, an den Verlauf der alten Stadtmauer. Darauf haben einige Nassauer Bürger, unter ihnen Ex-Bürgermeister Erich Bruchhäuser und der Vorsitzende des Nassauer Geschichtsvereins Dr. Meinhard Olbrich, bereits 2002 hingewiesen. Das könne mit Aufpflasterung, Säulen und die Einbeziehung von Mauerresten erreicht werden.

Mit Mehrheit hat man sich im Stadtrat für die Anschaffung eines Modells ausgesprochen, um eine plastische Vorstellung von dem Gebäude zu erhalten und vermitteln zu können und so auch in der Bürgerschaft die Vorfreude auf das Kulturhaus zu wecken. Am 6. März 2003 steht im Stadtrat die Namensgebung für das Kulturhaus auf der Tagesordnung. Man einigt sich einstimmig auf „Günter-Leifheit-Kulturhaus".

Im 24. April 2003 kann bereits das Richtfest für das neue Kulturhaus zünftig gefeiert werden. Die zunächst für Oktober geplante Eröffnung wird dann jedoch in das Jahr 2004 verschoben. Am Freitag, dem 12. März 2004, ist es dann soweit. In Anwesenheit von Günter und Ilse Leifheit findet die feierliche Eröffnung und Einweihung statt. Die ganzseitige Berichterstattung vom 13. März in der RLZ

Günter und Ilse Leifheit bei der Präsentation des Modells des geplanten Kulturhauses ***

vermittelt einen guten Eindruck von den Feierlichkeiten. Unabhängig davon, ob die Redner mehr ernst oder humorvoll auf dieses Ereignis eingehen – alle drücken ihre Dankbarkeit gegenüber Günter Leifheit aus. Stadtbürgermeister Herbert Baum resümiert: „Heute ist ein Tag der Freude und des Staunens darüber, wie aus dem Wunsch eine Vision und schließlich Wirklichkeit geworden ist – vor allem Dank Ihnen, Herr Leifheit." [3] Günter Leifheit verdeutlicht seine Intention, dass dieser neue kulturelle Treffpunkt für Jung und Alt „hoffentlich viele Freundschaften zum Wohle der Stadt entstehen lässt." Man bedankt sich nicht nur mit Worten bei ihm. Er darf sich als Präsent ein Bild aus der Sammlung von Gerda Dürrbaums Nachlass aussuchen.

Nach der Eröffnung am Freitag findet für die Nassauer Bevölkerung und Besucher aus nah und fern am Sonntag ein „Tag der offenen Tür" statt – ein „Ort der Begegnung für Jung und Alt" – der viele Menschen anlockt. Geboten wird ein vielfältiges Kulturprogramm mit Musik, Chor, Tanz und einer Ausstellung mit Bildern von Gerda Dürrbaum und heimischen Künstlern. Bereits vor der offiziellen Eröffnung des Kulturhauses hat es der Karneval für die fastnachtliche Kampagne 2004 auf seine Art gewürdigt. Auf der Suche nach einem Motiv für den NCC Orden für ein Jubiläumsjahr wird das neue Nassauer Kulturhaus ausgewählt. Günter Leifheit hat den Orden gesponsert. In den Rahmen der Spende von Günter Leifheit fällt auch der „Lautenspieler" – eine weitere Skulptur von Helmut Bourger –, die vor dem Kulturhaus ihren Platz gefunden hat.

1: *Blick auf die obere Eingangsseite des Günter-Leifheit-Kulturhauses* **
2: *Der Haupteingang* **
3: *Die neue Stadtbücherei im Kulturhaus* **

DAS GÜNTER-LEIFHEIT-KULTURHAUS

Ilse und Günter Leifheit nehmen voller Stolz an der Einweihung des Günter-Leifheit-Kulturhauses teil. ***

„Der Denker" vor dem Rathaus

Im Oktober 2004 wird von Mitgliedern des Stadtrates die Skulptur „Der Denker" der Öffentlichkeit übergeben. Es handelt sich bei dieser Stiftung Günter Leifheits um eine Nachbildung der berühmten Figur des französischen Künstlers Auguste Rodin. Das Original ist im Besitz des Rodin-Museums in Paris. Ilse Leifheit erinnert sich, dass sie mit Günter Leifheit in Gstaad vor dem Palace Hotel auf diese Skulptur gestoßen ist. Eine Genfer Galerie hat einige Male dort Skulpturen ausgestellt. Es ist ihre Idee, den „Denker" auch für Nassau vorzusehen, wobei sie als Standort zunächst den Bereich am Günter-Leifheit-Kulturhaus präferiert.

Aus einem Schreiben der Bauverwaltung der Stadt Nassau vom 25. August 2004 geht hervor, dass die Stadtverwaltung unter Mitwirkung von Fred und Patrick Gerz und dem Stadtplaner Prof. Mathias Uhle aus Winden sich sowohl um den Sockel für die Skulptur als auch um den Standort gekümmert hat. Den Sockel hat die Firma Gerharz gesetzt.

Günter Leifheit ist wiederum an Details beteiligt; er selbst hat ein Angebot für das Material „Granit SSY", einen schwarzen Granitstein, eingeholt. Die Verwaltung schreibt ihm: „Nach dieser neuerlichen Auseinandersetzung mit dem Material des Sockels legen wir Ihnen nunmehr das o.g. Angebot der Fa. Gerharz für den Sockel aus Granit ‚NeroAssoluto' vor. Wir können Ihnen berichten, dass dieses Material die uneingeschränkte Zustimmung des Herrn Schüfer findet ... und zugleich kostengünstiger als der ‚Granit SSY' ist ... Wir werden natürlich alle Hebel in Bewegung setzen, damit die Statue so schnell wie möglich an ihren Bestimmungsort gelangt."

„Der Denker" ist von der Firma Gerharz weithin sichtbar in der Nähe des Rathauses aufgestellt worden. Rodins eigene Interpretation seiner Skulptur liest sich im Internet wie folgt: „Er denkt, seine Fäuste an den Zähnen. Langsam entsteht in seinem Gehirn der schöpferische Gedanke". Rodin legt Wert auf die Feststellung: „Er ist kein Träumer. Er ist ein Schöpfer". Der Künstler setzt sich auch mit dem Thema Bewegung auseinander: „Das Werk eines Bildhauers bewegt sich nicht. Aber man muss spüren, dass es sich bewegen kann". So wirkt auch sein Denker, als könne er jederzeit aufstehen, vom Sockel steigen und seinen schöpferischen Gedanken Gestalt geben. Dass die Statue einen hohen Sockel benötigt, ist schnell entschieden. Schließlich ist er vom Künstler geschaffen als einer, der von oben das

Geschehen betrachtet und von daher auch Raum benötigt und nicht unmittelbar an eine Wand oder in eine Ecke platziert werden kann. Nur so entfaltet er seine wahre Wirkung.

Es überrascht nicht, dass ein „Denker" vor dem Rathaus auch Anlass zum Schmunzeln und zum Ironisieren bieten kann. Da mag mancher das Sprichwort „Wenn man vom Rathaus kommt, ist man immer klüger" nicht uneingeschränkt teilen zu wollen.

Am 29. November 2004 geht Stadtbürgermeister Herbert Baum in einem Brief an Günter Leifheit auf mehrere Projekte ein. Darin heißt es: „Auch ‚Der Denker' erhält große Aufmerksamkeit. Immer wieder höre ich jetzt, dass er ‚genau am richtigen Platz' steht. Das freut mich besonders, da es doch sehr unterschiedliche Meinungen gab, die zu einem Konsens zusammengeführt werden mussten." Die Verwaltung versäumt es nicht, Günter Leifheit über fertige Projekte und die Resonanz der Nassauer zu informieren.

2005 bedankt sich eine Nassauer Delegation bei Günter Leifheit für seine Gastfreundschaft in Lugano und nutzt dafür ein Foto, das den „Denker" vor dem Rathaus zeigt mit dem bezeichnenden Hinweis: „Quelle der inneren Kultur unserer Gesellschaft: Denken beobachten gestalten."

Vor einigen Jahren hat ein LKW-Fahrer beim Zurücksetzen unmittelbar neben dem „Denker" entweder das Denken vergessen oder sich ganz auf den „Denker" konzentriert und dabei sein Fahrzeug aus dem Blick verloren; jedenfalls hat er mit dem LKW den Sockel so beschädigt, dass er erneuert werden musste. „Der Denker" selbst ist dabei nicht zu Schaden gekommen.

2005

Sorgenkind Lahntalklinik

Es gibt auch einen Fall, bei dem es nicht zu einem Konsens zwischen Stadtrat und Günter Leifheit gekommen ist. Die Entscheidung, sich dabei nicht als Förderer zu beteiligen, ist für Günter Leifheit das Resultat eines gründlichen Reflexions- und Dialogprozesses.

Wie ein roter Faden ziehen sich die Beratungen über die Zukunft der Lahntalklinik durch die Stadtratssitzungen in den Jahren 1999 bis 2009. Nicht zuletzt wegen der „Seehofer-Reform" aus dem Jahr 1997 war die Klinik in Nassau, ebenso wie viele andere stationäre Rehabilitationshäuser in Deutschland, von den gesetzlich verordneten Leistungseinschnitten hart betroffen. Ein Schrumpfungs- und Konzentrationsprozess im Klinikbereich war wohl unumgänglich, insbesondere wenn zwei Klinik- und Kurbetriebe – Nassau und Bad Ems – dicht beieinander liegen. Die Entscheidung der Landesregierung und der LVA Rheinprovinz im Jahr 2001, die Klinik in Bad Ems und nicht die in Nassau zu fördern, ist ein herber Schlag für die bisherige Attraktivität der Stadt, verbunden mit einem Verlust an Arbeitsplätzen, zu denen es zur gleichen Zeit auch noch in einigen Gewerbebetrieben gekommen ist, einschließlich zurückgehender Gewerbesteuereinnahmen.

Es ist nachvollziehbar, dass eine Neukonzeption, eine neue und völlig andere Nutzung des Gebäudes der Lahntalklinik schwierig ist. Ein solches Projekt ist teuer, und außerdem müssen alle Schritte mit der LVA Rheinprovinz als Grundstücks- und Gebäudeeigentümerin abgestimmt werden; Abstimmung und Kontaktpflege sind dabei auch mit den Rhein-Lahn-Kreis und mit der Landesregierung erforderlich. Im Januar 2004 gibt der Stadtrat ein Konzept für eine künftige Nutzung der Lahntalklink an ein Fachbüro in Auftrag. Im November 2004 hat es eine ganztägige Arbeitssitzung gegeben, an der Staatssekretär Karl-Peter Bruch, Landrat Günter Kern und zwei Abteilungsleiter der LVA Rheinprovinz teilgenommen haben. „Alle wollen an einem Strang ziehen und aus der schwierigen Situation das Beste für die Zukunft der Stadt erreichen", heißt es in einem Schreiben vom 29.11.2004 von Stadtbürgermeister Baum an Günter Leifheit. Günter Leifheit ist wie immer gut informiert, und es ist kaum vorstellbar, dass er sich nicht mit dieser für Nassau so zentralen Frage auseinandergesetzt hat. Am 24. November 2004 schreibt er an Verbandsbürgermeister Udo Rau: „Nassau sucht ja für das Gebäude der Landesversicherung irgendeine Idee. Meine Frau kam auf den Gedanken, etwas Ähnliches dort einzurichten wie in dem kleinen Ort Mendrisio mit ca. 5000 Einwohnern. Im Foxtown sind Dutzende von Einzelhändlern, Boutiquen, Cafés, Friseure, Rauchwarengeschäfte, Reisebüros usw. ... Vielleicht können Sie die Sache mit Herrn Baum besprechen. Zur Auskunft stehen wir immer bereit. Wenn Interesse besteht, laden wir Sie beide, am Besten noch mit einigen Damen und Herren aus dem Gemeinderat, zu einer Besichtigung ein, damit Sie sich mit Foxtown vertraut machen können." Wie man einem von Günter Leifheit beigefügten Artikel aus der Tessiner Zeitung vom 23./24.Nov. entnehmen kann, handelt es sich bei Foxtown um ein

Factory Outlet Center, das sich in wenigen Jahre wirtschaftlich hervorragend entwickelt hat. Die Zeitung spricht von einem Jahresumsatz von zuletzt 120 Millionen Franken und von 2,5 Millionen Besuchern. Ein solch wirtschaftlicher Erfolg beeindruckt Günter Leifheit, der sich die Idee seiner Frau zu Eigen gemacht hat. Es ist anzunehmen, dass er es nicht bei der Ideenfindung bewenden lassen, sondern – sofern man beidseitig vom Nutzen und der Rentabilität überzeugt sei – ein solches Projekt auch finanziell unterstützen würde. Darauf beruhen auch die Hoffnungen im Stadtrat.

Stadtbürgermeister Baum bedankt sich und kündigt eine neunköpfige Delegation für den 17./18.3.2005 an, die aus Vertretern der Fraktionen besteht. Verbandsbürgermeister Udo Rau, Dieter Schüfer als Berater und ein Vertreter der Gesellschaft für Innovation und Unternehmensförderung (GIU) nehmen ebenfalls teil. Es ist ein schwieriges Vorhaben. Die Vorstellungen von Günter Leifheit und vom Rat der Stadt Nassaus gehen diesmal weit auseinander. Herbert Baum beschreibt die Intention des Treffens: „Unser Besuch dient der Veranschaulichung Ihres Gedankens. Es würde uns freuen, wenn wir daneben die Gelegenheit nutzen können, um Sie über den Stand unserer eigenen Überlegun-

Eine Delegation des Stadtrates zu Besuch auf der Terrasse des Leifheit-Hauses in Lugano, v. l.: Udo Rau, Rainer Nink, Rainer Hehner, Ewald Schäfer, Herbert Baum, Ilse Leifheit, Hans Gritzner, Günter Leifheit, Dieter Schüfer (verdeckt), Christa Kunde, Albert Menzenbach

gen informieren zu können." Im Schlussgedanken des Briefes wird die Sorge ausgedrückt, „ob man den kommenden Generationen in Nassau eine ebenso lebenswerte Stadt überlassen könne, wie wir sie vorgefunden haben." Am 18.3.2005 besucht man gemeinsam das Foxtown Center von Mendriso. Die Bedenken der Nassauer Kommission im Hinblick auf ein ähnliches Projekt in ihrer Stadt können dabei nicht ausgeräumt werden. Planungsrechtlich dürften dafür in Rheinland-Pfalz kaum zu überwindende Hindernisse existieren. Die Zurückhaltung der Landespolitik bei der Planung eines Factory Outlet Centers dämpft die Erwartungen der in Nassau verantwortlichen Politiker. Umgekehrt sieht Günter Leifheit in den Plänen aus Nassau, die eine Kombination von Hotel mit Tagungs- und Wellnessbereich favorisieren, zu große wirtschaftliche Risiken, so dass es in diesem Falle nicht zu einer Kooperation kommt.

Auch dieser Fall wirft Licht auf die Grundsätze von Günter Leifheits Mäzenatentum. In ein Projekt mit hohen marktwirtschaftlichen Risiken möchte er nicht einsteigen. Er möchte weder sich noch die Stadt mit einem möglicherweise chronisch defizitären Projekt belasten. Zu guter Letzt wird dort nach dem Abriss der alten Lahntalklinik ein neuer Einkaufsmarkt errichtet.

Konzept für weitere Förderungen

Anfang Juli 2005 weilt das Ehepaar Ilse und Günter Leifheit in Nassau und nimmt am 2. Juli als Ehrengast am ersten Schlosshofkonzert teil. Man sieht Günter Leifheit nun häufiger mit langem gelblich-beigem Kaschmir-Schal, der seine Aura unterstreicht. Bei einem Besuch des Friedhofs sagt Günter Leifheit spontan zu, die Sanierung der Treppenanlage und des Geländers zu finanzieren, ebenso eine Basaltschale vor dem Ehrenmal. Wenn Günter Leifheit auf Mängel oder ästhetische Defizite im Stadtbild stößt, ist er schnell bereit, durch tatkräftige Unterstützung für Abhilfe zu sorgen. Bei diesem Besuch nutzt er auch die Gelegenheit zu einem Planungsgespräch mit der Stadtverwaltung, bei dem er Anregungen einbringt und die Stadtverwaltung ihrerseits künftige Vorhaben der Stadtentwicklung erläutert. Zum Abschied bittet er Stadtbürgermeister Baum darum, ihm „einmal alles aufzuschreiben, was in der Stadt in nächster Zeit getan werden müsste." Darauf nimmt Herbert Baum in Schreiben vom 10.8.2005 Bezug und fügt unter der Überschrift „Verschönerung des Stadtbildes und Verbesserung der Attraktivität in der Stadt Nassau. Wünschenswerte Maßnahmen in der Stadt" 12 Projekte an. Vorangestellt wird ein Überblick mit Kurzerläuterungen mit Stand vom August 2005:

Maßnahme 1:   Sanierung der Lahnanlagen
Maßnahme 2:   Kiosk an der Kettenbrücke
Maßnahme 3:   Pergola Café Bressler
Maßnahme 4:   Rathausbeleuchtung
Maßnahme 5:   Städtischer Ehrenfriedhof
Maßnahme 6:   Gedenkstätte am Eimelsturm
Maßnahme 7:   Ehemalige Traglufthalle
Maßnahme 8:   Minigolfplatz

Maßnahme 9: Günter-Leifheit-Kulturhaus – Aufbau eines Museumsbestandes
Maßnahme 10: Anschaffung einer Veranstaltungsbühne
Maßnahme 11: Ausschilderung auf und an Nassauer Sehenswürdigkeiten
Maßnahme 12: Weltkarte mit Nassau in aller Welt.

Nach dieser Übersicht werden die Vorhaben etwas genauer beleuchtet und teilweise mit Bildern und Skizzen veranschaulicht. Inwieweit für diese Projekte bereits Gedanken von Günter Leifheit eingeflossen sind und wo es sich um rein städtische Initiativen handelt, ist schwer auszumachen. Entscheidend ist die angestrebte neue Qualität in der Förderbereitschaft von Günter Leifheit. Er steht kurz vor seinem 85. Geburtstag. Da liegt es nahe, dass er über die ihm verbleibenden Möglichkeiten nachdenkt, Projekte in Nassau zu fördern, die er persönlich begleiten kann. Dafür benötigt er diesen Überblick. Die Stadt Nassau drängt sich hier nicht auf, sondern kommt seinem Wunsch nach. In der unmittelbaren Kooperation zwischen Günter Leifheit und Herbert Baum ist im Laufe der Jahre mehr und mehr Vertrauen gewachsen.

Nach Erhalt der Projektliste reagiert Günter Leifheit prompt und ist – folgt man dem an ihn gerichteten Brief vom 22.8.2005 – vor allem an den „Lahnanlagen", der „Rathausbeleuchtung", der „Innengestaltung Eimelsturm", der „Ausschilderung von Sehenswürdigkeiten" und der „Karte ‚Nassau in aller Welt'" interessiert. Er gibt zu erkennen, dass er diese Vorhaben gerne fördern möchte. Dazu wird ihm von der Stadtverwaltung der aktuelle Sachstand noch einmal etwas präziser dargestellt.

Ausstellung „Günter Leifheit – Unternehmer, Ehrenbürger, Mensch"

Am 22. September 2005 wird in einem Festakt im neuen Nassauer Kulturhaus im Museumssaal eine Ausstellung über Günter Leifheit eröffnet. Sie trägt den Titel „Günter Leifheit – Unternehmer, Ehrenbürger, Mensch" und widmet sich zwei Schwerpunkten: der Entwicklung der Firma LEIFHEIT von ihrer Gründung an und den Förderungen, die er der Stadt Nassau hat angedeihen lassen. Das alles wird anschaulich mit Bildern, Exponaten und kurzen Texten dargestellt.

Plakat zur Ausstellung, Agentur pm

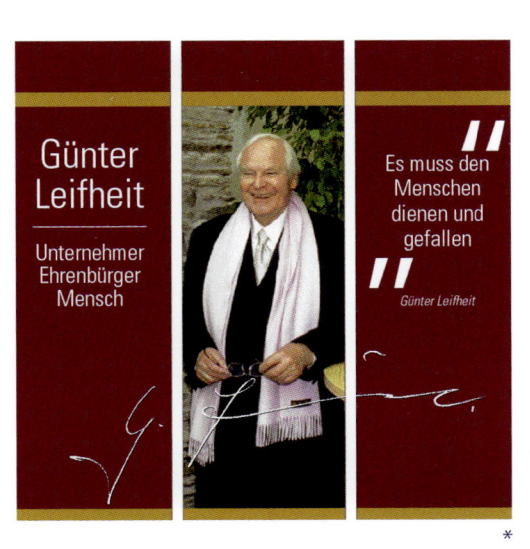

Der RSV Nassau hat etliche Objekte der Förderung durch Günter Leifheit für die Ausstellung beigesteuert. *

Die Idee für die Leifheit-Ausstellung stammt von Achim Steinhäuser, damals Stadtratsmitglied, der nebenberuflich auch als Fotograf und Chronist von städtischen Veranstaltungen tätig ist und auch für die Rhein-Lahn-Zeitung schreibt. Er hat Stadtbürgermeister Baum diese Idee unterbreitet und auch gleich den Titel „Unternehmer, Ehrenbürger, Mensch" vorgeschlagen. Die Vorbereitung wird von einer Arbeitsgruppe vorgenommen, die von der Stadt Nassau koordiniert wird. Die Stadtarchivarin Dorothee Brown und Petra Dombrowsky von der LEIFHEIT AG haben vor allem dabei Regie geführt und viele Dokumente für diese Ausstellung zusammengetragen, dazu auch Original-LEIFHEIT-Produkte. Würdigende Texte von Ministerpräsident Kurt Beck, Landrat Günter Kern, Stadtbürgermeister Herbert Baum, Verbandsbürgermeister a.D. Helmut Klöckner und aus unternehmerischer Sicht von Dieter Schüfer runden das Bild ab.

Die Ausstellung ist eine Hommage an den Unternehmer, Ehrenbürger, Mäzen und Menschen Günter Leifheit, wobei die vier Aspekte nicht voneinander zu trennen sind. Die Realisierung seiner größten Einzelspende in Höhe von 2.000.000 DM für das Günter Leifheit Kulturhaus ist ein willkommener Anlass, ihm an dieser Stelle Dank zu sagen. Einige Vereine haben in Wort und Bild dargestellt, welche Förderung sie durch Günter Leifheit erfahren haben. Der RSV Nassau-Oranien hat für diese Ausstellung im Jahr 2005 alte Trikots und Zeitungsartikel beigesteuert. Im Treppenaufgang dieser Ausstellung wird das alte Start-und Zielbanner des einstigen Radrennens um den Preis der Firma LEIFHEIT präsentiert.

Im Vor- und Umfeld der Ausstellung gibt es das Bestreben, die Firmengeschichte genauer zu dokumentieren und den Unternehmer Günter Leifheit insbesondere auch mit anekdotischen Begebenheiten zu charakterisieren. Günter Leifheit selbst diktiert dazu einen Rückblick unter dem Titel „Die Firmengeschichte in den Worten von Günter Leifheit" und Mitarbeiterinnen und Mitarbeitern der LEIFHEIT AG präsentieren ihren Beitrag in „Eine Unternehmergeschichte", deren Textpassagen in der Ausstellung Verwendung finden.

In einem weiteren Schwerpunkt werden Günter Leifheits Fördermaßnahmen in Nassau dokumentiert. Diese Materialien der Ausstellung bilden auch die Grundlage für ein Buch, das die Stadtverwaltung erstellt und Günter Leifheit einige Monate später zum 85. Geburtstag überreichen wird. Günter und Ilse Leifheit sind bei der feierlichen Eröffnung selbst zugegen. Carlo Rosenkranz, Redakteur bei der RLZ, nutzt die Anwesenheit, um mit Günter Leifheit ein großes Interview zu führen und Fragen zu seiner Person nachzugehen. Es liegt auch ein Gästebuch aus, in das sich viele Nassauer Bürger eintragen. Unter den Eintragungen entdeckt man auch Jörg Leifheit, den Sohn von Günter Leifheit.

Restaurierung von Heiligenfiguren in der Pfarrkirche St. Bonifatius

Zwei zum Teil über 100 Jahre alte Heiligenfiguren der Mutter Gottes mit dem Jesuskind und dem Heiligen Joseph, sowie das neugotische Missionskreuz sind renovierungsbedürftig. Es ist interessant, wie hier Günter Leifheit ins Spiel kommt. Niemand aus der Pfarrei hat ihn auf das Problem angesprochen, so erinnert sich Pater Heinz Klapsing. Günter Leifheit hat bei einem Urlaub in Süddeutschland oder in der Schweiz Heiligenfiguren gesehen, deren künstlerische Gestaltung und Ausdruckskraft ihn sehr beeindruckt haben. Deshalb macht er Pater Klapsing den Vorschlag, eine solche Figur für die Pfarrkirche zu stiften. Dieser macht ihn darauf aufmerksam, dass es in der Kirche zwei Heiligenfiguren gebe, die aber dringend restaurierungsbedürftig seien. Da sagt Günter Leifheit spontan zu, die Kosten für die Renovierung der beiden Heiligenfiguren und des Missionskreuzes zu übernehmen.

Das Engagement für den kirchlichen und religiösen Bereich hat für Günter Leifheit einen besonderen Stellenwert. Vom Redakteur Carlo Rosenkranz befragt, warum er Bibeln finanziere, antwortet der 85jährige Günter Leifheit: „Pater Klapsing rief mich eines Tages an und sagte mir, dass es in den Schulen keine Bibeln mehr gibt. Daraufhin habe ich gesagt, ich schenke ein paar hundert Bibeln, die verteilt werden können ... Ich halte das Christentum für wichtig." [4] Günter Leifheit unterstützt auch mit einer kräftigen Spende eine Jugendgruppe aus dem pastoralem Raum des Nassauer Landes, die im August 2005 am Weltjugendtag in Köln teilnimmt.

Farbgestaltung und Beleuchtung der Kettenbrücke

Wer auch nur einmal Nassau besucht und die Schönheit der Lage an der Lahn wahrgenommen hat – den Fluss, die grünen Berghänge, die von der Burg Nassau überragt werden –, dem fällt die Kettenbrücke ins Auge, die weit mehr erfüllt, als die beiden Ufer zu verbinden. Diese Brücke prägt das Bild der Stadt an der Lahn ganz entscheidend, kein großes „blaues Wunder" wie in Dresden, aber ein „graues Wunder" in Nassau. Da gibt es kaum einen Nassauer, dem diese Brücke nicht am Herzen liegt; die Kettenbrücke ist gleichsam ein „Wahrzeichen" der Stadt.

Ein Neubau, eine Instandsetzung muss auch der historischen Bedeutung und dieser ästhetischen Seite gerecht werden. Die erste Kettenbrücke stammt aus dem Jahr 1830; sie war vor allem als Taunusstraße für die Verbindung von Wiesbaden nach Koblenz wichtig. 1927 war ein Umbau erforderlich. Und in den 90er Jahren diskutierte man die Notwendigkeit von Erneuerungsarbeiten. Im Fadenkreuz von Kosten und Ästhetik finden zu Beginn des neuen Jahrtausends emotional ausgetragene Kontroversen statt. Es lohnt sich, einmal die Aussagen in den Ratsprotokollen von 2001 bis 2004 aufzuspüren:

„Der Stadtrat hält im Hinblick auf die notwendige Unterhaltung und die historische Bedeutung der Brücke einen weißen Anstrich nicht für geeignet und fordert nun einen dunkleren Farbton, der dem heutigen entspricht." (15. Februar 2001) „Bei dieser Gelegenheit wird mitgeteilt, dass der Neubau der Kettenbrücke nicht wie vorgesehen eine Spannbetonbrücke wird, sondern wieder eine echte Kettenbrücke, einmalig in Deutschland." (13. Mai 2004).

„Den Menschen muss es gefallen" – dieser Satz spielte schon in Günter Leifheits Firmenphilosophie wie bei früheren Förderungen eine ganz entscheidende Rolle. Und das sollte erst Recht für die neue Beleuchtung der Kettenbrücke gelten. „Und nicht nur das: ‚Bevor die Brücke weiß wird', so zitierte ihn Stadtbürgermeister Baum in der jüngsten Stadtratssitzung, ‚zahle ich auch gleich den Anstrich.' Über so viel Heimatnähe freuen sich die Nassauer."[5] In der Tat erhält die Brücke einen metallischen Farbton.

Reichlich Diskussion gibt es auch um die Beleuchtung der Brücke. Das geht aus einem Schreiben vom 29.11.2004 von Herbert Baum an Günter Leifheit hervor: „Frühzeitig haben Sie, sehr geehrter Herr Leifheit, mich darauf angesprochen, wie die Beleuchtung der neuen Brücke gestaltet wird. Hierzu gab es eine klare

Alternative: Die komplette Brücke bleibt nachts dunkel, wenn es nach dem Bund als Baulastträger geht. Es gibt keine Verpflichtung für den Baulastträger, seine Fahrbahn zu beleuchten, und für die Gehwege ist die Kommune zuständig. Wenn die Brücke bei Dunkelheit beleuchtet werden soll, dann muss die Stadt Nassau zahlen." Das Land leiste dazu eine Anteilsfinanzierung. Im November 2005 erhält die Nassauer Kettenbrücke dann eine fest installierte Beleuchtung, dank einer Spende von Günter Leifheit. 52 Lampen, von den Arbeitern der Süwag Energie installiert, erhellen die Brücke; dazu kommen die Leuchtkörper an den Pylonen.

Ilse und Günter Leifheit sind anwesend, als mit einem Knopfdruck unter dem Motto „Licht an" die Brücke symbolisch freigegeben wird. **

Am 3. Dezember erfolgt die Verkehrsfreigabe durch den rheinland-pfälzischen stellvertretenden Ministerpräsidenten und Verkehrsminister Hans-Artur Bauckhage. Das Ehepaar Günter und Ilse Leifheit ist eigens angereist, um mit vielen Nassauern das Ereignis zu feiern. Hans-Artur Bauckhage würdigt bei der Übergabe der Brücke Günter Leifheit „als Prototyp eines mittelständischen Unternehmers, der in der Region verwurzelt ist und Gutes für seine Heimat tut." [6] In seiner Rede betont er: „Mit dem heutigen Tag erstrahlt die Brücke sprichwörtlich in einem neuen Glanz. Es ist mir ein persönliches Anliegen, Herrn Leifheit einen besonderen Dank auszusprechen. Denn die neue Farbgestaltung und die neue Beleuchtung sind der Stadt durch eine großzügige persönliche Spende von Ihnen, Herr Günter Leifheit, erleichtert worden. Sie sind zwischenzeitlich nicht nur Ehrenbürger dieser Stadt, sondern auch Mäzen von zahlreichen gemeindlichen Projekten. Dies ist keine Selbstverständlichkeit und eine besondere Anerkennung wert." Die Rhein-Lahn-Zeitung vermerkt, dass Hans-Arthur Bauckhage bei dieser Laudatio zweimal innehalten muss, weil freundlicher Applaus ihn unterbricht.

Die zahlreichen Besucher erlebten „eine Brücke wie aus dem Bilderbuch". Der heimische Künstler Peter Heinzke malt für Günter Leifheits Geburtstag im Jahr 2007 ein Bild mit der Kettenbrücke und den Lahnanlagen mit dem Panorama Nassaus.

Neue Lichtanlage für das Rathaus

Das schönste und imposanteste Fachwerkgebäude der Stadt Nassau, der Adelsheimer Hof, dient als Sitz der Verwaltung von Stadt und Verbandsgemeinde. Das Haus wurde 1609 von einem Mitglied der Familie vom Stein errichtet. Bei der Bombardierung Nassaus 1945 wurde es stark beschädigt. Nach der Restaurierung wurden 1978 und 2005 weitere Sanierungsmaßnahmen vorgenommen.

Am 21. Juli 2005 steht das „Konzept der Rathausbeleuchtung" auf der Tagesordnung des Stadtrates. Im Protokoll heißt es: „Die Fassade erhält eine Grundbeleuchtung über Strahler. Ergänzend werden die Ecken bzw. Säulen durch Spots hervorgehoben. Durchgang und ‚Denker' werden mittels Bodeneinbauleuchten angestrahlt bzw. beleuchtet. Das Konzept ist bereits mit der Denkmalpflege abgestimmt." Die Kosten werden mit 36.000 Euro veranschlagt, die Energiekosten per anno mit 500 Euro. Günter Leifheit liegt viel an dieser Maßnahme, und er hat die Übernahme der Kosten dafür zugesagt.

Am 13. Dezember 2005 steht Günter Leifheits 85. Geburtstag an, den er in Gstaad feiert. Viele Bürger haben sich in Nassau am Rathaus versammelt, was man in Gstaad mit einer Liveschaltung verfolgen kann. Die Zeitung schreibt: „An seinem 85. Ehrentag brachte der Ehrenbürger der Freiherr-vom Stein-Stadt aus 500 Kilometer Entfernung das Rathaus per Telefon zum Leuchten … Punkt 18 Uhr schaltet der Ehrenbürger … die von ihm gestiftete neue Lichtanlage für die Außenfront des Nassauer Rathauses über das Telefon frei." [7)] Die Spende löste nach Einschalten der Beleuchtung spontan ein Geburtstagsständchen der Bürger aus, das Günter Leifheit über die Liveschaltung mithören kann.

Anlässlich des Geburtstages hat Günter Leifheit eine Delegation Offizieller und Freunde aus dem Nassauer Land nach Gstaad eingeladen, so Stadtbürgermeister Herbert Baum, Bürgermeister Udo Rau, Helmut Klöckner als Ersten Beigeordneten des Rhein-Lahn-Kreises und einige aus dem Freundeskreis. Auf Wunsch von Günter Leifheit gestalteten neben dem Gstaader Chor auch Künstler aus dem Nassauer Land den Festabend, das Gesangsduo Susanne und Stefan Minor mit Operettenweisen und Odelia Lazar mit Akkordeonspiel. [8)]
Bei dieser Feier überreicht Stadtbürgermeister Herbert Baum dem Jubilar ein Buch, das eigens für ihn –

Udo Rau und Herbert Baum überreichen Günter Leifheit das für ihn gefertigte Buch zum 85. Geburtstag.

gestützt auf die Ausstellung im September/Oktober und an deren Inhalten orientiert – erstellt worden ist. Von diesem Buch gibt es nur drei Exemplare. Es ist in erster Linie Günter Leifheit zugedacht. Sein anwesender Sohn Jörg erhält ein weiteres Exemplar. Dieser bedankt sich mit einem Brief vom 2.4.2006 an Stadtbürgermeister Herbert Baum für das „besondere Buch über seinen Vater, das auch die Kinder und Enkel zu würdigen wissen", und das Dritte wird im Stadtarchiv zur Ansicht der Nassauer Bürger ausgelegt und – ist bald danach verschwunden, „ausgeliehen". Und da es dafür keine spezielle Rückgabefrist gegeben hat, ist dieses Exemplar bis heute nicht wieder aufgetaucht.

Günter Leifheit hat von Gstaad aus an seinem 85. Geburtstag die Illumination des Rathauses per Knopfdruck in Gang gesetzt und verfolgt mit Spannung die Live-Übertragung in Nassau.*

2006

Neugestaltung der Lahnanlagen

Nachdem Nassau bei der Lahntalklinik den Kürzeren gezogen hat, gibt es bald Signale aus Mainz, als Kompensation die Neugestaltung der Lahnanlagen zu fördern. Außerdem sind die Schäden zu beseitigen, die bei der Brückensanierung entstanden sind. Am 10.3.2005 geht es im Rat um die „Beratung und Beschlussfassung über die Wiederherstellung der Lahnanlagen". Dabei wird Wert darauf gelegt, dass die Vorstellungen des Planungsbüros mit Ideen des Grafen von Kanitz abgestimmt sein sollten. Am 9. Februar 2006 erfährt der Stadtrat, dass Günter Leifheit, der bereits im August 2004 Interesse an diesem Projekt gezeigt hat, bereit ist, sich an der Finanzierung zu beteiligen: „Zur Finanzierung verweist der Vorsitzende auf ein Gespräch mit dem Ehrenbürger Herrn Leifheit, der signalisiert habe, sich mit einem angemessenen Beitrag an der Neugestaltung der Lahnanlagen zu beteiligen. Es besteht Übereinstimmung, dass der für die Stadt Nassau verbleibende Restbetrag im Haushalt veranschlagt werden muss." Die Gesamtkosten belaufen sich auf 376.000 Euro. 177.000 Euro zahlt der Bund für die Beseitigung der Schäden in der Anlage während des Baus der Kettenbrücke. Günter Leifheit steuert 170.000 Euro bei. Somit verbleiben bei der Stadt zunächst ca. 30.000 Euro. In Verhandlungen mit dem Kanu-Club, der seine Anlegestelle der Öffentlichkeit zur Verfügung stellt, ist es der Stadt zudem gelungen, 22.000 Euro bei der Baumaßnahme einzusparen.

Am 3. Oktober, dem Tag der Deutschen Einheit, pflanzt der Günter-Leifheit-Freundeskreis eine Winterlinde, die man dem Ehrenbürger im Vorjahr beim 85. Geburtstag versprochen hat. „Wie konnten wir Günter Leifheit eine Freude machen? Nur wenn er damit anderen eine Freude machen kann. Und so kam es zu diesem Geschenk an ihn und die Stadt Nassau und ihre Einwohner," so drückt es Christa Kunde im Namen des Freundeskreises aus, der Kontakt zu Günter Leifheit pflegt. Nun steht der Baum in unmittelbarer Nähe zur „Leifheit-Bank" in den neugestalteten Lahnanlagen. Auch die Skulptur „Mutter und Kind", die dem Kunstwerk „Nassau in aller Welt" (s.u.) hat weichen müssen, hat hier einen neuen Platz gefunden. Sie ist ebenfalls von Günter Leifheit gestiftet und von Fred Gerz nach einem thematischen Vorbild von Helmut Bourger gestaltet worden. Das große Einweihungsfest ist auf das Frühjahr 2007 verschoben worden, weil der vorgesehene Termin buchstäblich „ins Wasser zu fallen" drohte.

Kunstwerk "Nassau in aller Welt"

Dem Besucher, der sich zwischen Marktplatz und Lahntalbrücke, der Kettenbrücke, bewegt, fallen sechs bewegliche bronzene Blöcke auf, von denen jeder einen Buchstaben des Stadtnamens Nassau trägt. Auf diese Weise macht die Stadt zunächst auf sich selbst aufmerksam. Es lohnt sich, das Kunstwerk aus der Nähe zu betrachten, enthält es doch ebenso reizvolle wie informative Hinweise auf "Nassau in aller Welt".

Die Burg auf dem Bergkegel hoch über der Lahn ist die Stammburg des berühmten Grafengeschlechts der NASSAUER, das in Deutschland und Europa Fürsten, Herzöge, Großherzöge und Könige gestellt hat und das heute noch in Luxemburg und in den Niederlanden regiert. König Wilhelm III. von Oranien-Nassau war nicht nur Statthalter der Niederlande, sondern in Personalunion auch König von England, Irland und Schottland. So wurde das kleine Nassau an der Lahn, 915 als "Villa Nassova" erstmals erwähnt, Namensgeber für Städte in allen Erdteilen. Karl-Heinz Schönrock führt Dutzende von "Nassaus" in aller Welt an, dazu auch eine sprachliche Wurzel, die auf ein Dorf, einen Ort in der "wasserreichen Aue", auf die "Naßaue" zurückgehe. [1]

"Es gibt wohl kaum eine Stadt, die dazu noch so klein ist, deren Namen sich in der Welt so verbreitet hat, wie der Name Nassau. Doch wir machen zu wenig daraus. Wenn eine Weltkarte mit den wichtigsten Nassaus in der Welt in unserer Stadt stehen könnte, würde uns dies sicher stolz machen und große Beachtung durch unsere Gäste erfahren", so erläutert Stadtbürgermeister Herbert Baum die Idee der Verwaltung im Schreiben vom 22.8.2005 an Günter Leifheit. Unsicher ist man im Hinblick auf eine ansprechende Umsetzung, da die künstlerische Gestaltung einer "Weltkarte" eine große Herausforderung darstellt. Im Schreiben heißt es weiter: "Wir werden ... intensiv an diesen Dingen arbeiten und eng mit Ihnen abstimmen, um uns Ihre besondere Erfahrung

Nassauer Bürgerinnen und Bürger erkunden das Kunstwerk "Nassau in aller Welt". **

Bei der Enthüllung der Tafel mit dem Stiftungstext, v.l.: Verbandsbürgermeister Udo Rau, MdL Matthias Lammert, erster Kreisbeigeordneter Helmut Klöckner, Frank Puchtler, Lothar Hofmann, Altbürgermeister Karl-Heinz-Schönrock, Stadtbürgermeister Herbert Baum, Günter und Ilse Leifheit, Dieter Schüfer **

in Stil- und Gestaltungsfragen zunutze zu machen. Wir freuen uns, weil alles, was Sie angeregt und angepackt haben, immer hervorragend gelungen ist." Darin mag man eine „captatio benevolentiae", ein „Erheischen des Wohlwollens", sehen, wie man diese antike Rhetorikfigur übersetzen kann, aber es ist mehr. Man ist in der Tat in der Gestaltung unsicher, und mit den von Günter Leifheit initiierten Projekten hat man gute Erfahrungen gemacht.

Das Protokoll der Ratssitzung vom 9. Februar 2006 liefert Details und verdeutlicht die Rolle von Günter Leifheit: „Der Vorsitzende berichtet über ein Gespräch am gleichen Nachmittag. Herr Leifheit wird das Denkmal ‚Nassau in aller Welt' finanzieren, das dem Rat zur Kenntnis gegeben wird. Das Denkmal soll in die Grünfläche zwischen Amtsstraße und Bahnhofsstraße aufgebaut werden. Nach Beantwortung von Fragen zum Standort nimmt der Stadtrat einstimmig bei 3 Enthaltungen von der Mitteilung des Stadtbürgermeisters und der Entscheidung der Findungskommission zum Denkmal und zum Standort zustimmend Kenntnis." Die Grünfläche wird von der Stadt neu gestaltet, und für die bisher vorhandene Skulptur „Mutter und Kind" wird bald ein Platz in den Lahnanlagen gefunden (s.o.).

Die Stadtverwaltung selbst wird aktiv und lässt von der Firma Ebinger in Bad Ems einen Entwurf anfertigen. Diese renommierte Meisterwerkstatt stellt u.a. seit über 20 Jahren die Keramiken her, mit denen die Skulpturen und Häuser des österreichischen Künstlers Hundertwasser weltweit verziert sind. Die Fa. Ebinger schlägt eine Gestaltung in Form einer Säule in Keramik vor. Das kreuzt sich mit Günter Leifheits eigener Suche nach einem dafür geeigneten Künstler. Er hat bereits gute Erfahrungen mit Wolfgang Lamché gemacht und sich bereits früher kleinere Bronzen für seine Häuser in Lugano und Gstaad von ihm fertigen lassen, darunter auch eine Bronzefigur des Pudels Tapsi in doppelter Ausfertigung. Wolfgang Lamché macht sich in Nassau mit der Örtlichkeit und der Geschichte vertraut und entwirft Skizzen und ein Modell, das er im Rathaus vorstellt. Seine Idee, in sechs Großbuchstaben Nassau darzustellen, findet Anklang, auch deren drehbare Lagerung. Wolfgang Lamché verdeutlicht die Intention: Das Denkmal ist „bespielbar" – zum Klettern, Drehen und Herumlaufen geeignet. Der Stadtrat, dem nun zwei Modelle vorliegen, entscheidet sich mit Mehrheit für Wolfgang Lamché, weil man in seinem Entwurf die schlüssigere und aussagekräftigere Umsetzung des Themas „Nassau in aller Welt" sieht. Die vor dem Kunstwerk angebrachte Inschrift lautet:

Die Stadt Nassau an der Lahn ist Namensgeberin für Orte auf allen 5 Kontinenten.
Nassau in aller Welt – Das Kunstwerk wurde von Günter Leifheit, Ehrenbürger der Stadt Nassau, gestiftet und von dem Bildhauer Wolfgang Lamché gestaltet. – Juni 2006 –

Das Kunstwerk besteht aus sechs jeweils 200 kg schweren und 90 Zentimeter hohen Bronzebuchstaben in einer sieben Quadratmeter großen Installation. Das blaue Band zwischen ihnen symbolisiert die Lahn. Fünf Blöcke verweisen in geografischen Umrissen auf Nassau in den verschiedenen Erdteilen hin. Und da bleibt ein Block übrig mit einem interessanten Text:

Und da gab es noch die „Anderen Nassauer",
die sich als Nassauer ausgaben,
um am fürstlichen Freitisch teilzunehmen.
Solche „Nassauer" gibt es auch heute noch.

Wer mag auf die Idee mit den „Anderen Nassauern" gekommen sein? Zwei Stadtratsmitglieder gehen davon aus, dass der Vorschlag in einem städtischen Gremium entstanden ist, und dass sich dafür vor allem Karl-Heinz Schönrock eingesetzt habe, der zu dieser Zeit ehrenamtlicher Beigeordneter der Stadt Nassau ist. Wolfgang Lamché beansprucht allerdings selbst, Urheber dieses Einfalls zu sein. Kaum einer kennt die Historie Nassaus so gut wie Karl-Heinz Schönrock; und da dieser sich bereits in der „Nassauer Stadtgeschichte" von 1997 intensiv mit dem „Anderen Nassauer" befasst hat, spricht viel dafür, dass die Anregung von ihm stammt.

„Als ‚Nassauer' wird umgangssprachlich ein auf anderer Leute Kosten Lebender bezeichnet, einer, der sich gern aushalten und freihalten lässt oder sich vor dem Bezahlen drückt, ein Schmarotzer also, ein Schnorrer", so bringt es Karl-Heinz Schönrock auf den Punkt. Zurück geht das auf eine großzügige Geste von Herzog Wilhelm von Nassau, der seinen Studenten damit in Göttingen einen Freitisch, kostenloses Essen, ermöglichte. Fehlte da ein echter Nassauer, mogelte sich schnell schon einmal ein „Anderer Nassauer" darunter. [5] Günter Leifheit wird dieser Hinweis sicherlich gefallen haben.

Am 10. März überweist Günter Leifheit an die Stadt Nassau 29.000 Euro für den Bildhauer Lamché. Bei der Einweihung am 16. Juni 2006 sind Günter und Ilse Leifheit zugegen. Er enthüllt im Beisein von 50 geladenen und spontanen Gästen die Tafel an dem von ihm gestifteten Kunstwerk. Anschließend findet eine kleine Feier im Günter-Leifheit-Kulturhaus statt. Der Kanu-Club Nassau hat unmittelbar nach der Einweihung eine Plakette erstellt, auf der das Denkmal abgebildet ist. Diese hat man natürlich auch rasch dem Ehepaar Leifheit überreicht.

Die Gedenkstätte im Eimelsturm

Das Eimelstor war Teil der alten Stadtbefestigung und eines der sieben Stadttore. Der Name Eimels weist in einer alten Lautform auf Ems hin und bedeutet soviel wie Emspforte. Hugo Rosenberg weist darauf hin, dass mit dem Eimelstor nicht der Eimelsturm am neuen Friedhof gemeint sei, um den es hier geht. Der am Friedhof gelegene Eimelsturm, der diesen Namen erst seit den 1920er Jahren trägt, ist ein fünfeckiger Turm der Stadtbefestigung.[2]

1957 wurde im Erdgeschoss eine Gedenkstätte für die Toten und Vermissten der beiden Weltkriege geschaffen. Eine eigene Tafel führt die Namen der jüdischen Mitbürger an, die Opfer der nationalsozialistischen Gewaltherrschaft wurden. Der Zahn der Zeit, konkret die Feuchtigkeit der Wände, setzte der großen Gedenktafel sehr zu. Spätestens 2000 machte man sich Gedanken über die notwendige Renovierung. In Anbetracht der städtischen Finanzen und erforderlicher Prioritätsetzungen ist das kein einfach zu lösendes Problem. Mit Hilfe der Unterstützung von Günter Leifheit kann das Projekt schließlich verwirklicht werden. Schon in einer Telefonnotiz vom 25. Juli 2000, mit der Helmut Klöckner ein Gespräch mit Günter Leifheit festhält, heißt es:

„Frau Kunde soll die Inschrift am Gedenkturm (Eimelsturm) in Bronze ausführen lassen. Das Messingschild würde nichts aussehen. Herr Leifheit wird die Bronze-Tafel bezahlen." Stadtbürgermeister Herbert Baum greift die Argumentation in einem Schreiben an Günter Leifheit vom 2.8.2000 auf.

Zunächst bedarf es jedoch auch einer Klärung, inwieweit der Innenraum des Turms zu sanieren ist. Nach übereinstimmender Meinung, in die auch die Denkmalpflege

Übergabe der Gedächtnistafel im Eimelsturm, v.l.: Wolfgang Schön, Katharina Schüfer, Rosel Schwarz, Marga Maxheimer, Angela und Herbert Baum, Günter und Ilse Leifheit, Christa Kunde, Dieter Schüfer, Helmut Schwarz ***

einbezogen wird, ist die Verwaltung selbst in der Lage, die Ausbesserungen vorzunehmen. Günter Leifheit möchte, dass auch dieses Projekt vom Atelier Gerz gestaltet wird. Es muss dabei einige logistische Herausforderung meistern, bedingt durch die Größe der Tafel und die Enge und Größe der vorhandenen Tür. Es ist nicht möglich, die Bronzetafel – es handelt sich um die zweitgrößte in Deutschland, so Patrick Gerz – in einem Stück zu gießen. Sie muss also passgenau aus Teilen zu einem „nahtlosen" Ganzen zusammengefügt werden. Schließlich wird die bisherige Schrifttafel durch fünf Bronzetafeln mit einem Gesamtgewicht von 1,2 Tonnen und einer Größe von fast 10 Quadratmetern ersetzt. Die Tafeln sind auf einem verzinkten Eisen-Tragegestell verschraubt. Zusätzlich werden noch Strahler angebracht, damit die Namen zu jeder Zeit gut lesbar sind. Der Einbau der Tafeln ist nur mit Spezialgerät möglich.

Im Auftrag an das Atelier Gerz ist eine wichtige ergänzende Vereinbarung enthalten: „Vor Beginn der Abbrucharbeiten wird durch den Auftraggeber eine Fotodokumentation zur Sicherung der Namen und deren Reihenfolge auf der Gedenktafel angefertigt. Die Dokumentation ist dem Auftraggeber zu übergeben. Die alte Gedenktafel bleibt solange erhalten, bis die neue Gedenktafel durch den Auftraggeber abgenommen ist ..." Damit will man nachprüfbar gewährleisten, dass bei der Fülle der Namen und ihrer alphabetischen Anordnung kein Fehler unterläuft.

Bei der alten Tafel kommt es einige Male vor, dass eine Zeile mit einem Vornamen schließt und der dazugehörige Nachname den Anfang der nächsten Zeile bildet. Als Bürger festgestellt haben, dass das Atelier Gerz hier im Sinne einer „Verbesserung" beabsichtigt, in diesen wenigen Fällen Vor- und Nachname in einer Zeile zusammen zu bringen, gibt es Einsprüche, so dass man auch hier der Vorlage treu bleibt. Man mag die Differenz für unbedeutend halten, sie belegt jedoch, welchen Stellenwert diese Gedenkstätte für Familien hat, die Tote und Vermisste zu betrauern haben. Den Besucher, der den Eimelsturm betritt, überrascht und erstaunt die Helligkeit und die Harmonie ausstrahlende Größe dieser Tafel, die einen würdigen Rahmen für die Erinnerung bietet. Mit insgesamt über 64.000 Euro hat Günter Leifheit diese Maßnahme gefördert. Bei der Einweihung der Gedenktafel, die in einem kleinen Rahmen stattgefunden hat, sind Günter und Ilse Leifheit anwesend.

Pergola vor Café Bressler

Die Stadt hat am 23.3.2006 die Aufträge für die Pergola erteilt. Günter Leifheit leistet einen großzügigen Zuschuss in Höhe von 30.000 Euro. „Die Fundamente werden jetzt gegossen, die Pergola wird vorgefertigt, die Montage benötigt nur eine kurze Zeit und die Rankgewächse werden nicht neu angepflanzt, sondern zurückgeschnitten, damit die neue Pergola schnell wieder begrünt ist. Es wird ein schöner Platz entstehen, dank Ihrer tollen Unterstützung", so lautet es im Brief der Verwaltung vom 3.4.2006 an Günter Leifheit.

Günter Leifheit engagiert sich stark in Ästhetik, in einer Verschönerung des Stadtbildes, mit der der vorhandene Stadtkern belebt wird, und das keineswegs nur nostalgisch. Es dient der Identität aller Bewohner – und auch der Umgebung –, wenn das Unverwechselbare einer Stadt weiterentwickelt wird durch eine ansprechende Gestaltung der Plätze und der urbanen Bezugspunkte. Das stärkt Zugehörigkeit, Verwurzelung und das Gefühl, zu Hause zu sein und macht Nassau außerdem für Gäste attraktiv.

Günter Leifheit erhält den Verdienstorden des Landes Rheinland-Pfalz

Am 5. Dezember 2006 wird Günter Leifheit in Mainz der Verdienstorden des Landes Rheinland-Pfalz durch Ministerpräsident Kurt Beck verliehen. Jede Ordensverleihung hat eine Vorgeschichte und setzt eine Beantragung voraus. Dem liegt eine gemeinsame Initiative der Stadt und ihrer Gremien zugrunde. Der Stadtrat spricht sich dafür aus, für den Ehrenbürger Günter Leifheit die Verleihung eines

Verdienstordens zu beantragen. Da wird zunächst auch das Bundesverdienstkreuz in Betracht gezogen. Verbandsbürgermeister Udo Rau teilt nach Prüfung in einem Schreiben vom 6. Oktober 2005 mit, dass bei einer Ordensverleihung auf der Ebene der Bundesrepublik die Antragstellung über das Bundesaußenministerium geschehen müsse, da es sich bei Günter Leifheit um einen Bundesbürger handle, der im Ausland wohnt. Er bringt dabei auch den Verdienstorden des Landes Rheinland-Pfalz ins Gespräch. Aus einem Schreiben von Stadtbürgermeister Herbert Baum an den Staatssekretär Hendrik Hering vom 30.12.2005 geht hervor, dass er diesen bereits zweimal auf die Ehrung von Günter Leifheit angesprochen habe. Herbert Baum denkt dabei immer noch auch an die Möglichkeit des Bundesverdienstkreuzes und zitiert dazu aus dem Stiftungserlass des damaligen Bundespräsidenten Theodor Heuß: „Er wird verliehen für Leistungen, die im Bereich der politischen, der wirtschaftlich-sozialen und der geistigen Arbeit dem Wiederaufbau des Vaterlandes dienen ...". Man fasst bald einvernehmlich den Landesorden ins Auge, die höchste rheinland-pfälzische Ehrung. Herbert Baum liefert dafür mit Schreiben vom 23.10.2006 die Begründung für die Landesregierung. „Vorschlagsberechtigt", so heißt es im § 3 des Landesgesetzes über den Verdienstorden des Landes Rheinland-Pfalz, „sind der Landtagspräsident und die Mitglieder der Landesregierung." Er wird verliehen an Persönlichkeiten, die „Außergewöhnliches und Überdurchschnittliches" für Rheinland-Pfalz geleistet haben.

Am 5. Dezember 2006 verleiht Ministerpräsident Kurt Beck Günter Leifheit diesen Orden im Festsaal der Staatskanzlei in Mainz. Die Verleihungsurkunde hat folgenden Wortlaut:

ALS ZEICHEN DER WÜRDIGUNG HERVORRAGENDER
VERDIENSTE UM DAS LAND RHEINLAND-PFALZ
UND SEINE BÜRGERINNEN UND BÜRGER
VERLEIHE ICH
Herrn Günter Leifheit – Suvigliana/Schweiz –
den Verdienstorden des Landes Rheinland-Pfalz

Der Ministerpräsident betont in seiner Laudatio: „Günter Leifheit hat als Gründer eines bedeutenden Unternehmens und als Unternehmer in den Aufbaujahren viel für die Region Nassau und ihre Menschen geleistet. ... Was 1959 mit Teppichkehrern begann, wurde zu einer Erfolgsgeschichte in der Haushaltswarenbranche ... Auch nach seinem Weggang aus Nassau hat das Ehepaar Leifheit – Ingeborg

Ministerpräsident Kurt Beck bei der Verleihung des Verdienstordens des Landes Rheinland Pfalz an Günter Leifheit im Jahr 2006

Leifheit verstarb 1999 – den Kontakt in die alte Heimat nicht nur gehalten, sondern durch die Förderung zahlreicher sozialer, kultureller und sportlicher Aktivitäten und Projekte vertieft. Überall dort, wo Hilfe benötigt wird und öffentliche Gelder knapp sind, leistet Günter Leifheit wertvolle und außerordentlich großzügige Hilfe, die meist im Stillen stattfindet. Gemeinsame Projekte des Landes mit der Stadt Nassau, wie beispielsweise die neue Kettenbrücke, bei der sich Herr Leifheit an den Kosten für die Straßenbeleuchtung sowie die Farbgestaltung der Brücke beteiligt hat, oder die finanzielle Beteiligung an dem mit Landesmitteln geförderten Bau des Nassauer Kulturhauses seien nur beispielhaft genannt. Ich freue mich, das herausragende unternehmerische Wirken und das von hoher sozialer Verantwortung getragene Mäzenatentum von Günter Leifheit heute mit der Verleihung des Verdienstordens des Landes Rheinland-Pfalz würdigen zu können."[3)]

Günter Leifheit wird damit die höchste Auszeichnung zuteil, die das Land Rheinland-Pfalz zu vergeben hat. Seine Gattin Ilse Leifheit, der Bürgermeister der Verbandsgemeinde Udo Rau, Stadtbürgermeister Herbert Baum und Angelika Bellinger sind bei der Verleihung des Landesverdienstordens in Mainz dabei. Auch die Landtagsabgeordneten Frank Puchtler und Matthias Lammert gratulieren dem Geehrten an Ort und Stelle. Der gesamte Stadtrat schließt sich am 30. November 2006 der Gratulation mit den Unterschriften aller an: „Sie haben sich als Ehrenbürger unserer Stadt großartige Verdienste um das Allgemeinwohl erworben, die wir niemals vergessen werden. Durch Ihre freundliche und den Menschen zugewandte Ausstrahlungsgabe sind Sie ein besonderes Vorbild, von dem die Menschen nur in höchster Anerkennung sprechen. Der Landesverdienstorden Rheinland-Pfalz ehrt Ihr Lebenswerk." Auch viele andere gratulieren Günter Leifheit. „Manchmal tun auch Politiker das Richtige!" schließt der Glückwunsch von Dr. Gerhard Lempenau.

2007

Stiftung der Freiherr-vom-Stein-Statue

Am Sonntag, dem 28. Oktober 2007, wird der Freiherr-vom-Stein-Park in Nassau im Beisein vom stellvertretenden Ministerpräsidenten Karl Peter Bruch eingeweiht. Als Höhepunkt der Feier enthüllt das Ehepaar Leifheit die von ihm gestiftete Bronzefigur des Freiherrn vom Stein.

Was sich im Ergebnis so einfach liest, ist in der Genese doch sehr komplex. Das Jahr 2007 ist ein wichtiges Doppeljubiläum für Nassau: Es geht um den 250. Geburtstag des Freiherrn vom Stein und um die wichtige „Nassauer Denkschrift" von 1807, die Freiherr vom Stein in Nassau verfasst hat. Es ist also auch eine 200-Jahr-Feier. (vgl. Kapitel „Das Wirken der G. und I. Leifheit Stiftung")

Es versteht sich, dass die Planungen für das „Freiherr-vom-Stein-Jahr" früh anlaufen müssen. Da ist ein ganzer Veranstaltungsreigen vorzubereiten. Die größte Maßnahme bildet dabei die Gestaltung des „Freiherr-vom-Stein-Parks" in Ablösung des alten Kurparks. In diesem Zusammenhang sind vor allem drei Akteure relevant: die kommunale und die staatliche Seite, dann der Graf von Kanitz und schließlich Günter Leifheit. Dass das Land sich hier stark engagiert und bereit ist, 80 % der Kosten für die Gestaltung des Freiherr-vom Stein-Parks zu übernehmen und auch das Gedenkjahr zu unterstützen, bedeutet wie bei den Lahnanlagen auch eine Kompensation für den Wegfall der Lahntalklinik, der die „Kurstadt" hart getroffen hat. Sebastian Graf von Kanitz, der seine Abstammung auf die Familie des Freiherrn vom Stein zurückführen kann und Herr des Stein'schen Schlosses in Nassau ist, will und kann bei diesem Vorhaben nicht abseits stehen. Günter Leifheit ist ebenfalls bereit, sich zu engagieren und eine Stein-Statue für dieses Projekt zu stiften.

Nicht vergessen sollte man dabei seinen Geburts- und Herkunftsort Wetter an der Ruhr. Günter Leifheit ist Freiherr vom Stein von klein auf begegnet, natürlich nicht ihm, aber seinem Bronzestandbild, seiner Statue, die in Wetter an der Ruhr an der rechten Ecke der Vorderfront des Rathauses steht. Er ist als Kind, Jugendlicher und junger Erwachsener mit Sicherheit häufig an dem Denkmal für Heinrich Friedrich Karl vom und zum Stein vorbei gegangen, wobei keiner weiß, ob und was er damals damit verbunden hat. Günter Leifheit ist 1920 in der Stadt geboren, in der Freiherr vom Stein im Jahr 1784 im Bereich des Bergbaus des westfälischen Teils der

v.l.: Verbandbürgermeister Udo Rau, Landrat Günter Kern, Graf von Kanitz, Günter und Ilse Leifheit, Stellv. Ministerpräsident Karl Peter Bruch und Stadtbürgermeister Herbert Baum bei der feierlichen Enthüllung der Stein-Statue ***

preußischen Staaten eine eigenverantwortliche Stellung eingenommen hat. Dafür siedelte er zu seinem neuen Amtssitz Schloss Wetter an der Ruhr über. So ist es keineswegs ein Zufall, dass Günter Leifheits Blick sich bald auf die Stein-Statue in Wetter richtet.

Nicht jedes Ratsmitglied ist anfangs von der Idee einer neuen Stein-Statue begeistert, hat man doch bereits eine Statue auf dem Burgberg. Karl-Heinz Schönrock weist auf die Bedeutung dieser Statue in einem Beitrag von 1997 hin: „Vom deutschen Volk" wurde dem Freiherrn vom Stein dicht neben der Familien-Stammburg auf dem Nassauer Burgberg ein Denkmal errichtet und 1872 von Kaiser Wilhelm eingeweiht." [4] Der Berliner Bildhauer Johannes Pfuhl schuf eine 3 Meter hohe Statue aus Carraramarmor. „Auf dem Sockel stand in goldenen Lettern ‚Des Guten Grundstein, des Bösen Eckstein, der Deutschen Edelstein.'" [5] Wegen der Beschädigungen dieses Denkmals im Zweiten Weltkrieg erfolgten der Abriss und die Errichtung eines neuen an gleicher Stelle. „Das neue Denkmal wurde von dem Bildhauer Eugen Keller aus Muschelkalk hergestellt und 1953 in Anwesenheit des Bundespräsidenten Theodor Heuss und des Ministerpräsidenten von Rheinland-Pfalz, Peter Altmeier, unter großer Beteiligung der Bevölkerung eingeweiht." [6] Die Präsenz des Kaisers bzw. des Bundespräsidenten bezeugen die Bedeutung, die „Der ‚große Sohn' der Stadt Nassau" für die deutsche Geschichte bis heute hat.

Nach der Enthüllung der Stein-Statue findet unter großer Beteiligung der Bevölkerung die Feier vor dem Kurpavillon statt. ***

Es findet sich rasch eine Mehrheit für Günter Leifheits Idee, eine neue Stein-Statue zu stiften. Ein Freiherr-vom-Stein-Park ohne Freiherr vom Stein – da würde etwas fehlen. Außerdem ist das vorhandene Denkmal für Nassauer und vor allem für Besucher nicht leicht erreichbar. Da spricht Vieles für Günter Leifheits Idee, den „großen Sohn" der Stadt auch in das Stadtinnere zu holen. Stadtbürgermeister Herbert Baum macht den Stadtratsfraktionen am 9.4.2006 schriftlich folgende Mitteilung: „Unser Ehrenbürger Günter Leifheit möchte der Stadt Nassau zum Jubiläumsjahr 2007 eine Freiherr-vom-Stein-Statue schenken. In enger Abstimmung mit Graf Kanitz hat sich seine Vorstellung dahingehend konkretisiert, dass der Nachguss einer Statue aus Wetter a.d. Ruhr angefertigt werden soll."

In Wetter rennt die Stadtverwaltung Nassau offene Türen ein. Es gibt rasch einen Beschluss des Stadtrates von Wetter, das Freiherr-vom-Stein-Denkmal für einen Nachguss zur Verfügung zu stellen. Bürgermeister Dieter Seitz, Dr. Dietrich Thier und seine Mitarbeiter erweisen sich als äußerst kooperativ. Etliche finanzielle und noch mehr technische Fragen sind zu klären und zu regeln. Dafür wird ein Vertrag zwischen der Stadt Wetter, der Stadt Nassau und dem Atelier Gerz geschlossen. Im September 2006 wird die Statue mit Hilfe eines großen Autokrans vom Sockel abgehoben. Sie ist 2,50 Meter hoch und 300 Kilogramm schwer. Dabei wird das oberste Steinelement beschädigt. Patrick Gerz führt das darauf zurück, dass die

Freiherr vom Stein blickt auf seinen „Freiherr-vom-Stein-Park". ****

Fixierung der Bronze in reinen Stahl wegen der „Unverträglichkeit" der beiden Elemente dafür ursächlich gewesen sei. In einem Lieferwagen wird dann die Statue zur Kunstgießerei Strassacker nach Süssen in Baden-Württemberg transportiert. Dort ist im Übrigen auch die Bronzetafel im Eimelsturm mit den Namen der Opfer aus zwei Weltkriegen gegossen worden.

Der Ablaufplan für den Abguss veranschaulicht einen komplexen Arbeitsprozess. Folgende Arbeitsschritte stehen nun an: Reinigung der Bronze (Patina bleibt erhalten), Anfertigung der Negativform (Silikon und Gipsschale), Anfertigung des Wachsmodells aus der Negativform, Retusche des Wachsmodells, Anfertigung der „Verlorenen Form" um das Wachsmodell, Bronzeguss, Ziselierung des Rohgusses, feine Patinierung des Gusses in Braun, Anlieferung nach Nassau.

Die Kosten für das neue Stein-Denkmal in Höhe von mehr als 50.000 Euro trägt Günter Leifheit. Mehr als 1000 Menschen sind dabei, als Günter und Ilse Leifheit im Beisein des stellvertretenden rheinland-pfälzischen Ministerpräsidenten Karl Peter Bruch und des Grafen von Kanitz mit der gräflichen Familie als Auftakt und Höhepunkt der Feier die Statue des Freiherrn vom Stein enthüllen. Die Feier findet dann an der Matinee am Kurpavillon ihre Fortsetzung. Karl Peter Bruch betont, dass die Erinnerung an den Reformer ein Alleinstellungsmerkmal der Stadt Nassau sei, das sich damit aus allen Kommunen heraushebe. Günter und Ilse Leifheit haben den Tag sichtlich genossen, unter anderem nach der offiziellen Parkeinweihung mit Bratkartoffeln und Blutwurst in der Rathausschänke. Seit einiger Zeit trägt Günter Leifheit bei solchen Anlässen einen langen Schal in freundlichen Farben in Rot-, Rosa- und Weißtönen.

2008

Der Stadt Nassau fehlt Geld. Der Rat verabschiedet im Februar den Haushalt mit einem Fehlbetrag von 1,38 Millionen Euro. Das führt die Stadtverwaltung nicht auf ein Ausgaben-, sondern auf ein Einnahmeproblem hin und verweist dabei vor allem auf den Rückgang der Gewerbesteuer und den Verlust von Arbeitsplätzen. Rund 2,7 Millionen Euro soll der Schuldenstand Ende des Jahres 2008 betragen. Da ist kaum Platz für freiwillige Leistungen. In einigen Fällen freut man sich über die Unterstützung von Günter Leifheit.

Beleuchtung der Freiherr-vom-Stein-Statue

Auch die Freiherr-vom-Stein-Statue erhält 2008 eine Beleuchtung, die von einer Delegation des Stadtrates bei heftigem Schneetreiben in der Dunkelheit erprobt wird. Das schildert Herbert Baum im Schreiben vom 4. April 2008 Günter und Ilse Leifheit, ebenso auch die Absicht, die Beleuchtung vor der endgültigen Installation noch einmal vorführen zu lassen. Beigefügt wird dem Schreiben das Angebot der Süwag mit der Bitte „um Ihre Entscheidung, ob wir den Auftrag erteilen dürfen. Das Freiherr-vom-Stein-Denkmal, das Sie den Bürgern unserer Stadt geschenkt haben, wird dann bei Tag und Nacht den Eingang des Parks eindrucksvoll gestalten." Und so ist es dann geschehen. Ehrenbürger Günter Leifheit bezahlt mit knapp 4.000 Euro diese Beleuchtung.

Unterstützung der Privatinitiative „Kinder von Tschernobyl"

In Winden, einem Nachbarort von Nassau, gibt es seit 1992 eine Initiative, die mit Erholungsaufenthalten versucht, Kindern aus dieser Region zu helfen. „Es ist medizinisch belegt, dass ein solcher Aufenthalt das Immunsystem der betroffenen Kinder stärkt und die Lebenserwartung verlängert. Die Probleme, die durch die nukleare Explosion des Reaktors kamen, werden das Land noch über Jahrzehnte belasten", so die Vorsitzende der Privatinitiative Maria Meuer.[8] Auch in diesem Jahr ermöglichte die Privatinitiative wieder 13 krebskranken Kindern, sich im Familienferiendorf in Hübingen zu erholen. Günter Leifheit, angeregt von seiner Frau Ilse, ist unter den Spendern, die das ermöglichen. Bis heute führt Ilse Leifheit diese Unterstützung fort.

Investition in Bücher und Bildung

Mit Landesmitteln und Spenden des Ehrenbürgers Günter Leifheit kann der Bestand der Nassauer Bücherei im Jahr 2008 aktualisiert und ausgebaut werden, so dass er mittlerweile 12.874 Medieneinheiten umfasst. Den größten Anteil macht dabei die Kinder- und Jugendliteratur aus, da es für diesen Bereich im Rahmen der Lesesommeraktion gesonderte Fördermittel gibt. Wöchentlich finden Vorlesungen für Kinder statt.

Zum Geburtstag schenkt die Stadt Ilse Leifheit einen Kalender für das Jahr 2009 mit einer Fülle von eindrucksvollen und stimmungsreichen Impressionen. Günter Leifheit erhält zu seinem Ehrentag als Geschenk eine Krippe aus der Ausstellung im Günter-Leifheit-Kulturhaus.

2009

Unterstützung von Demenzkranken im Haus Hohe-Lay

Im Februar werden im Haus Hohe-Lay zwei neue Wohngruppen für 15 Senioren eingeweiht. Stärker als bisher sollen die Bedürfnisse der Bewohner berücksichtigt werden, d.h. mehr Betreuung, Aktivierung und Tagesstrukturierung als Pflege. Man will das „Heim" so weit wie möglich in ein Zuhause umwandeln. Der Träger, die Stiftung Diakoniewerk Friedenswarte, hat dafür 400.000 Euro aufgewendet. Das Ehepaar Ilse und Günter Leifheit beteiligt sich dabei mit einer großzügigen Spende. Christa Kunde übergibt zudem im Namen der Familie Leifheit die Skulptur eines Flötenspielers, die im Foyer ihren Standort findet.

Terrassensanierung im Freibad

Einige Sanierungen stehen für die Sommersaison im Schwimmbad an, so das Becken am Sprungturm sowie das Planschbecken. Auch die Terrasse der Pizzeria muss komplett erneuert werden. „Der Plattenbelag ist in einem desolaten Zustand." ... Er sei richtiggehend gefährlich für die barfuß laufenden Badegäste ... Der Verbandsgemeinde als Träger der Einrichtung entstehen laut Bürgermeister Udo Rau (CDU) dadurch keine Mehrkosten. Die Terrassensanierung bezahlt der Ehrenbürger der Stadt, Günter Leifheit, mit einer großzügigen Spende. ... Neu wird die Möglichkeit sein, den überwiegenden Teil der neuen Terrasse mit einer Markise bei Bedarf vor Regen und Sonne zu schützen. Auch die Kosten für das insgesamt

12 mal 5,50 Meter große Konstrukt werde der Ehrenbürger tragen." Günter Leifheit hat die Kosten von 50.000 Euro für Pflasterung, Mauerwerk und die Markise übernommen. Er hat bereits im Jahr 2003 mit einer 200.000-Euro-Spende die erste Sanierung unterstützt.[9] An Pfingsten sind Günter und Ilse Leifheit bei der Einweihung der Terrasse anwesend. Es sollte ihr letzter gemeinsamer Besuch in Nassau werden.

Erstes Nassauer Drachenboot nach dem Ehrenbürger Günter Leifheit benannt

Quietschgelb und 12,60 m lang ist das erste Drachenboot mit Drachenkopf am Bug und 20 Personen Platz bietend, das der Nassauer Kanuclub vom Stapel lässt und das auf den Namen von Günter Leifheit getauft wird. Der Ehrenbürger selbst tauft das Boot traditionsgemäß mit Sekt. Dabei sind seine Frau Ilse, Bürgermeister Herbert Baum, Edmund Noll, Vorsitzender des Kanuclubs, Verbandsbürgermeister Udo Rau und Bruno Herbst, Verwaltungsdirektor der Lahntalklinik, die ebenfalls einen Betrag beigesteuert hat. Viele Mitglieder des Kanu-Clubs und Bürger der Stadt Nassau sind anwesend. Mit dem Boot will man den Kanusport noch attraktiver machen, interessierte, sportbegeisterte Menschen ansprechen und Mitglieder für eine Drachenboot-Regatta gewinnen. Anschließend wird zusammen gefeiert.

Innenrenovierung der St. Wilibrord Pfarrkirche in Winden

Die Pfarrkirche in Winden droht dem Plan „Sparen und Erneuern" der Diözese Limburg zum Opfer zu fallen. „In der Heimatgemeinde fand ich dann eines Tages im Briefkasten die Verfügung des Bischofs vor, dass die große Pfarrkirche in Winden nicht mehr benötigt würde und aus der laufenden Bezuschussung genommen würde", so berichtet es Helmut Klöckner [10], der sich als Pensionär im Pfarrgemeinde- und im Verwaltungsrat in Winden engagiert. Seine guten Verbindungen zu Günter Leifheit erweisen sich da als hilfreich. Es ist sicherlich nicht die Freundschaft mit Helmut Klöckner allein, sondern auch die von ihm geschilderte besondere Dramatik einer drohenden Schließung, die Günter Leifheit hier zu einem recht großzügigen Engagement veranlasst. 2009 steht eine Innensanierung in St. Willibrord an. Die Renovierungskosten von circa 40.000 Euro können fast völlig aus Spenden bezahlt werden. Das Ehepaar Günter und Ilse Leifheit beteiligt sich dabei mit 17.500 Euro. Es hat bereits die Sanierung des Glockenstuhles im Jahr 2006 mit 10.000 Euro unterstützt, „als die Glocken in Winden zu verstummen drohten."

Zusage für eine neue elektronische Orgel für katholische Pfarrgemeinde St. Bonifatius

Pater Klapsing trifft an Pfingsten 2009 Günter Leifheit, der ihm die Finanzierung einer neuen elektronischen Orgel zusagte. Dabei handelte es sich um eine mündliche Zusage, auf die bei Günter Leifheit stets Verlass ist. (s.u.)

Zusage für die Renovierung der Orgel in Winden

Mit Datum vom 17. Juni 2009 sendet Günter Leifheit aus Suvigliana/Lugano zwei Briefe nach Nassau, wohl seine letzten, die deshalb hier näher wiedergegeben werden sollen. Im ersten Brief geht es erneut um die St. Willibrord Pfarrkirche in Winden, diesmal um die Renovierung der Orgel. Auch bei dieser Aktion erkennt man den Willen von Günter Leifheit, nicht spontan Gesamtbeträge zu übernehmen, sondern im Sinne des Subsidiaritätsprinzips Selbsthilfe einzufordern.

Die Orgel stammt aus dem Jahr 1959, genau aus dem Jahr, in dem Günter und Ingeborg Leifheit ihre Firma in Nassau gründet haben. Das Instrument ist mittlerweile so stark verschmutzt, dass man es in den letzten Jahren nicht mehr warten und spielen kann. Neben der Reinigung sind auch 700 Leder-Hebemembranen zu ersetzen. Die Kosten belaufen sich auf 13.000 Euro, die weitgehend aus Spenden bestritten werden. Im Brief an Helmut Klöckner, der Vorsitzender des Verwaltungsrats ist, heißt es: „Wie anlässlich unseres Treffens in Nassau versprochen, sende ich Ihnen einen Scheck über 7.000,– Euro für einen Teil der Kosten für die Renovierung der Orgel in der Kirche St. Willibrord in Winden. Ich hoffe sehr, dass Sie den noch fehlenden Betrag anderweitig auftreiben können. Die Bevölkerung der Gemeinde Winden hat bestimmt auch Interesse an einer gut funktionierenden Orgel in ihrer Kirche."

Benefizkonzert

Das erwähnte zweite Schreiben, ebenfalls vom 17. Juni 2009, richtet er an Stadtbürgermeister Baum, dem er für die Einladung zum Benefizkonzert am 28. Juni zugunsten der ehrenamtliche Seniorenbetreuung der „Grünen Damen" und „Netten Nachbarn" dankt und auch einen Betrag von 1.000,– Euro spendet, „um die Reserve wieder etwas aufzubauen." Er bedauerte es, dass er und seine Frau wegen anderweitiger Verpflichtungen leider nicht teilnehmen können.

1: *Der Ehrenbürger Günter Leifheit unterstützt die Neugestaltung der Lahnanlagen mit einer Spende.* **
2: *Die Restaurierung des Gedächtnisbrunnens auf dem Marktplatz wurde ebenfalls von Günter Leifheit finanziert.* **
3: *Günter Leifheit tauft bei seinem letzten Besuch in Nassau im Mai 2009 das erste Drachenboot des Kanuclubs auf seinen Namen.*

FÖRDERPROJEKTE IN NASSAU

NASSAU TRAUERT UM DEN EHRENBÜRGER GÜNTER LEIFHEIT

Günter Leifheits Tod, am 2. Juli 2009, im Alter von 88 Jahren, 16 Tage nach den beiden Briefen, kommt völlig überraschend. Sein letzter Besuch zu Pfingsten und diese vermutlich letzten nach Nassau gerichtete Schreiben lassen nichts davon erahnen. Etliche Freunde und Bekannte hatten ihn einige Tage vor seinem Tod besucht und gesprochen. Günter Leifheit ist dabei in gewohnter Weise aktiv, zeigt Interesse an den Projekten und unterstützt sie. Bei seinem Besuch zu Pfingsten hat er den Anwesenden „Ich liebe Nassau und liebe die Nassauer" zugerufen. Im September 2015 kann die von ihm 1959 gegründete Firma ihr 50jähriges Bestehen feiern, ein Jubiläum, auf das er sich schon sehr gefreut hat und das er nun nicht mehr selbst erleben kann.

Für die Bevölkerung besteht vor der Beisetzung die Möglichkeit, in der Trauerhalle von Günter Leifheit Abschied zu nehmen. Die Flaggen in der Stadt wehen zu Ehren des Verstorbenen auf Halbmast. Im Günter-Leifheit-Kulturhaus wird ein Kondolenz-Buch ausgelegt. Mehrere hundert Menschen geben Günter Leifheit am Mittwoch, dem 8. Juli, das letzte Geleit. Nach einer bewegenden Trauerfeier wird er in der Gruft beigesetzt, die er 1998 für sich und seine Frau Ingeborg hat errichten lassen.

Die Trauerfeier in der Trauerhalle der großen Friedhofskapelle wird von Pater Heinz Klapsing zelebriert; zwischen ihm und Günter Leifheit hat sich in den letzten Jahren eine sehr vertrauensvolle Beziehung entwickelt. Im engen Familien- und Freundeskreis hat es Überlegungen für die Gestaltung der Trauerfeier gegeben. Bezeichnend ist die Liedauswahl, die seine Frau Ilse Leifheit getroffen hat: Zwei Volkslieder, das „Ave Maria" als Lieblingslied von Günter Leifheits Mutter und „So nimm denn meine Hände" aus Günter Leifheits Abendgebet. Darin kommt eine Kindlichkeit zum Ausdruck, die sich in Gott geborgen weiß. Das ist eine Seite von Günter Leifheit, die nicht allen verborgen geblieben ist. Günter Leifheit selbst hat es in den letzten Jahren seines Lebens abgelehnt, sich Gedanken über die Gestaltung der eigenen Trauerfeier zu machen. Davon wollte er nichts wissen. Ilse Leifheit hat sich im kleinen Familienkreis und mit einigen Freunden in Lugano beraten, sowohl bei der Gestaltung der Anzeigen als auch bei der Trauerfeier. Große Anzeigen und Berichterstattung über seinen Tod erscheinen über die regionale Presse hinaus in der Frankfurter Allgemeinen Zeitung, der „Welt", der „HZ Hausrat und Elektro", der „Bunten" und in der Tessiner Zeitung und Schweizer Zeitungen. Bei der Beisetzung in Nassau ist auch Günter Leifheits Sohn Jörg mit Familie dabei.

Es verwundert nicht, dass es viele Reden gibt. Ilse Leifheit hat zugestimmt, dass diejenigen, die das wünschen, auch sprechen können. Es sprechen Pater Heinz Klapsing, Dieter Schüfer, Prof. Dr. Bernhard Bellinger, Dr. Gerhard Lempenau, Stadtbürgermeister Baum und Bürgermeister Udo Rau. Reden bei Trauerfeiern über Verstorbene, die einem nahe stehen, erweisen sich als große Herausforderung, angemessene Worte zu finden. Sie bieten die Chance, den Verstorbenen in knapper Form zu würdigen und in einem Nachruf auf seine Stärken und positiven Charakterzüge zu verweisen. Einige kurze Auszüge aus fünf Reden, die vorliegen, sollen die Wertschätzung ausdrücken, die Günter Leifheit entgegen gebracht wird. Es handelt sich um Weggefährten und Begleiter, die Günter Leifheit in ganz unterschiedlichen Bezügen begegnet sind und erlebt haben. Ihre Charakterisierungen ergeben zusammen ein recht stimmiges Bild von Günter Leifheit und fassen Wesentliches in würdigenden Worten zusammen.

Pater Klapsing:

Der Ansprache legt Pater Klapsing eine Interpretation der Verse 25,31-40 aus dem Matthäus Evangelium zugrunde (s.u.). Er hat die Rede nachträglich noch einmal schriftlich aufgezeichnet, so dass sie nicht exakt den Wortlaut wiedergibt, aber identisch mit dem Gedankengang ist.

„Angesichts des Todes eines lieben Menschen fragen wir uns manches Mal: Ist das alles, was wir im Leben und vom Leben erwarten dürfen? Nach einem langen und erfüllten Leben abberufen zu werden? Ist das wirklich alles?

Doch was erwarten wir vom Leben, damit es in unseren Augen lebenswert ist? Gesundheit? Das ist sicherlich ein großes Gut, dass mancher erst zu schätzen weiß, wenn er zum ersten Mal ernsthaft krank wird – aber was nutzt die beste Gesundheit, wenn man tagtäglich um den notwendigen Lebensunterhalt kämpfen muss? Also: Zu einem lebenswerten Leben gehört in unseren Augen auch ein gewisses Maß an materiellem Reichtum, an Vermögen. – Aber es gibt Menschen, die sind gesund und wohlhabend, und doch fehlt ihnen zu ihrer Zufriedenheit die Anerkennung oder auch die Zuneigung ihrer Mitmenschen.

Vieles hiervon ist Günter Leifheit geschenkt worden. Das hohe Alter, die Gesundheit, derer er sich erfreuen durfte bis ins hohe Alter. Geschenkt wurde ihm besonders reichlich die Anerkennung und die Achtung der Mitmenschen und auch ein hohes Maß an Wohlstand. Unter dieser Rücksicht war sein Leben sehr wohl lebenswert. Was aber ist mit den Menschen, deren Leben nicht so gesegnet ist?

An dieser Stelle tun wir gut daran, einmal DEN zu fragen, was ein sinnvolles, erfülltes Leben ist, von dem wir das Leben geschenkt bekamen und den wir als Herrn und Schöpfer allen Lebens erkennen, Gott. Was macht in den Augen Gottes menschliches Leben sinnvoll und lebenswert? Wir haben es soeben im Evangelium gehört. Wenn der Mensch sein Leben in die Hand des Schöpfers zurückgeben und vor ihm Rechenschaft über sein Leben ablegen muss, dann wird er nicht danach gefragt, was alles er im Leben erreicht, was er geleistet und sich erarbeitet hat; er wird nicht danach gefragt, welcher Konfession er angehört und ob er regelmäßig gebetet hat. Er wird nicht einmal danach gefragt, ob er Gottes Gebote auch gewissenhaft befolgt hat. Das einzige, was bei Gott zählt, ist: ‚Ich war hungrig, und ihr habt mir zu essen geben; ich war durstig, und ihr habt mir zu trinken gegeben; ich war krank und obdachlos und gefangen, und ihr habt mit Gutes getan.' Das macht in den Augen Gottes also das menschliche Leben sinnvoll und lebenswert: die Liebe, die wir einander schenken.

Wenn wir auf diesem Hintergrund das Leben von Günter Leifheit betrachten, möchte ich sagen, dass auch unter diesem Gesichtspunkt sein Leben gelungen war. Viele Anwesende wissen darum, wie er Mitarbeiterinnen und Mitarbeitern in schwierigen Situationen geholfen hat, um die Schaffung von Arbeitsplätzen in der Region, wissen auch um stille Spenden, um Unterstützung von Vereinen, um seine großzügigen Förderungen für ein lebenswertes Nassau und den hohen Vermögenseinsatz in seinen Stiftungen für das Wohlergehen älterer Menschen, was ihm besonders am Herzen gelegen hat. Günter Leifheits Religiosität zeigt sich in seinem sozialen Engagement. Günter Leifheit hat Spuren hinterlassen. ..."

Dieter Schüfer:

„... Am 11. September 1959 nahm eine beispielhafte Erfolgsgeschichte ihren Anfang. Es wuchs ein Unternehmen heran, das schon nach wenigen Jahren zu den führenden der Branche gehörte. Alles schien wie von selbst zu laufen, und doch gehörte großer unternehmerischer Wagemut dazu, praktisch das ganze Privatvermögen in Entwicklung und Produktion von Teppichkehrern zu investieren.

Skeptiker gab es genug, die nicht glauben wollten, dass für ein solches Produkt ein genügend großer Markt vorhanden war. Dagegen setzte das Ehepaar Ingeborg und Günter Leifheit Überzeugung und Beharrlichkeit bei der Realisierung der Produktidee …

Sein größtes Kapital war seine Kontaktfreudigkeit – Günter Leifheit, der geborene Verkäufer. Das große Vorbild für uns alle. Sein stetes Engagement wurde von den Kunden hoch geschätzt.

Als Günter Leifheit im Jahre 74 aus der Firma ausschied, vertraute er uns ein blühendes Unternehmen an. Es war mir persönlich und allen meinen Mitarbeitern Verpflichtung, dieses Werk in seinem Sinne in eine noch weit größere Dimension zu bringen. …"

Dr. Gerhard Lempenau:

„Einen Großen tragen wir zu Grabe! …

Phänomenal war sein Kopf: Was wir heute nur noch mit dem Computer schaffen – er hatte alles permanent im Kopf abrufbereit. Kern seines Erfolges waren nicht abstrakte Daten, sondern menschliches Einfühlungsvermögen und Kontaktfähigkeit. …

Bei all seinen Erfolgen blieb er bescheiden und dankbar, dankbar gegenüber seiner verstorbenen Frau Ingeborg, die ihn lange Jahre in idealer Weise ergänzte und die er in schwerer Zeit liebevoll begleitete, dankbar gegenüber seiner geliebten Frau Ilse, die ihn liebevoll umsorgte und ihm viele weitere glückliche und erfüllte Jahre schenkte.

Groß war seine Treue zu Deutschland, dem unbequemen Vaterland, und zu Nassau. Er hat deutsche Werte gepflegt und sich vielseitig für das Gemeinwesen engagiert; dies ist mit seinem Tod nicht zu Ende.

Ich kenne keinen Menschen, der so herzerfrischend lachen kann, wie Günter Leifheit das konnte. Heute ist nicht die Zeit zum Lachen, aber: Wir sollten ihn mit seinem Lachen in unseren Herzen bewahren, dem Lachen, das nun von einem anderen Stern kommt, auf dem er jetzt wohnt."

Herbert Baum:

„… Günter Leifheit ist in seine geliebte Stadt Nassau zurückgekehrt. Der Weg eines erfüllten Lebens ist vollendet. Unser Ehrenbürger findet bei uns seine letzte Ruhe. Er ist im Tode seinen Nassauern so nahe wie im Leben. …

Günter Leifheit leiteten als Gönner unserer Stadt drei Beweggründe:

Ihm lag es sehr am Herzen, dass das Erbe unserer Mütter und Väter – oft unter großen Entbehrungen geschaffen – geachtet wird. Aus diesem Grunde rettete er unsere alte Friedhofskapelle, die Gedenktafel für die Gefallenen und Kriegsopfer und den Gedächtnisbrunnen vor dem Verfall. Er erhielt uns damit Gedenkstätten von hoher emotionaler Kraft. Eine Stadt – ich denke, ich spreche hier in seinem Sinne –, der das Gedenken an ihre Toten nicht wichtig ist, der sind auch die Lebenden nicht wichtig.

Günter Leifheit wollte den Menschen unserer Stadt eine Freude machen.

Seine Güte – wie sein Sinn für Schönheit und Ästhetik – entsprach seiner ganzen Wesensart. So verlieh er Nassau neuen Glanz. Wenn Sie sich des Nachts an der herrlich beleuchteten Kettenbrücke oder dem Rathaus erfreuen, dann denken Sie bitte immer daran: Es ist Günter Leifheit, dem Sie diese Freude zu verdanken haben.

Günter Leifheit schuf sichtbare Zeichen der Identität.

Er gab uns das Kunstwerk „Nassau in aller Welt". Er gab uns den Freiherrn-vom-Stein in unserem Stadtpark – fast symbolhaft aus seiner Geburtsstadt Wetter a.d. Ruhr. Und er gab uns als Pfeiler und Kristallisationspunkt für eine neu erwachsende Nassauer Identität das Günter-Leifheit-Kulturhaus. …

Für all dies verehren wir Günter Leifheit als einen großen Nassauer und – das sage ich aus voller Überzeugung – als den größten Bürger unserer Stadt. So viel für Nassau und seine Menschen hat keiner vor ihm geleistet."

Udo Rau:

„Pfingsten, sehr geehrte Frau Leifheit, haben Sie mit Ihrem verstorbenen Mann Nassau das letzte Mal einen Besuch abgestattet. Es sollte das letzte Wiedersehen mit Günter Leifheit werden. Eigentlich hätten wir das, was kommen würde, bereits bei diesem Treffen fühlen können, vielleicht auch müssen.

Er sprühte regelrecht vor Freude, sein Nassau und alte Weggefährten wiederzusehen. Er war ausgelassen, redselig, aufgeschlossen und energiegeladen. So ganz anders, als man sich einen Grandseigneur mit 88 Lenzen eigentlich vorstellt.

Gleich mehrfach sagte er mir an diesem Tag: „Wissen Sie, Herr Bürgermeister, hier ist es wunderschön. Wie gerne möchte ich wieder hier sein!" Vor gut 5 Wochen konnte ich diese Aussage nicht einschätzen. Heute weiß ich, was er damit meinte. Er spürte sein nahes Ende! ...

Ich kann mich noch sehr gut erinnern, als ich vor 8 Jahren als blutjunger Bürgermeister dem großen Günter Leifheit vorgestellt wurde. Viel hatte ich schon über ihn gehört, jetzt durfte ich mir selbst ein Bild machen.

Und tatsächlich. Vor mir stand jemand, der so ganz anders war, als ich mir bislang einen hoch erfolgreichen Unternehmer vorgestellt hatte. Nicht von oben herab, eingebildet, überheblich. Nicht von Kalkül gesteuert und mit Abstand und Misstrauen zu seinen Gesprächspartnern.

Ich stand einem älteren Herrn gegenüber. Warmherzig, lebenslustig, interessiert, milde. Ja, dieser Mensch, der doch schon alles erlebt haben musste, hatte sogar kindliche Züge an sich. Er freute sich, so wie sich eigentlich nur ein Kind freuen kann, ehrlich und aufrichtig, wenn er wieder positive Nachrichten aus seinem geliebten Nassau hörte. Er strahlte mit der Sonne um die Wette, wenn er von den guten alten Zeiten und ‚seinen' Leuten dort in Nassau sprach. Und deshalb hatte er immer einen unbeschreiblichen Spaß daran, ‚seinen' Nassauern Dinge zu ermöglichen, für die sonst niemand Gedanken hegte oder Mittel zur Verfügung hatte."

Während der Trauerfeier stehen Kameraden der Nassauer Feuerwehr Spalier. Der Männerchor, dem Günter Leifheit verbunden ist, singt zum Abschied „An Freundes Grab" von Friedrich August Lesske. Es ist der Wille von Günter Leifheit, dass sein Tod nicht nur betrauert wird. Wichtig ist ihm darüber hinaus, dass man ihn in guter Erinnerung behalten soll. Das Bild von Günter Leifheit, das in der Friedhofskapelle ausgestellt ist, strahlt Freundlichkeit, Humor und Optimismus aus. In der Danksagungsanzeige im „Nassauer Land" [1] – das ist die „Heimatausgabe", deren Leser ihn nahezu alle kennen – steht neben den „Betenden Händen" ein Text des französischen Schriftstellers Antoine de Saint-Exupéry, der gedanklich von ihm selbst stammen könnte:

*„Es wird aussehen, als wäre ich tot und das wird nicht wahr sein.
Wenn Ihr Euch getröstet habt,
werdet Ihr froh sein, mich gekannt zu haben.
Ihr werdet immer bei mir sein.
Ihr werdet Lust haben, mit mir zu lachen.
Und Ihr werdet manchmal Eure Fenster öffnen,
gerade so zum Vergnügen
und Eure Freunde werden erstaunt sein,
wenn sie sehen, dass Ihr den Himmel anblickt und lacht."*

Die LEIFHEIT AG gedenkt Günter Leifheit in der Fachzeitschrift „H&E Handelszeitung" mit den Worten: "Das 50. Jubiläumsjahr bietet der LEIFHEIT AG nicht nur Anlass zur Freude. Mitten in die Feierstimmung hinein platzte die Nachricht, dass der Firmengründer Günter Leifheit am 2. Juli im Alter von 88 Jahren in seinem Wohnsitz in Lugano verstorben ist. … ‚Günter Leifheit wird uns allen als herausragende und charismatische Unternehmerpersönlichkeit in Erinnerung bleiben', würdigte Vorstandsvorsitzender Denis Schrey dessen außergewöhnliche Lebensleistung. ‚Er besaß höchste Anerkennung und Wertschätzung bei allen, die mit ihm arbeiteten und ihn kannten. Aufsichtsrat, Vorstand und Belegschaft der LEIFHEIT AG werden ihm ein ehrendes Andenken bewahren und drücken den Hinterbliebenen ihr aufrichtiges Beileid aus.'" [2] Rosel Schwarz drückt es so aus: „Er war ein Chef, den man respektiert hat und der die Leute liebte. Für ihn sind alle durchs Feuer gegangen."

Wenige Wochen nach seinem Tod feiert die Firma LEIFHEIT AG ihr 50jähriges Bestehen. Der Vorstandsvorsitzende der LEIFHEIT AG, Denis Schrey, begrüßt am Tag der Offenen Tür auch Ilse Leifheit und erinnert in seiner Rede an den Mut von Günter und Ingeborg Leifheit, die 1959 ihr eigenes Geld für die Produktion von Teppichkehrern und nicht das von Investment-Bankern eingesetzt hätten und „trotzdem eine Erfolgsgeschichte schrieben." [3]

Es gibt zahlreiche Beispiele dafür, dass und wie die dankbare Erinnerung an Günter Leifheit wach bleibt. Am 13.12.2009, am Geburtstag von Günter Leifheit, erklingt in der katholischen Pfarrkirche St. Bonifatius eine neue elektronische Orgel, deren Finanzierung Günter Leifheit an Pfingsten Pater Klapsing zugesagt hat. Ilse Leifheit hat das Versprechen ihres Mannes eingelöst. „So hat die Gemeinde St. Bonifatius am Sonntag allen Grund, ihres großzügigen Gönners dankbar zu gedenken – nicht nur für die neue Orgel, sondern auch für manch andere Wohltat." [4]

Am 8. Januar 2010 berichtet die RLZ ausführlich, dass der heute 73jährige Walter Mager „Nassaus Ehrenbürger markant porträtiert" habe, so die Headline. „Mit diesem Bild, welches ich der Stadt Nassau schenken werde, möchte ich als Bürger danke sagen für all die Wohltaten, die Günter Leifheit unserer Region zukommen ließ", erklärt der Maler.

Im September 2010 feiert der Nassauer Kanuclub stolz seinen 60. Geburtstag mit einem Jubiläumsabend für Mitglieder und Gäste im Bootshaus. Das älteste männliche NKC-Mitglied, Erich Bruchhäuser, lässt die Geschichte des Vereins Revue passieren: „In jüngster Zeit habe sich das Drachenbootfahren mithilfe des mittlerweile verstorbenen Sponsors und Ehrenmitglieds Günter Leifheit gut entwickelt." [5]

Die Rhein-Lahn-Zeitung nimmt den 90. Geburtstag, den Günter Leifheit nicht mehr erleben kann, zum Anlass, sein Wirken in und für Nassau ausführlich zu würdigen: „‚Ich möchte Nassau weiterhelfen, das ist mein großer Wunsch', sagte Günter Leifheit zu seinem 85. Geburtstag. Zum 90. Geburtstag sollte dies dankbar in Betracht gezogen werden … Nach dem überraschenden und schmerzlichen Abschied von Günter Leifheit im Juli 2009 setzt Ilse Leifheit die vielfältige Hilfe fort." [6]

Nassau nimmt Abschied von seinem Ehrenbürger Günter Leifheit.

BIOGRAFISCHE ERGÄNZUNGEN

Warum nach den beiden hervor- und herausragenden Tätigkeiten von Günter Leifheit als Unternehmer und Mäzen, die ihn doch schon hinreichend charakterisieren – überwiegend durch Taten – noch ein Kapitel über den Menschen Leifheit? Viele seiner Eigenschaften sind bisher schon sichtbar geworden, und etliche Wiederholungen und Überschneidungen werden kaum zu vermeiden sein, wenn man nun noch einmal den Menschen Günter Leifheit in der Vordergrund rückt. Letztlich sind der Unternehmer, Sponsor, Ehrenbürger und der Mensch Günter Leifheit nicht zu trennen. Das alles durchdringt sich wechselseitig.

Günter Leifheit selbst hat nie gewollt, das über sein Privatleben öffentlich berichtet wird und stets auch entsprechende Medienwünsche abschlägig beschieden. Das gilt es auch nach seinem Tod zu berücksichtigen. Dennoch dürfen einige Fragen nicht ausgeklammert werden, zumal dann, wenn sich Privates mit der Unternehmerrolle oder seinem Mäzenatentum verbindet. Da gibt es etliche Fragen: Wo kommt Günter Leifheit her? Was hat er gemacht, bevor er Unternehmer wurde? Und was ist ihm seit 1974 nach dem Verkauf der Firma an ITT und dem Ausscheiden aus der Geschäftsleitung wichtig? Er ist ja nur gut 26 Jahre seines Lebens, rechnet man die Jahre bei KAISER und LEIFHEIT zusammen, als Unternehmer tätig. Wie ist er in Nassau und in der Schweiz gesellschaftlich integriert? Welche Grundeinstellungen hat er zu gesellschaftlichen Werten und zur Politik? Wie gestaltet sich die Beziehung von Günter Leifheit in der Schweizer Zeit zu den Bürgerinnen und Bürgern in Nassau? Davon ist ja bereits etliches, aber längst nicht alles sichtbar geworden. Es würde auch den Zusammenhang stören, im Rahmen seiner Rolle als Unternehmer Raum zu geben für seine Freizeitgewohnheiten oder seine Rolle im Nassauer Vereinsleben, was hier durchaus Platz finden und von Bedeutung sein kann. Hier wird das Ziel verfolgt, Günter Leifheit so weit wie möglich als Person insgesamt zu würdigen und so das Bild abzurunden. Man kann erwarten, dass diese Perspektive auch zu einem vertieften Verständnis seines Handelns führt, zumindest das Bild verfeinern und erweitern kann.

DIE JAHRE BIS ZUM UMZUG NACH NASSAU 1954

Über die Kindheit und Jugend von Günter Leifheit ist wenig bekannt, weder aus Erzählungen, noch aus schriftlichen Unterlagen. Er wurde am 13.12.1920 in Wetter an der Ruhr geboren. Sein Vater Heinrich Wilhelm Leifheit, Sohn des Bäckermeisters

Heinrich Leifheit und von Maria Theresia Leifheit, geb. Hundt (15.2.1883 in Dortmund, + 18.6.1965 in Düsseldorf), ist bei der großen Firma DEMAG als Werkmeister im technischen Bereich tätig. Günter Leifheits Mutter Anna Killing (12.05.1888 in Dortmund, + 01.07.1975 in Düsseldorf), Tochter des Bergmanns Kaspar Gottfried Killing und von Elisabeth Killing, geb. Wimmeler, zieht die fünf Kinder groß: Anna Elisabeth, geb. 19.12.1907; Eugenie, geb. 08.03.1909; Heinrich, geb. 08.06.1911; Maria, geb. 19.09.1915 und schließlich Günter, geb. 13.12.1920. Die Verwurzelung im Ruhrgebiet ist unverkennbar. Günter ist ein Kind des Ruhrgebietes; auch in den Nassauer Jahren geht ihm das „woll" noch häufiger über die Lippen. Er ist das „Nesthäkchen" in der Familie.

Von ihm selbst stammt die Feststellung: „Wir waren zu Hause nicht auf Rosen gebettet." Entsprechend wurde zu Bescheidenheit erzogen. Der Großvater ist Bäckermeister, der Vater Werkmeister bei DEMAG. Man kommt aus einfachen, bescheidenen bürgerlichen Verhältnissen im handwerklichen Bereich, begnügt sich jedoch nicht mit Schule und Lehre, sondern baut strebsam darauf auf, nutzt und entfaltet seine Begabungen und bessert die familiäre Situation und die gesellschaftliche Stellung auf. Immerhin sind da fünf Kinder großzuziehen. Hier fällt niemandem etwas in den Schoß. Was man ist und wird, muss man sich selbst erarbeiten. Man ist weniger theorie-, sondern praxisorientiert und durchläuft eine Schule der Erfahrung und des Handelns. In die Jahre nach dem Ersten Weltkrieg fällt zudem die große Inflation von 1923 und die Weltwirtschaftskrise ab 1928. Beides ist mit enormen wirtschaftlichen, sozialen und politischen Erschütterungen verbunden. Diese Kindheit und Jugendzeit hat auch Günter Leifheit sicherlich geprägt; aus ihr resultiert die Wertschätzung von Arbeitstugenden und die Bodenständigkeit, wie sie sich etwa später im Umgang mit Mitarbeiterinnen und Mitarbeitern zeigt und die er sich Zeit seines Lebens bewahrt hat. Leider sind hier weder konkrete Erinnerungen noch Dokumente vorhanden.

Günter Leifheit ist am 13.12.1920 geboren und eine Woche nach seiner Geburt, wie damals üblich, in der katholischen Pfarrkirche zu Wetter getauft worden. Auch die Erziehung im Hause Leifheit ist vom katholischen Geist geprägt. [1] Er hat eine katholische Volksschule in Wetter besucht und die Schule mit einem recht guten Abschlusszeugnis beendet. Die Prädikate stammen aus einer Zeit, als die Volksschule in der Tat die „Volksschule" war, weil in ihr auch nach dem 4. Schuljahr der weitaus größte Teil aller Schülerinnen und Schüler unterrichtet worden ist. Mit Hilfe von

Dr. Dietrich Thier, Leiter des Fachbereiches Schule, Sport, Kultur und Archiv in Wetter, der 2007 bei der Replik der Stein-Statue eine Rolle spielte und auch bei der Denkmal-Einweihung in Nassau zugegen war, konnte eine Liste aus dem Jahr 1935 mit einer tabellarischen Auflistung der Noten der Abschlusszeugnisse aufgefunden werden. Günter Leifheit hat diese Schule von 1.4.1927 bis zum 29.3.1935 besucht. In den Fächern Religion und Biblische Geschichte hat er die Noten „sehr gut (sgt.), in Geschichte, Erdkunde und Naturkunde „gut" (gt.) und in Deutsch (Lesen, Schriftliche Gestaltung, Rechtschreibung) jeweils „ziemlich gut" (zlgt.), ebenfalls in Rechnen, Naturlehre, Zeichnen und Turnen und nur in Gesang ein „genügend" (ggd.) erhalten. Beachtlich sind auch die Kopfnoten. In Betragen ist ihm die Note „gut" und in Fleiß „sehr gut" bescheinigt worden.[2] Familienmitglieder erinnern sich, dass er nach der Volksschule eine private kaufmännische Schule, vergleichbar einer Handelsschule, besucht und diese auch mit gutem Erfolg abgeschlossen hat.

Erkundigt man sich in Nassau nach seinem erlerntem Beruf, wird häufiger ohne Zögern und ohne jeglichen Ansatz von Zweifeln „Bäcker" genannt. Das erstaunt die Familie, die Nichten und Neffen und ebenso seine Witwe Ilse Leifheit, die das allesamt für völlig unmöglich halten. Für die „Bäcker-Legende" könnten nach Auffassung der Familie drei Faktoren eine Erklärung bieten: Günter Leifheits Großvater war Bäckermeister; Günter selbst hat Kuchen sehr geliebt und schließlich etliche Jahre von 1948 an mit Ingeborg Leifheit in der W.F. Kaiser & Co gearbeitet, die ja vor allem mit Backformen gestartet und bekannt geworden ist. Die divergierenden Meinungen über Günter Leifheits berufliche Ausbildung sind jedenfalls ein Musterbeispiel dafür, wo die „Oral History", die Zeitzeugenbefragung, schwierig wird, wenn keine Dokumente mehr vorhanden, auffindbar oder zugänglich sind. Nicht nachprüfbar ist auch die Erinnerung aus der Familie, er habe eine technische Ausbildung bei der Firma DEMAG als Maschinenschlosser begonnen, bei der sein Vater als Werkmeister beschäftigt gewesen ist. Ob und wie er sie beendet hat, ist nicht bekannt.

Der Geburtsort Wetter an der Ruhr sollte im Leben von Günter Leifheit in zweifacher Hinsicht später eine Rolle spielen. Zum Einen ist es der Nachbarort von Witten, wo er 1948 Ingeborg Kaiser kennenlernt und heiratet; das wird prägend für seine berufliche Entwicklung. Zum Anderen ist es die Stadt, in der auch Freiherr vom Stein, aus Nassau stammend, viele Jahre gewirkt hat.

1: Der kleine Günter –
„Auch große Leute fangen klein an."
2: Günter Leifheit mit Mutter Anna
und Vater Heinrich
3: v.l.: Anna und Heinrich Leifheit
mit Tochter Mia und Enkelin Gabrielle

GÜNTER LEIFHEITS FAMILIE

4: *Günter Leifheits Eltern Heinrich und Anna (Bildmitte) im Kreis der Familie, Günter und Ingeborg Leifheit ganz rechts.*
5: *Ilse und Günter Leifheit mit Neffe Karl-Heinz Köhler an dessen Goldener Hochzeit*
6: *Günter Leifheits Sohn Jörg aus erster Ehe*

Günter Leifheit ist 13 Jahre alt, als Adolf Hitler an die Macht kommt. Man kann davon ausgehen, dass er wie die große Mehrheit der Jugend in der HJ dabei ist, und dass die deutsch-nationale Erziehung in diesen Jahren nicht spurlos an dieser Generation und auch an ihm vorbei gegangen ist. Mit Hilfe der Schilderung von Inge Scholl kann man sich gut in die Köpfe und Emotionen von Jugendlichen dieser Altersstufe beim Machtantritt Adolf Hitlers versetzen: „Jetzt ist Hitler an die Macht gekommen. Und das Radio und alle Zeitungen verkündeten: ‚Nun wird alles besser werden in Deutschland' ... Wir hörten viel vom Vaterland reden, von Kameradschaft, Volksgemeinschaft und Heimatliebe. Das imponierte uns, und wir hörten begeistert zu ... War das nicht etwas Überwältigendes, diese Gemeinschaft? So war es kein Wunder, dass wir alle, Hans, Sophie und wir anderen, uns in die Hitlerjugend einreihten. ... Wir wurden ernst genommen, in einer merkwürdigen Weise ernst genommen, und das gab uns einen besonderen Auftrieb. ... Aber noch etwas kam hinzu, das uns mit geheimnisvoller Macht anzog und mitriss, das waren die kompakten marschierenden Kolonnen der Jugend mit ihren wehenden Fahnen, den vorwärts gerichteten Augen und dem Trommelschlag und Gesang."[3] Damit drückt Inge Scholl aus, wie ein großer Teil – wenn nicht der allergrößte Teil – der Kinder und Jugendlichen die ersten Jahre der NS-Herrschaft erlebt hat. Nur wenige, wie die Geschwister Scholl, haben sich davon in der Zeit der Hitler-Diktatur wieder distanzieren und schließlich widersetzen können. Günter Leifheit ist beeindruckt von den abendlichen Zusammenkünften der HJ, von Zeltlager, Lagerfeuer, Gesang und Gitarre. Es wurde ein Gefühl der unbedingten Kameradschaft vermittelt.

Wie alle Männer seines Jahrgangs wurde Günter Leifheit zum Wehrdienst eingezogen. Er ist groß und sportlich, hat „Gardemaß", blaue Augen. Er gehörte während des Krieges der Pionierkompanie des 1. SS-Panzer-Regiments an.

Günter Leifheit hat in der Familie über die Vorkriegsjahre insgesamt nicht viel erzählt, mehr jedoch über den dramatischen Rückzug von der zusammengebrochenen Front im Osten zu seinen Eltern nach Benrath. Beim Kriegseinsatz in Russland ist er verwundet worden und behält Granatsplitter bis zum Lebensende im Körper. Die Bewegungsfreiheit seiner rechten Hand und seines Oberarms bleibt eingeschränkt. Dieter Schüfer geht in seiner Trauerrede bei der Beerdigung von Günter Leifheit auf die Kriegsjahre ein: „Eine schwere Zeitspanne seines Lebens beschäftigte ihn bis zuletzt. Es waren schreckliche Kriegserlebnisse, die bei Günter Leifheit tiefe Spuren hinterließen. Verwundung und die Erinnerung an den verlustreichen Rückzug seiner Einheit durch die Karpaten im Winter 44, bei dem viele seiner Kameraden ihr Leben verloren, bewegten ihn im starken Maße, gerade im hohen Lebensalter."

Kriegsjahre prägen in besonderer Weise. Man kehrt danach nicht einfach als der Zivilist zurück, der man vorher gewesen ist. Man ist um wichtige Jahre seines Lebens betrogen worden und muss, so auch Günter Leifheit, privat, beruflich und in der politischen Orientierung neu Fuß fassen. Er hat nach kurzer Bekanntschaft Inge Lotte Gudermann am 2.8.1947 geheiratet; am 26.6.1948 wird sein Sohn Jörg (+ 30.7.2014) in Dormagen geboren. Die Ehe ist aber bereits am 13.11.1948 wieder geschieden. Im Standesamtregister von Dormagen – wie 1954 auch beim Einwohnermeldeamt in Nassau – ist bei Günter Leifheit „Kaufmann" als Beruf eingetragen, 1949 (s.u.) im Standesamtregister von Witten „Handelsvertreter". Dazu passt die Information seiner Nichte Monika Thiem und von Ilse Leifheit, dass er nach dem Krieg eine Vertretung für Schmieröle angenommen habe, eine erste Chance für ihn, sein Verkaufstalent zu erproben und zu fördern. So hat er im Vertrauen auf seine eigene Tüchtigkeit diesen Berufseinstieg gewagt. Auf diesem Weg tritt er auch die Firma W.F. Kaiser & Co ein, wo er Ingeborg Kaiser, geb. 5.7.21, und ihre Schwestern Lore und Erika kennen lernt, auch Karl Sondermann, den Ehemann von Lore.

Am 21. Dezember 1948 heiratet Günter Leifheit Gerda Ingeborg Kaiser auf dem Standesamt in Witten, mit der er 1998 die Goldene Hochzeit feiern kann. Bei beiden ist bei dieser Trauung keine Religion vermerkt. Bis zum Zeitpunkt der Eheschließung wohnt Günter Leifheit laut standesamtlichem Eintrag in Düsseldorf, Am Wald 24, und seine Frau Ingeborg in Witten in der Freilingrathstr. 79. Günter Leifheit tritt rasch in die Firma W.F. Kaiser & Co ein, die von nun an von den beiden Ehepaaren Leifheit und Sondermann gleichberechtigt geleitet wird. Die Gründe und die Schwierigkeiten, die Firma nach Nassau zu verlegen, sind bereits geschildert worden.

DIE JAHRE IN NASSAU 1954-1974

Das Privatleben in Nassau

In der 50er Jahren herrscht in Nassau Wohnungsnotstand. Insbesondere der Ortskern ist im Krieg in den Monaten Februar und März des Jahres 1945 stark zerstört worden. So ist es auch für das Ehepaar Leifheit nicht ganz einfach, passenden Wohnraum zu finden. Zunächst hat das Ehepaar Leifheit ab dem 8.8.1954 bei Familie Hümmer in der Windener Straße 36 gewohnt, danach im Haus Flach im Kaltbachtal. Das Ehepaar strebt ein Eigenheim, einen Neubau nach eigenen Ideen an. Das Stadtratsprotokoll vom 24. Oktober 1958 weist aus, dass der Bauantrag des Ehepaares Leifheit für ein Eigenheim im Neuzebachtal einstimmig Unterstützung gefunden hat, mit der Auflage, dass das Ehepaar die Kosten für Wasser- und Kanalanschluss selbst trägt. Für 3 oder 4 DM Quadratmeterpreis hat man dort ein Grundstück erworben. Am 4.12.1959 ist man schließlich in den Neuzebachweg 9 gezogen, wenn man den Daten aus dem Einwohnermeldeamt folgt.

Die Gründung der Günter Leifheit KG und der Einzug in das eigene Haus fallen zeitlich dicht zusammen. Es versteht sich, dass ein engagiertes Unternehmerehepaar eine Hauswirtschafterin benötigt. 1967 muss sich das Ehepaar um eine neue Hauswirtschafterin bemühen und hat sie in der Person von Gisela Hasenputsch (May) auch gefunden. Sie hatte ihre Wohnung im unmittelbar benachbarten „Gästehaus", das auch dem Ehepaar gehörte. Darin wohnte auch der Jagdpächter Hermanns. Christa Kunde berichtet, dass sich unter den vielen Geschäftspartnern, am Wochenende auch gerne mit Frauen, auch einmal israelische Partner im „Gästehaus" für drei oder vier Tage aufgehalten hätten. Da ist in der Küche schnell die Vorbereitung für koschere Speisezubereitung geschaffen worden. Udo Steinhäuser und Dieter Schüfer erinnern sich, dass Günter Leifheit um 1970 Israel besucht und dort Geschäftspartner getroffen habe. Über die Kölner „Haushalts- und Eisenwarenmesse", lange Zeit die führende in Europa, sind recht bald Kontakte zum Nahen Osten, etwa zum Libanon, zu Saudi-Arabien und Israel geschlossen worden, weil dort ein Bedürfnis für Teppichkehrer vorhanden gewesen ist.

Folgt man den Erinnerungen von Gisela May, dann ist Günter Leifheit bei weitem nicht der passionierte Jäger, wie es seine Frau Ingeborg gewesen ist. Sie hat häufiger mit Ingeborg Leifheit auf einem Hochsitz und Günter Leifheit auf einem benachbarten gesessen. Als er einmal einen Rehbock geschossen hat, was im Lokal gefeiert und begossen werden musste, hat er große Mühe, ihn waidmännisch aufzubrechen. 1969 heiraten Gisela und Reinhard May. Günter Leifheit bietet sich als Trauzeuge an und lädt die kleine Gesellschaft im Anschluss an die Trauung zum „Piskator" ein. Auf Wunsch und Drängen von Günter Leifheit nimmt auch Reinhard May acht Tage später die Arbeit bei ihm als Chauffeur auf, was er bis 1974 bleibt.

Günter Leifheit als Bürger

Als 84jähriger erzählt Günter Leifheit, wie man in Nassau in der Anfangszeit heimisch geworden sei: „Auch in Nassau haben wir uns gern aufgehalten. ‚Piskator' war mein Lieblingslokal. Da gab es einen Stammtisch gleich vorn, wenn man reinkam. Jedes Mal musste ein anderer einen Korb voll Brötchen mitbringen. Bei der ‚alten Garde', die am Tisch saß, ging es immer laut zu. Ich setzte mich an den anderen runden Tisch und habe ein Glas Wein getrunken oder etwas gegessen."

Günter Leifheit braucht den persönlichen Kontakt zu seinen Mitmenschen, die Begegnung, den Dialog, den Austausch wie der Fisch das Wasser. „Keiner der ihm begegnet ist, war anschließend nicht angerührt von seiner gewinnenden Art: Immer freundlich, korrekt, stilvoll, charmant, heiter, interessiert, gebildet, einnehmend, sozial, offen", so bilanziert es Stadtbürgermeister Herbert Baum.

Die Beziehung zu den Bürgern ist in der Tat sehr offen, herzlich und unkompliziert, wobei die Kommunikation dennoch in der Regel nicht immer auf voller „Augenhöhe" erfolgt, was auch kaum möglich ist. Er ist rasch der größte Arbeitgeber und auch der wichtigste Steuerzahler in Nassau und in der Verbandsgemeinde. Dazu kommt die beeindruckende Persönlichkeit, die bereits durch Statur, Habitus und Ausstrahlung bei einer Begegnung Wirkung erzielt. Selbst Personen, die sich zu Recht als Freunde von ihm bezeichnen können und von ihm geduzt werden, sprechen ihn meist mit „Sie" an. Die Art und Weise, mit der er das Unternehmen führt, strahlt auch auf den außerbetrieblichen Bereich ab. Man begegnet ihm mit Respekt. Er ist beliebt, und das bleibt auch so, nachdem er in die Schweiz gezogen ist. Innerhalb der Firma und in Nassau ist sein Umgangston ebenso geprägt von Herzlichkeit wie von Offenheit und Direktheit. Hier hat er „Heimspiel". Draußen ist er etwas distanzierter. Im Bereich des Marketings bietet er das „Du" jedoch häufiger sehr bewusst an. Ansonsten sucht er keineswegs spontan Duzfreunde. Plumpe Anbiederungsversuche sind ihm eher zuwider, er hat sie mitunter dann aus geschäftlichen Gründen ertragen.[4)]

Stark integriert ist Günter Leifheit in den „Nassauer Kanuclub 1950 e.V." Spontan tritt er bereits 1954 dort ein. Wie viel Sport er selbst getrieben hat, ist schwer auszumachen. 1955 wird er schon zum Beisitzer in den Vorstand gewählt, und 1956 ist ihm das Amt des 2. Vorsitzenden übertragen worden. Nach dem Ausscheiden von Bürgermeister Paul Schneider als Vorsitzender im Jahr 1959 übernimmt Günter

Leifheit dieses Amt bis 1975. Wer Vereinsleben kennt, weiß, dass sich ein Vorsitzender in den sportlichen Betrieb und in das gesellige Vereinsleben engagiert einbringt, auch wenn man Routineangelegenheiten von anderen erledigen lassen kann. Die Vereinsmitglieder erinnern in dem Buch für G. Leifheit (2005) „an die schönen Stunden im Bootshaus, an unser geselliges Zusammensein bei Bauer in Laurenburg oder bei Schwarz in der Ruppach." Sie bedanken sich auch für sein Interesse am Vereinsleben nach seinem Wegzug aus Nassau, für die Unterstützung „beim Umbau des Bootshauses sowie bei allen Regatten". Zu seinem 80. Geburtstag hat man ihm als Dank die goldene Vereinsehrennadel verliehen.

2010 feiert der Lions Klub Bad Ems sein vierzigjähriges Bestehen. Im Bericht, den der Lions Klub an die Rhein-Lahn-Zeitung gibt und der von dieser auch veröffentlicht wird, ist Günter Leifheit unter den Mitgliedern der ersten Stunde angeführt.[5] Eine genauere Recherche beim Lions Klub führt jedoch zu einem anderen Ergebnis: Günter Leifheit hat zwar an der Gründungsversammlung im Februar 1970 teilgenommen, sich jedoch in den Folgemonaten zurückgezogen. Bei der „Charterfeier" im September 1970 – das ist die von ‚Lions International' abgesegnete und beurkundete offizielle Clubgründung – ist Günter Leifheit jedenfalls nicht mehr dabei; er ist also nie offizielles Mitglied geworden. Über die Motive für das ursprüngliche und dann nicht aufrecht erhaltene Interesse ist nichts bekannt.

Einstellung zu Religion, Gesellschaft und Politik

In keinem dieser Bereiche ist Günter Leifheit so ganz einfach zu verorten. Günter Leifheit stammt aus sehr katholischem Elternhaus und ist auch getauft und katholisch erzogen worden. Aufschlussreich ist ein Interview, das der Redakteur Carlo Rosenkranz 2005 – da ist Günter Leifheit 84 Jahre alt – mit ihm führt. Er weilt anlässlich der ihm zu Ehren gestalteten Ausstellung „Günter Leifheit – Unternehmer – Ehrenbürger – Mensch" einige Tage mit seiner Frau Ilse in Nassau. Das wird auch zu einer ausführlichen Berichterstattung, zu Gesprächen und Rückblicken genutzt.

Eine der Fragen von Carlo Rosenkranz lautet: „Sie helfen auch der katholischen Kirche, indem sie beispielsweise Bibeln finanzieren, die an Schulkinder verteilt werden. Was ist Ihre Motivation? – Pater Klapsing rief mich eines Tages an und sagt mir, dass es in den Schulen keine Bibeln mehr gibt. Daraufhin habe ich gesagt, ich schenke ein paar hundert Bibeln, die verteilt werden können. Ich will Ihnen was sagen: Ich halte das Christentum für wichtig. Es ist ein Fundament eines christlichen Staates. Alle Länder, die vom Christentum abgefallen sind wie der Marxismus und der Sozialismus haben Schiffbruch erlitten. Und Ich bin der Meinung, dass das Volk an Gott glauben muss.

Sie glauben an Gott?

Ja, ich tue das, ich bete jeden Abend. Ich glaube an Gott." [9]

Der vermutlich früh erfolgte Austritt aus der katholischen Kirche hindert Günter Leifheit nicht, in Nassau Kontakt mit der katholischen Pfarrei aufzunehmen, mit der er in guter Verbindung steht. Ein besonderes Vertrauensverhältnis verbindet ihn später mit Pater Heinz Klapsing, der als Arnsteiner Pater von 1999 bis 2009 in Nassau, Winden und Arnstein tätig ist. Ein Mitarbeiter bei LEIFHEIT, der in der katholischen Pfarrkirche in Nassau auch Küsterdienste verrichtet hat, erinnert sich, dass er Günter Leifheit häufiger bei der Sonntagsmesse gesehen hat. Ihm ist bei der Schlusskollekte am Ausgang nicht entgangen, dass Günter Leifheit dann einen größeren Schein in den Klingelbeutel hineingelegt hat. Seine Religiosität, so Pater Klapsing, äußert sich vor allem im caritativen, sozialen Engagement. Der Kontakt zwischen Pater Klapsing und Günter Leifheit ist gut; aber sie haben sich im Gespräch nichts geschenkt. Beharrlich bleibt Pater Klapsing in Sachen Wiedereintritt in die Kirche am Ball, und er freut sich, dass Günter Leifheit in der Schweiz diesen Schritt dann auch vollzogen hat; so entnimmt er es einem Brief des dortigen Pfarrers, in dem dieser Günter Leifheit als „sein Gemeindemitglied" anschreibt. Bekannt ist die Geschichte mit dem Läuten beim Tod seiner Frau Ingeborg. Die evangelische Kirche weigert sich, die Kirchenglocke zu läuten, weil Ingeborg Leifheit schon sehr früh aus der Kirche ausgetreten sei. Schließlich hat die Glocke der katholischen Kirche geläutet, worum Günter Leifheit mit Erfolg gebeten hat. Die aufwendige Restaurierung der Friedhofskapelle, mit der Auflage, dass dort für jedermann geläutet werden könne, ist seine Antwort.

Auch die Annäherung an Günter Leifheits gesellschaftspolitische Einstellungen fällt nicht leicht. Günter Leifheit hat – so stellt es sich für den Autor dar – ohnehin kaum geschrieben; so liegen auch zu gesellschaftspolitischen Grundsatzfragen keine schriftlichen Äußerungen von ihm vor. Er bevorzugt das gesprochene Wort, das Telefonat oder das unmittelbare Gespräch. Da ist es nicht leicht, ihn gesellschaftspolitisch zu verorten. Günter Leifheit ist ein Handelnder. So ist er vorrangig an Taten und nicht an Worten zu messen.

Ein wichtiger Fixpunkt ist ihm bereits von zu Hause aus mit einer „preußischen" Einstellung zum Geld mitgegeben worden. Das prägt aber auch seine politisch-gesellschaftliche Grundposition insgesamt. „Macht keine Schulden und gebt nicht mehr aus, als ihr einnehmt." Dieser Grundsatz von König Friedrich Wilhelm I. (1688-1740) ist Günter Leifheit sehr wichtig. Deshalb hat er auch im Günter-Leifheit-Kulturhaus 2009 nach seinem Tod in einer Vitrine Platz gefunden, zusammen mit der Preußenfahne „gloria et patria". Dr. Bernhard Bellinger hat Günter Leifheit zum 85. Geburtstag eine Preußenfahne überlassen, eine Extraanfertigung. Günter Leifheit hat dann eine zusätzliche Fahne in einer anderen Farbe erworben, sodass er sowohl sein Büro in Lugano und auch in Gstaad damit hat ausstatten können. Ilse Leifheit berichtet, dass Dr. Bernhard Bellinger nach Günter Leifheits Tod Interesse daran gehabt hat, die Fahne zurück zu erhalten. Demnach steht nun in der Vitrine die Fahne, die Günter Leifheit selbst erworben hat.

Die Vitrine im Günter-Leifheit-Kulturhaus ist von Ilse Leifheit, Angelika Bellinger und Dr. Gerhard Lempenau nach Günter Leifheits Tod gemeinsam gestaltet worden. Günter Leifheit interessierte sich für die preußische Geschichte und deren Könige im besonderen Maße, und da wird es ihm der sparsame Soldatenkönig, der Tafelsilber verkauft und die Staatsschulden rigoros heruntergefahren hat, besonders angetan haben.

Günter Leifheit bezieht den Grundsatz, „nicht mehr auszugeben als einzunehmen" sicherlich auch auf das Private und Betriebliche, aber in erster Linie will er ihn als Mahnung an die öffentlichen Haushalte verstanden wissen. So heißt es erläuternd im Vitrinentext des Kulturhauses in beinahe wörtlicher Übernahme einer schaubildartig werbenden Anzeige des Brandenburg-Preußen Museums in Wustrau, die die FAZ am 2.11.2006 veröffentlicht hat. Günter und Ilse Leifheit haben dieses Museum zweimal besucht.

„Sparen fing in Preußen bei den staatlichen Ausgaben an,
nicht beim Mittelstand und den ‚kleinen Leuten'.
Alle preußischen Könige haben ihre Untertanen mit geringen Steuern belastet.
Preußen hatte von 1871-1914 unter den europäischen Großmächten
den geringsten Steuersatz.
Die Arbeitslosigkeit betrug nur 2 %. Sie war die niedrigste in Europa.
In Wissenschaft und Bildung stand Preußen an der Spitze."

Die Anzeige, aus der der Text stammt, zeigt außerdem die Porträts von Friedrich Wilhelm, dem Großen Kurfürsten (1640-1688), Friedrich Wilhelm I., dem Soldatenkönig (1713-1740) und Friedrich dem Großen (1740-1781). Es ist bekannt, dass Günter Leifheit Friedrich den Großen besonders verehrt hat und auch das Schloss Sanssouci besucht und am Grab einen Blumenstrauß niedergelegt hat.

Die Hervorhebung der preußischen Steuerpolitik ist durchaus berechtigt, ein Transfer auf heutige politische Systeme jedoch kaum möglich. Es kommt hier – auf Günter Leifheit bezogen – zweierlei zum Ausdruck: zum Einen sein enger historischer Bezug zum Preußentum und dessen Maximen in der Haushaltsführung und Wirtschaftspolitik und zum Anderen seine tiefe Aversion gegenüber Parteien in der Bundesrepublik Deutschland, denen nachgesagt wurde, sie könnten nicht mit Geld umgehen. Da spielt für Günter Leifheit auch Konrad Adenauers Spruch eine große Rolle: „Das Einzige, was Sozialdemokraten von Geld verstehen, ist, dass sie es von anderen Leuten haben wollen."

Die Erfahrungen, die Ingeborg Leifheit bei Kriegsende 1945 gemacht hat – ihr Vater wird ein halbes Jahr in der sowjetisch-besetzten Zone eingesperrt –, bestärken die auch bei Günter Leifheit vorhandene Abneigung gegen sozialistisch-kommunistische Systeme. Hinzu kommt die verbreitete Einstellung der Nachkriegsjahre, dass Westeuropa und zu allererst Westdeutschland ein Opfer sowjetischer Aggression und der „Kalte Krieg" rasch heiß werden könne. Hans Erich Slany, der das Design des ersten – und vieler weiterer – Teppichkehrer bei LEIFHEIT geschaffen hat, berichtet, mit allerdings anderer Bewertung, von dieser in den Nachkriegsjahren verbreiteten Grundstimmung: „In meiner Naivität wollte ich nun (1946) in die Schweiz gehen, da in Westdeutschland die allgemeine Angst herrschte, in spätestens einem Jahr kommt ‚der Russe' ins Land." [7]

1959 ist nicht nur das Jahr der Firmengründung LEIFHEIT, sondern auch das Jahr des Godesberger Programms der SPD, mit dem sich der Wandel von einer sozialistischen Arbeiterpartei zur Volkspartei ankündigt. Die Formel von Karl Schiller (SPD) vom „Wettbewerb so weit wie möglich, Planung so weit wie nötig", findet im Godesberger Programm Einzug, ebenso das Bekenntnis zur Marktwirtschaft mit „freiem Wettbewerb" und „freier Unternehmerinitiative."

Er ist ab 1966 als Wirtschaftsminister in enger Kooperation mit Franz-Josef Strauß als Finanzminister tätig, wobei dieser von 1971 bis 1972 zum „Superminister" mit beiden Ministerien in einer Hand avancierte. Diese Neupositionierung ist aber auch in der SPD noch nicht ganz unumstritten. Ausgerechnet vor der Bundestagswahl 1972, so erinnert sich der spätere Stadtbürgermeister Wolfgang Knoth (1988-1999), tritt bei einer Wahlkampfveranstaltung Heidemarie Wieczorek-Zeul, die Bundesvorsitzende der Jungsozialisten, in Nassau auf, die sich den Ruf der „roten Heide" erworben hat. Sie soll da u.a. die Verstaatlichung des VW-Konzerns gefordert haben. Das alles ist für Günter und Ingeborg Leifheit ein „rotes Tuch". Unabhängig davon ist bei beiden – wie bei einem Großteil des Bürgertums – eine tief verankerte Skepsis gegenüber der Wirtschaftspolitik der SPD nicht ausgeräumt. Die politische Heimat des Ehepaars Leifheit in der Bundesrepublik ist die CSU, und Franz-Josef Strauß ist für Günter Leifheit am ehesten das politische Vorbild, und das nicht nur, weil das Ehepaar gerne in Garmisch-Partenkirchen im eigenen Haus in der Ehrwalderstraße Urlaub verbracht hat und auch der bayrischen Lebensart zugetan ist. Das kann u.a. auch ein Grund sein, warum das Ehepaar Leifheit mit seiner Stiftung (vgl. Kapitel „Das Wirken der G. und I. Leifheit Stiftung") auch Garmisch-Partenkirchen sehr großzügig bedacht hat. Seinen 50. Geburtstag hat Günter Leifheit in Garmisch-Partenkirchen gefeiert, im Kreis einiger befreundeter Kunden und Mitarbeiter aus Nassau und dem Marketingbereich.

Günter Leifheit ist Deutscher aus Überzeugung. Ihm liegt es sehr am Herzen, dass das Erbe der Mütter und Väter – oft unter großen Entbehrungen geschaffen – geachtet wird. Auch die Renovierung der alten Friedhofskapelle, der Gedenktafel für die Gefallenen und Kriegsopfer im Eimelsturm und des Gedächtnisbrunnens, alles mit seinen Spenden finanziert, zeugt von dieser Grundhaltung. Vor diesem Hintergrund lässt sich nachvollziehen, warum der in der Schweiz lebende Günter Leifheit in seiner Todesanzeige (2009) als „deutscher Unternehmer" bezeichnet und mit einer „deutschen Eiche" verglichen wird. Das sind Charakterisierungen, die ein enger Freundeskreis in gemeinsamer Beratung mit Ilse Leifheit gefunden und formuliert hat.

Kommunalpolitisch ist Günter Leifheit nicht unmittelbar engagiert. Dass Günter Leifheit in Nassau tatkräftig die CDU unterstützt hat, ist unbestritten. Im heutigen CDU-Umfeld wissen viele nicht, ob er auch Mitglied gewesen sei. Für Wolfgang Schön, damals Schatzmeister der CDU in Nassau, steht diese Mitgliedschaft jedoch fest. Der Karteieintrag bei der Kreisgeschäftsstelle gibt ihm Recht. Günter Leifheit ist von 1971 bis zum 14.1.1980 eingetragenes CDU-Mitglied. Recht regelmäßig, insbesondere in Wahlkämpfen, hat er die CDU auf der örtlichen Ebene, in der Stadt und in der Verbandsgemeinde, unterstützt. Da sind auch schon einmal Materialien der CDU im Betrieb gedruckt und kopiert worden. Von einer Spendenzusage aus seinem Privatvermögen profitiert die CDU in Nassau und in der Verbandsgemeinde noch bis 2018, wie es auch 2011 in der überregionalen Presse bekannt geworden ist.[11] Günter Leifheits Neigung zu Bayern ist es wohl auch zuzuschreiben, dass er die örtliche CDU und deren Kreisverband animiert hat, insbesondere vor Wahlen „Oktoberfeste" zu organisieren.

„Vor Ort" hat Günter Leifheit, da, wo es darauf ankommt, mit Politikern aller Couleur einen offenen und mitunter auch vertrauensvollen Kontakt gepflegt, so mit Landrat Meyer-Delventhal (SPD), mit dem er befreundet gewesen und zu dessen Witwe der Kontakt bis zu ihrem Tod aufrecht erhalten worden ist. Sein Verhältnis zu Stadtbürgermeister Paul Schneider (1949-1974), der als unabhängiger Kandidat 25 Jahre lang das Amt wahrgenommen hat, ist geprägt von Dank und Vertrauen. Offen und respektvoll ist der Umgang mit Stadtbürgermeister Herbert Baum (SPD, 1999-2009), ebenso mit Verbandsbürgermeister Udo Rau (CDU, seit 2001), besonders eng und freundschaftlich mit Helmut Klöckner (CDU), Verbandsbürgermeister von 1982-2001. Vor allem in die Amtszeit von Herbert Baum fallen die wichtigsten Sponsortätigkeiten von Günter Leifheit in Nassau. Es verwundert nicht, dass beide, Helmut Klöckner, von 2002-2009 auch Erster Beigeordneter des Rhein-Lahn-Kreises, und Herbert Baum Günter Leifheit als sozial und kulturell engagierten Bürger, ja, als Freund, so Helmut Klöckner, und als Vorbild, so Herbert Baum, schätzen.

Die negative Einstellung, die Günter und Ingeborg Leifheit insgesamt zur SPD haben, bezieht sich auf deren Rolle in der Bundespolitik und auf ein traditionelles Misstrauen gegenüber deren programmatischer Richtung, nicht auf die handelnden Personen vor Ort, wenngleich Vorlieben unverkennbar sind. Bei der Verleihung der Ehrenbürgerwürde in Gstaad 1991 sprechen nach Stadtbürgermeister Wolfgang Knoth und Helmut Klöckner auch Dieter Schüfer (FWG) und Christa Noffke als Vertreterin der SPD-Fraktion. So weist es ein Video von dieser Verleihung aus. Christa Noffke beginnt damit, dass ja alles schon von den Vorrednern gesagt worden sei und merkt locker und entspannt an, sie kenne ja seine kritische Distanz zu ihr und ihrer Partei, was bei allen Anwesenden Heiterkeit auslöst.

In welcher Weise die NS- und die Kriegszeit aufgearbeitet wird, ist wenig transparent. Die Nachkriegszeit insgesamt verzichtet weitgehend darauf. Johannes Liebscher erinnert sich nicht, dass Günter Leifheit jemals mit ihm über die Nazi-Zeit gesprochen hat und schließt es auch für andere im betrieblichen Umfeld aus. Kriegsjahre mit gemeinsamen Kampferfahrungen, begleitet von Not, Ängsten, Lebensgefahr und dem Tod vieler Kameraden, schweißen zusammen. Kontakte und wechselseitige Unterstützung im beruflichen Bereich sind da nach dem Kriegsende nichts Ungewöhnliches.

Prüfstein und wichtigster Maßstab für die gesellschaftspolitische Einordnung und die Beurteilung Günter Leifheits ist und bleibt sein eigenes Handeln.

DIE JAHRE IN DER SCHWEIZ AB 1974/75

Wenn auch Günter Leifheit weit mehr Jahre in der Schweiz verbracht hat als in Nassau – da stehen 35 gegen 20 Jahre –, kann die Darstellung dieser Zeit doch insgesamt knapp ausfallen. Nassau ist und bleibt für das Ehepaar Leifheit der entscheidende Tat- und Handlungsort seines Wirkens. Schwerpunktmäßig findet hier eine Konzentration auf zwei Aspekte statt: Wie gestalten sich von Campione und später dann von Lugano und Gstaad aus – den beiden Domizilen des Ehepaars in der Schweiz – die Beziehungen nach Nassau und nach Deutschland, und in welcher Weise wirkt Günter Leifheit auch in der Schweiz als Sponsor und Mäzen?

Sich aus Nassau zu verabschieden, ist Ingeborg und Günter Leifheit sicherlich nicht leicht gefallen, haben sie doch hier in den Jahren von 1954 bis 1974 Jahren Wurzeln geschlagen und einen großen Freundes- und Bekanntenkreis gewonnen.

Am 31.8.1974 hat sich das Ehepaar Leifheit laut Eintrag im Einwohnermeldeamt in Nassau abgemeldet. Mitte September erfolgt der Umzug nach Campione. Einige Mitarbeiter gehen davon aus, dass das Ehepaar sich zunächst noch eine Zeitlang in Garmisch-Partenkirchen aufgehalten habe. Seine Witwe Ilse Leifheit weiß jedoch, dass es keinen Zwischenaufenthalt in Garmisch-Partenkirchen in ihrem Haus in der Ehrwalder Straße gegeben habe. Es liegt auch keine Eintragung beim dortigen Einwohnermeldeamt vor. Dr. Gerhard Lempenau bestätigt, dem Ehepaar davon abgeraten zu haben. Die erste Station für das Ehepaar ist Campione d'Italia, eine einwohnermäßig recht kleine, vom Schweizer Kanton Tessin umgebene italienische Enklave. Sie ist vom Rest Italiens durch den Luganersee, durch Siedlungen (Bissione, Caprino) und Berge auf Schweizer Staatsgebiet getrennt. Dort hat das Ehepaar eine Eigentumswohnung in der Nähe des Spielcasinos bezogen.

Das Ehepaar will bei diesem Umzug in ein anderes Land, in die „Fremde", eine vertraute Person als Sekretärin mitnehmen. Ilse Melbert, sie ist bereits seit 1960 nach Absolvierung einer kaufmännischen Lehre in der Firma LEIFHEIT im Finanzbereich und im Vertrieb tätig, hat zugesagt und ist als Privatsekretärin mit in die Schweiz gegangen, gemeinsam mit ihren beiden Töchtern Carmen und Marion. Sie bezieht in Campione eine Mietwohnung. Hans Rinke, Dekorateur der Firma, erinnert sich, dass Günter Leifheit ihn gebeten hat, im Anschluss an eine Messe in Mailand doch bei Ilse Melbert mitzuhelfen, einen Teppichboden zu verlegen.

Das Ehepaar Leifheit bleibt einige Jahre in Campione, bis es dann Anfang 1985 nach Lugano umzieht. Dort haben Günter und Ingeborg Leifheit im Ort Suvigliana/Lugano in der Via Ceresio 33 eine Villa bezogen, mit herrlichem Blick auf den See. Für eine Umbau- und Wiederaufbauphase von knapp eineinhalb Jahren in der Zeit von 1990-1992 muss das Ehepaar ein anderes Haus beziehen.

Sie sind auch im Besitz eines Chalets in Gstaad, in der Gemeinde Saanen, unweit vom Genfer See, wo man vor allem den Winter verbringt. Gstaad ist ein exklusiver Promi-Ort; der Unterschied zu St. Moritz, so hört und liest man es, bestehe darin, dass „Reiche und Schöne" hier zurückgezogener leben würden. „Glanz und Glamour" verbinde sich demnach hier mit „Bodenständigkeit und Unverfälschtheit", was Günter Leifheits Mentalität sicherlich entgegen gekommen ist. Von außen sehen die Chalets der Reichen kaum anders aus als die alten Häuser der Bauern. Er hat sich sowohl mit seiner Frau Ingeborg als auch ab 2000 mit seiner Frau Ilse hier sehr wohl gefühlt.

Natürlich ist auch die Frage von Interesse, warum das Ehepaar sich die Schweiz als Domizil wählt. Der hohe landschaftliche Reiz der Schweiz, insbesondere an den Orten Lugano und Gstaad, übt eine Anziehungskraft auf Personen aus, die sich das leisten können. Gefallen an den oberitalienischen Seen haben Günter und Ingeborg Leifheit bereits bei früheren Urlauben gefunden. Die Schweiz ist außerdem ein neutrales Land, das im Ost-West-Konflikt immerhin graduell weniger in den Kalten Krieg involviert ist als die westeuropäischen EU- und NATO-Länder. Und auch die fiskalischen Rahmenbedingungen erweisen sich für Wohlhabende sowohl in Campione als auch in der Schweiz als günstig. Günter Leifheit kommt nicht nur in Deutschland beim Verkauf der Firma, sondern auch in der Schweiz seinen steuerlichen Pflichten nach, verkauft alle seine Immobilien in Nassau, in Garmisch-Partenkirchen und auf Mallorca, weil ihn der Besitz bei den Schweizer Behörden finanziell stärker belasten würde. Seine Geldanlage in Wertpapieren und Aktien wickelt er auch in den Schweizer Jahren überwiegend mit deutschen Bankinstituten ab.

Kontakte in Gstaad und in Lugano

„Und so kamen wir dann ins Tessin, und ich muss sagen, ich habe da unten Fuß gefasst, die Leute sind alle freundlich, zugänglich und wir kommen mit allen gut zurecht", so äußert sich Günter Leifheit. Wer sein Naturell kennt, weiß, dass er keine Schwierigkeiten hat, sich dort einzuleben. Aber in Lugano gibt es kaum Indizien für engere persönliche, kontinuierliche und tiefere Bindungen. Nichts deutet darauf hin, dass er sich ähnlich wie in Nassau intensiv in das gesellschaftliche Miteinander eingebracht hat. Lugano liegt in der italienisch sprechenden Schweiz; weder er noch Ingeborg Leifheit sind der Sprache kundig.

„In ihrer neuen Wahlheimat hat Ingeborg Leifheit Muße für ihre große Leidenschaft ‚Heim, Tier, Natur'". Darauf weist die LEIFHEIT AG 1999 in dem ihr gewidmeten Nachruf hin. Sie ist, so charakterisieren es mehrere, recht zurückhaltend, weniger geneigt, Einladungen zu musischen oder gesellschaftlichen Einladungen zu folgen, und sie ist auch im Unterschied zu Günter Leifheit nicht mehr reisefreudig, vor allem nicht in den letzten Jahren wegen ihres Gesundheitszustandes.

Günter Leifheit als Mitbegründer der
„Internationalen Menuhin Musik Akademie" in Gstaad

Ganz aktuell kann man im „Anzeiger von Saanen" vom 22. April 2016 in der Beilage „100 Jahre Menuhin" einen interessanten Satz finden: „Yehudi Menuhin hatte Wohnsitz in Gstaad ... und in der Gemeinde Saanen gab es einen Gast, der seine besondere Verbundenheit mit dem Saanenland kundtun wollte, indem er einen größeren Geldbetrag für die Gründung einer kulturellen Einrichtung stiftete." Auch wenn in diesem Artikel kein Name genannt ist, weiß man in Gstaad, dass es sich hier um Günter Leifheit handelt. In Gstaad entwickelt sich ein etwas stärkerer Kontakt mit einigen Einheimischen als in Lugano. Dass der indirekte Auslöser dafür der große Yehudi Menuhin (1916-1999) ist, überrascht auch diejenigen, die Günter Leifheit recht gut zu kennen glauben. Yehudi Menuhin ist zunächst ein US-amerikanischer, später schweizerischer und schließlich britischer Geiger, Bratschist und Dirigent gewesen. Er gehört zu den größten Violinvirtuosen des 20. Jahrhunderts und ist „Einer, der für den Frieden musizierte". [8]

Die IMMA feiert den 40. Geburtstag mit einem Gratis-Konzert am Sonntag

VORSCHAU Zum 40-jährigen Bestehen der IMMA findet am kommenden Sonntag, 5. März um 19 Uhr ein Gratis-Konzert in der Kirche Saanen statt. In jener Kirche, wo die IMMA vor 40 Jahren das erste Mal gespielt hat, wie Maxim Vengerov im Interview sagt.

1977 stiftete Günter Leifheit das Vermögen, mit welchem die Internationale Menuhin Musik Akademie gegründet wurde. Die Stiftung mit Sitz in der Gemeinde Saanen fördert als Musikakademie junge, hochtalentierte Streichmusiker aus aller Welt mit einer dreijährigen Zusatzausbildung mit hervorragenden Musiklehrern und bereitet diese jungen Talente auf ihre musikalische (Solisten-)Karriere vor. Gründervater war Lord Menuhin zusammen mit Günter Leifheit, Dr. Hans Sollberger, Dr. Rolf Steiger, Pfarrer James Karnusian, Prof. Walter Ryser als Finanzexperte und Urs Frauchiger, Direktor des Konservatoriums Bern.

Zum 40. Geburtstag sind alle herzlich zum Konzert vom nächsten Sonntag, 5. März, 19 Uhr in der Kirche Saanen eingeladen. Wir danken der Einwohnergemeinde und der Kirchgemeinde Saanen, all den Gönnern, Helfern und der Bevölkerung für ihre jahrelange Unterstützung und freuen uns auf einen wunderbaren Konzertabend. Programm siehe Inserat.

URS VON GRÜNIGEN, IMMA

Die IMMA feiert heuer ihr 40-jähriges Bestehen. FOTO: ZVG

Maxim Vengerov, für den 40. Geburtstag der IMMA kommen Sie wieder hierher ins Saanenland. Was bedeutet das für Sie?
Es bedeutet mir sehr viel. In Gstaad hat alles begonnen und wir sind sehr interessiert, eine enge Beziehung mit der Bevölkerung aufrechtzuhalten und wieder vermehrt zu pflegen. Ohne deren Support wäre die IMMA heute nicht hier! Es ist sehr selten, dass eine Akademie ihren Gründer überlebt. Ich denke, dass die Fundamente der IMMA solide sind, basierend auf Talent, harter Arbeit und Weitblick. Ich nehme an, dass dies auch die Werte der Leute im Saanenland sind und ich glaube, dass wir deshalb hier immer willkommen sind.

Was können Sie uns über das Konzert zum 40. Geburtstag am 5. März erzählen?
Es wird ab 19 Uhr in der Kirche in Saanen stattfinden, wo die IMMA vor 40 Jahren das erste Mal gespielt hat! Ich werde zusammen mit meinen Studenten eine Sonate von Prokofiev und dann das von Lord Menuhin und Alberto Lysy oft zusammen aufgeführte Doppelkonzert für zwei Violinen in b-Moll spielen. Danach werden wir unsere neue Gruppe von virtuosen Studenten in Stücken von Dvořák, Kreisler, Brahms und Bazzini präsentieren – ein für Virtuosen populäres Programm. Das Konzert ist gratis und öffentlich für die Bevölkerung sowie in Anerkennung für den Kreis der Freunde von Saanen für deren Support und Freundschaft.

Maxim Vengerov, sind Sie bereit für die nächsten 40 mit der IMMA?
(lacht ...) Ich hoffe es! Ich bin ja erst 42 Jahre alt und somit ist alles möglich. Nein, im Ernst, die IMMA hat sich in der Vergangenheit und auch mit der Unterstützung meiner Mitlehrer Oleg Kaskiv, Pablo de Naveràn und Ivan Vuckcevic (übrigens ehemaliger IMMA-Schüler), der fortlaufenden Unterstützung der Freunde von Saanen und der Qualität unserer Studenten beträchtlich verbessert. Wir sollten das Vermächtnis von Yehudi Menuhin und Alberto Lysy in den nächsten Jahren unbedingt fortsetzen.

Anzeiger von Saanen, 03.03.2017

1977 kreuzten sich in Gstaad die Wege von Yehudi Menuhin mit Günter Leifheit. Das Ehepaar Leifheit streckte die Fühler nach einem Grundstück in Gstaad aus, um sich dort ein Chalet als Winterquartier einzurichten. Wenn ein Ausländer dort Wohnsitz nehmen wollte, war es zur damaligen Zeit üblich, von ihm einen Spende als „Goodwill" zu erwarten. Dr. Rolf Steiger war damals Präsident des Menuhin Festivals Gstaad (1975-1979); er setzte sich engagiert dafür ein, dass die von Günter Leifheit zu erwartende Spende der von Yehudi Menuhin initiierten Menuhin Musik Akademie zugute kommen sollte. Dem ist Günter Leifheit gerne gefolgt; seine Spende fiel mit Fr. 250.000,– recht großzügig aus und wurde 1979 an die Gemeinde Saanen, wie es üblich war, entrichtet.

In der Gemeindeversammlung vom 18. November 1979 kam es zu einer heftigen „Kontroverse um die Leifheit Spende", so lautete eine lokale Schlagzeile. Seit 1977 ging es dabei um den Streit, ob das Geld überwiegend internationalen Künstlern, also dem Menuhin-Projekt, oder lokalen musikalischen Talenten zugute kommen sollte. „So große Beiträge sollten für etwas verwendet werden, das dem ganzen Saanenland dient. Ob je ein Saaner Musiker in den Genuss der Menuhin-Musik-Akademie kommen wird, ist fragwürdig", so argumentierte ein Lehrer in den „Berner Nachrichten" vom 8. Dezember 1977. Die Gemeindeversammlung, an der auch der Ehrenbürger Yehudi Menuhin teilnahm, beschloss 1979 schließlich, dass Fr. 150.000 der 1977 gegründeten „Internationalen Menuhin Akademie" zugesprochen wurden; die übrigen Mittel wurden von der Gemeindeversammlung für „Kulturelle Ortsvereine" und für „Flügel- und Instrumenten-Anschaffung" vorgesehen".

Yehudi Menuhin gab in einem Schreiben vom 19. August 1977 an Dr. Rolf Steiger seiner Freude Ausdruck, dass die Stiftungsurkunde nun vorliege, und er schlug als Mitglieder des ersten Stiftungsrates fünf Personen vor: Dr. Hans Sollberger, den Präsidenten des Gemeinderates, Dr. Rolf Steiger, den Präsidenten der Kulturszene Lenk-Gstaad-Chateau D'Oles, Pfarrer James Karnusian, Dr. Walter Ryser als Jurist und Fachmann für Finanzen und Urs Frauchiger, den Direktor des Berner Konservatoriums. Der Brief schließt mit folgendem Passus: „Einen Platz möchte ich freihalten für Günter Leifheit, der Gönner, der es uns ermöglicht hat, diese Akademie zu gründen. Ich hoffe, die Bekanntschaft Herrn Leifheits bald machen zu dürfen, und ich würde mich sehr freuen, wenn er die Einladung akzeptieren würde, Mitglied des Stiftungsrates zu werden." Mit Schreiben vom 24. August 1977 bestätigte die Gemeindebehörde die Ernennung der sieben Mitglieder des Stiftungsrates.

Selbstverständlich gehörte Yehudi Menuhin dazu – und Günter Leifheit, Piazzale Milano 4, Ch 6911 Campione d'Italia.

Das Gründungskonzert der Akademie fand bereits am 21. August 1977 in der Kirche in Saanen statt. Als Hausherr hatte der Pfarrer James Karnusian das Ehepaar Leifheit dazu eingeladen. Günter Leifheit bedauerte im Antwortschreiben vom 15.8.1977, wegen einer länger geplanten Reise leider nicht teilnehmen zu können. Es heißt darin: „Ihre Frage, ob ich bereit bin, im Stiftungsbeirat mitzuwirken, möchte ich bejahen; denn nach Fertigstellung meines Chalets werde ich mich über längere Zeiträume in Gstaad aufhalten, so dass ich dann immer zur Verfügung stehe." [9]

Das „Goodwill" bestätigt Günter Leifheits Großzügigkeit und verweist auch auf eine bedeutsame „Nebenwirkung": Günter Leifheit hat, bevor er mit seiner Frau Ingeborg das Chalet in Gstaad bezieht, bereits erste Kontakte mit der Gemeindebehörde, mit Dr. Rolf Steiger, dem Präsidenten des Gemeinderates und dem Pfarrer. Und nicht zuletzt lernt er mit Yehudi Menuhin einen der bedeutendsten – oder den bedeutendsten? – Violinvirtuosen seiner Zeit kennen. Besonderes Ziel der Stiftung ist es, jungen Streichertalenten den Weg zu Solo-Karrieren zu ebnen.

Die „Kontroverse um die Leifheit-Spende" kommt Günter Leifheit sicherlich nicht ungelegen; sie öffnet ihm sowohl die Tür zu wichtigen Personen der örtlichen Verwaltung und der Kulturszene als auch zu Vereinen im Saanerland, die von seinen Spenden profitieren. Für die Förderung lokaler Musikvereine hat er ohnehin viel übrig. Das Ehepaar Leifheit erwirbt Bauland auf dem Oberbort in der Nähe des weltberühmten Hotel Palace in Gstaad und errichtet ein schönes Chalet mit Hallenbad, von wo aus man eine wunderbare Aussicht auf das Saanenland und dessen wunderschöne Berge genießen kann, was etliche Besucher aus Nassau auch erlebt haben.

Fred von Grüningen ist der Notar von Günter Leifheit in Gstaad gewesen; daraus hat sich eine freundschaftliche Beziehung entwickelt. Interessant ist die Schilderung seines Sohnes Urs von Grüningen. Man erkennt aus der Gstaader Perspektive Günter Leifheit unverfälscht so wieder, wie man ihn in Nassau erlebt hat. „Mit seiner offenen, freundlichen und herzlichen Art war Günter Leifheit in Gstaad bekannt und wurde auch von den Einheimischen sehr geschätzt – trotz seiner großen Bekanntheit als überaus erfolgreicher Unternehmer blieb er stets auf dem Boden, blieb volksnah und bescheiden und war überall sehr beliebt. ...

Auch mir, der die Kanzlei übernahm, übertrug er das Vertrauen sowie die Freundschaft. Meine Frau Kathrin und ich verbrachten viele schöne Stunden mit Günter und Inge Leifheit, nicht nur in Gstaad, sondern auch in deren Haus in Lugano sowie im Hotel Bayrischer Hof in München. Jedes Jahr im Dezember lud er an seinem Geburtstag alle seine Freunde, darunter auch uns und etliche andere Einheimische, ins Restaurant Chesery, eines der besten Restaurants der Schweiz, zu einem wunderbaren und fröhlichen Abendessen ein.

Zum Glück fand Günter Leifheit nach dem Tode seiner Inge Trost und Halt bei Ilse Leifheit, mit welcher er sich auf dem Zivilstandsamt in Saanen verheiratete – mir stand die große Ehre zu, Trauzeuge zu sein. Mit ihr sind meine Frau und ich noch heute freundschaftlich verbunden, und so lebt Günter, der meine Frau stets liebevoll Kathrinchen nannte, stark in uns weiter. ... Günter Leifheit ... war ein Mensch, der die Menschen liebte und stets humorvoll und sonnig strahlte. Er war nicht nur Deutscher, sondern fühlte sich auch als Schweizer. Er war einer von uns." [10]

Es ist sicherlich kein sehr dichtes soziales Netz, in das Günter Leifheit in Gstaad einbezogen ist. Bezeichnend für ihn ist jedoch, dass er Kontakte fast ausschließlich mit Einheimischen knüpft und nicht – oder weniger – mit der in Gstaad ein- und ausfliegenden High-Society. Da stehen ihm Mitglieder eines örtlichen Gesangvereins schon näher.

Es wäre mehr als verwunderlich, wenn Günter Leifheit nicht auch in der Schweiz einige sichtbare Spuren hinterlassen hätte. Ins Auge fallen vor allem die Skulpturen aus der Bourger/Gerz-Werkstatt, die Günter Leifheit für die Fußgängerzone in Gstaad gestiftet hat, zeitlich nach der Stiftung dieser Skulpturen in Nassau. Ein Schreiben vom 9.9.2002 aus der Einwohnergemeinde Saanen, zu der der etwa 3 Kilometer entfernt liegende Ort Gstaad gehört, belegt, dass Günter Leifheit dem Ort zwei Skulpturen geschenkt hat, nämlich den „Laute spielenden Jungen" und den „Flöte spielenden Knaben" von Hermann Bourger. Sie sind dort an einer gut sichtbaren Stelle in der autofreien Promenade in Gstaad aufgestellt worden. Eine kleine Plakette weist auf die Förderer hin: „Gestiftet von Ilse und Günter Leifheit". Sinn des an das Atelier Gerz gerichteten Schreibens ist die Versicherung dieser Statuen. Deshalb wird darin nach deren Wert gefragt. Patrik Gerz berichtet, dass Günter Leifheit insgesamt vier Skulpturen für Gstaad gestiftet habe: „Eine kleinere Gruppe neben der Kapelle und die beiden großen auf der gegenüberliegenden Seite neben der Bahnbrücke. Wir haben die Skulpturen geliefert, gesetzt wurden

Skulpturen in Gstaad – gestiftet von Ilse und Günter Leifheit ****

diese vom Bauhof oder einem ansässigen Unternehmen (Unfallschutz und Gewährleistungsfragen). Die Standorte hat er mit der Gemeinde abgesprochen, und wir haben sie, nachdem sie dort standen, mehrfach gesehen und auch schon gepflegt." Darunter ist auch eine kleinere Gruppe mit (Quer-) „Flötenspieler" und „Lauscher" von Fred Gerz. [11] Nach dem Tod seiner Frau Ingeborg hat Günter Leifheit in Gstaad eine Linde und dazu eine Bank „IN MEMORIAM INGEBORG LEIFHEIT" gestiftet.

Günter und Ingeborg Leifheit haben auch bereits in den Schweizer Jahren eine Stiftung gegründet, die „Günter und Ingeborg Leifheit Stiftung". Am 6.2.1985 ist diese Stiftung mit Rechtssitz Lugano ins Handelsregister eingetragen worden. Der Stiftungszweck ist in italienischer Sprache niedergelegt. Übersetzt lautet er:

„Die Stiftung verfolgt mildtätige und gemeinnützige Zwecke. Sie arbeitet vor allem für ältere Menschen und Pflegebedürftige durch die Schaffung und Unterstützung von Pflegeheimen und Pflege im Kanton Tessin und in der Bundesrepublik Deutschland, die Förderung der wissenschaftlichen Forschung auf Probleme der älteren Menschen und die Unterstützung anderer Institutionen, um älteren Menschen zu helfen. Die Stiftung ist neutral in Bezug auf politische und konfessionelle Richtungen."

Von Bedeutung ist zunächst der Umstand, dass die beiden keine eigenen gemeinsamen Kinder haben. Die Beziehung zu Günter Leifheits Sohn Jörg hat sich nicht so entwickelt, dass man in ihm einen potentiellen Haupterben sieht. Da reift der Gedanke, das eigene Vermögen zu einem großen Teil in eine Stiftung einzubringen, deren Ziel man selbst bestimmen kann. Die Stiftungsziele legen einen deutlichen, ja, ausschließlichen Schwerpunkt auf die Unterstützung älterer Menschen.

Der Lebensabend vieler älterer Menschen aus der Kriegsgeneration ist generell von Armut geprägt, erst recht bei Pflegebedürftigkeit. Günter Leifheit sieht ein besonderes Anliegen darin, zu einem menschenwürdigen Lebensabend dieser Mitbürgerinnen und Mitbürger beizutragen. Im Stiftungsziel ist die Rede von Unterstützungsmaßnahmen „im Kanton Tessin und in der Bundesrepublik Deutschland". Dazu muss man wissen, dass die Anerkennung der Gemeinnützigkeit auf Schweizer Boden und nach Schweizer Recht erfolgt. Das Ehepaar Leifheit möchte – und da gibt es nicht den geringsten Zweifel – den Menschen in Deutschland helfen, muss dafür aber einen in etwa 10%igen Anteil für die Schweiz vorsehen, damit die Genehmigungshürden genommen werden können, so erläutert es Dr. Gerhard Lempenau.

Nach dem Tod von Ingeborg (1999) und Günter Leifheit (2009) ist Garmisch-Partenkirchen Nutznießer dieser Stiftung geworden, da der Stadt für diesen Fall 90% und dem Tessin 10% des Stiftungsvermögens zukommen sollten. Bis 2014/15 sind insgesamt ca. 57,7 Millionen Euro für ein Seniorenprojekt im Sinne der Stiftungsziele geflossen. In der Tat ist es der Wille von Günter und Ingeborg Leifheit, sich hier zu engagieren; sie haben hier lange ein Feriendomizil, ein Haus in der Ehrwalder Straße, wo sie sich sehr wohl gefühlt haben. „Da meinem Mann die bayrische Mentalität sehr lag, war es naheliegend, auch Garmisch nach dem Tode zu bedenken", so schildert es Ilse Leifheit. „Die Stifter hatten viel Glück im Leben und wollen durch ihren Nachlass Senioren helfen, denen es weniger gut geht", so erläutert Dr. Gerhard Lempenau, Mitglied im Stiftungsvorstand, die Intention im Jahr 2015 in einer Tageszeitung in Garmisch-Partenkirchen. In Garmisch-Partenkirchen sieht man die Notwendigkeit, das Geld in eine neue Stiftung zu transferieren, die ausschließlich denselben Stiftungszweck verfolgen muss. Die Günter und Ingeborg Leifheit Stiftung ist 2014 in Auflösung begriffen.

DEUTSCHLAND IM FOCUS

Günter Leifheits Leseinteressen beziehen sich fast ausnahmslos auf Deutschland; allein daran wird schon erkennbar, wo er sich selbst verortet. Er liest viel, vor allem Beiträge zu gesellschaftlichen und politischen Fragen, auch Fachliteratur zu Management und Marketing, und sehr regelmäßig deutsche Wochenzeitungen wie „Der Spiegel", „Focus" (seit 1993), „Die Zeit" und dazu auch die Frankfurter

Allgemeine Zeitung. Etliche, die mit ihm in Kontakt stehen, bekunden, er sei auch in dieser Zeit besser über die Verhältnisse in Deutschland informiert gewesen als die meisten Deutschen. Allein daran wird deutlich, dass seine Interessen und Neigungen Deutschland gelten. Das gilt auch für die historische Lektüre, bei der Preußen eine wichtige Rolle spielt und ebenso für Abhandlungen über die Kriegszeit, ein Thema, das Günter Leifheit bis ins hohe Alte nicht loslässt.

Günter Leifheit ist kein „stiller" Leser, der es bei der Lektüre belässt. Findet er einen interessanten Artikel, dessen Meinung

Günter Leifheit ist ein unermüdlicher Leser.

ihm wichtig ist und mit dem er sich auseinandersetzen möchte, schickt er diesen schon einmal per Fax an gute Bekannte. Dem folgt bald der Anruf: „Hast Du meine Post gelesen? Wie siehst Du das?" Das ist sowohl seinem Temperament geschuldet als auch seinem ausgeprägten gesellschaftlichen Interesse und dem Bedürfnis, sich auseinanderzusetzen. So haben Dr. Meinhard Olbrich und etliche Andere mit ihm auch auf diesem Weg kommuniziert. „Wir tauschten unsere Gedanken zu aktuellen Themen aus, die in der Presse diskutiert wurden", so Dr. Meinhard Olbrich.

Häufiger hat er auch einigen Mitarbeitern oder Freunden Bücher geschenkt, die ihm wichtig sind. Er hat dann bei der Buchhandlung Jörg/Riege in Nassau eine größere Anzahl eines Buches geordert, die von dort an den gewünschten Adressatenkreis verschickt worden sind. Das gilt z.B. für: Alexander Solschenizyn, Der Archipel Gulag, (1973) und Dr. Bernhard Vogel, Wie wir leben wollen (1986). Bei dem ein oder anderen Buch hat er in Gesprächen nicht nur Zustimmung, sondern auch kritische Rückmeldungen erfahren. Lektüre und die Art der Kommunikation bilden ein starkes Indiz dafür, dass Günter Leifheit sich durch und durch Deutschland verbunden fühlt, dass er weder staatsrechtlich noch mental ein Schweizer wird. Nie hat er daran gedacht, die Schweizer Staatsbürgerschaft anzustreben; er bleibt der deutschen Kultur und Politik verbunden.

DIE VERBINDUNG ZUR FIRMA LEIFHEIT AG

Ein Bindeglied nach Nassau bleibt die Firma LEIFHEIT, das Lebenswerk des Ehepaars. Sie ist 1984 in eine Aktiengesellschaft umgewandelt worden. „Die Verbindung zu LEIFHEIT, die habe ich immer aufrecht erhalten", so äußert Günter Leifheit sich 2005 selbst; intensiv ist sie vor allem solange, wie Dieter Schüfer als sein Nachfolger und Geschäftsführer die Firma leitet.

In der 80er Jahren ist die Beziehung zur Firma und insbesondere auch zu Dieter Schüfer eine Zeit lang getrübt. Dahinter steht neben recht unterschiedlichen Naturellen eine lange gerichtliche Auseinandersetzung über die Jagd in Nassau. Helmut Klöckner hat das registriert: „Das Verhältnis der Familie Leifheit zur LEIFHEIT AG war in der damaligen Zeit sehr abgekühlt." [12] Man kann nachvollziehen, dass Günter Leifheit durchaus an einzelnen Entwicklungen der LEIFHEIT KG das ein oder andere kritisiert, im Sinne „Das hätte ich aber anders gemacht". Der Redakteur Carlo Rosenkranz stellt Leifheit 2005 anlässlich der ihm gewidmeten Ausstellung der Stadt Nassau über den „Mensch, Unternehmer, Ehrenbürger" die Frage, warum er aus Nassau weggezogen sei. Günter Leifheit entgegnet, dass es ihn belastet hätte, in räumlicher Nachbarschaft der Firma zu bleiben, wenn etwa Entlassungen vorgenommen würden und er den Betroffenen begegnet wäre.[13] Günter Leifheit ist Unternehmer genug, um zu wissen, dass eine Firma nicht permanent in „der Blüte" steht, sondern auch von ökonomischen und konjunkturellen Entwicklungen abhängt, dass Betriebsgründungen der LEIFHEIT AG im Ausland Rückwirkungen nach Nassau haben können, und dass eine Aktionärsversammlung in besonderer Weise auf Dividenden und Aktienkurse schaut und nicht nur auf das Wohlergehen der Belegschaft. Er übersieht nicht die Schwierigkeiten, in die eine Firma geraten kann. Sein Unternehmerbild fühlt sich jedoch besonders stark den Mitarbeiterinnen und Mitarbeitern verpflichtet.

Anlässlich der Verleihung der Ehrenbürgerwürde in Gstaad 1991 ist das Eis gebrochen. Für Günter Leifheit ist Harmonie wichtig. Er erlebt in der Schweiz, wie „sein" Unternehmen wächst und expandiert und auf Erfolgskurs bleibt, national und international. Er liest es, und er wird auch oft genug lobend darauf angesprochen. Das erfüllt den Gründer mit Stolz. Dissonanzen sind da in mehrfacher Hinsicht hinderlich. Das gilt auch für Dieter Schüfer, zumal er erlebt, wie sehr Mitarbeiterinnen und Mitarbeiter nach wie vor ihren „alten Chef" hoch in Ehren halten und bisweilen

*Das Ehepaar Leifheit trifft das Ehepaar Kohn
bei der Einweihung des Kundenzentrums der LEIFHEIT AG.*

auch dabei in einen Zwiespalt geraten. So schreibt ein Mitarbeiter, nachdem er bei ITT eine neue Funktion übernommen hat, an Günter Leifheit: „Ich habe immer bedauert, dass durch das unglückliche Verhältnis zwischen Ihnen und Herrn Schüfer es mir sehr schwer gemacht wurde, eine Beziehung zu Ihnen aufrecht zu halten, nachdem Sie nicht mehr in Nassau wohnten." [18] Was liegt da näher als ein Aufeinanderzugehen von Betriebsgründer und Nachfolger.

Günter und Ingeborg Leifheit haben häufiger auch die Firma besucht, vor allem zu offiziellen Anlässen. Das Ehepaar Günter und Ingeborg Leifheit ist im Juni 1993 zur Eröffnung des neuen Kunden- und Verwaltungszentrums in Nassau dabei. Nach der Beisetzung von Ingeborg Leifheit im März 1999 findet in den Räumen der Gesellschaft der Trauerkaffee statt. Günter Leifheit nimmt an der Feier zum 40jährigen Firmenjubiläum am 17. September 1999 teil. Für die Betriebsfeier ist ein großes Festzelt aufgeschlagen worden. Rasch macht das Gerücht die Runde, dass auch der Firmengründer kommen würde. Als Günter Leifheit das vollbesetzte Festzelt betritt, stehen spontan alle auf und applaudieren ihm – Standing Ovation; das ist eine bewegende Szene, um so mehr, da Günter Leifheit schon 25 Jahre nicht mehr in der Firma tätig und seitdem auch nicht mehr in Nassau wohnhaft ist. Im Zusammenhang mit seinem 80. Geburtstag lädt Günter Leifheit Mitarbeiter der Firma zu einer Belegschaftsfeier in das Haus Mons Tabor in Montabaur ein. Dass er nach so langer Zeit dann noch die Belegschaft einlädt, ist ein starkes Indiz für die Bindung an Nassau und auch an die Firma und an deren Entwicklung und Wachstum. Sie ist gewissermaßen „sein Kind", an dessen Gedeihen er sich erfreut. Bereits die Gestaltung der Einladung ist eine Hommage an Günter Leifheit; sie setzt das erste

*Günter und Ilse Leifheit als Ehrengäste
auf der Hauptversammlung der LEIFHEIT AG*

Firmensignet von 1959 in den Mittelpunkt, nämlich das „L" im Strahlenkranz, der die Borsten des Teppichkehrers stilisiert wiedergibt. Günter Leifheit kann aus gesundheitlichen Gründen zwar nicht persönlich teilnehmen, richtet aber per Telefon einige Worte an die Belegschaft. Manchmal kreuzen sich private und betriebliche Bindungen, so auch 2003 beim 40jährigen Betriebsjubiläum von Udo Steinhäuser, den Günter Leifheit 1963 eingestellt hat. Er wird mit seiner Frau zu der Feier nach Frankfurt ins Mariott Hotel eingeladen und gratuliert gerne dem „weltreisenden fliegenden Halbholländer" „40 years round the world", wie es im Einladungsschreiben heißt.

Günter Leifheit stirbt am 2. Juli 2009; so ist ihm eine Teilnahme an der 50-Jahr-Feier, die im September stattfindet, nicht mehr vergönnt. Seine Frau Ilse Leifheit hat im Rahmen dieser Feier die LEIFHEIT AG am „Tag der offenen Tür" besucht und auch an der abendlichen Feier teilgenommen.

EIN NETZWERK MIT NASSAU

Summiert man die Berichte der herangezogenen Zeitzeugen, von denen viele auch nach 1974 Kontakte zu Günter Leifheit gehabt haben, dann ergibt sich ein dichtes Beziehungsnetz, bestehend aus Begegnungen in Nassau oder in Lugano und Gstaad oder durch Telefonate und postalische Kontakte.

Das Gros der Besucher stammt aus dem betrieblichen und kommunalen Umfeld von Nassau, manchmal sind es Urlaubsreisende, die sich einen oberitalienischen See oder auch das Mittelmeer als Ziel ausgesucht haben und dann auch einen

Abstecher nach Lugano machen. Häufig sind es Einladungen, die Günter Leifheit ausspricht und denen man gerne folgt.

Da sind aber auch Finanzberater, die wegen Erbschaftsfragen und einer Stiftungsgründung hin und wieder das Ehepaar besuchen und auch bei etlichen Feiern in Gstaad und Lugano dabei sind. Die lange und intensive Zusammenarbeit hat auch Bindungen wachsen lassen. Dann sind da auch Kunstschaffende anzutreffen wie Wolfgang Lamché, Fred und Patrick Gerz und Wolfgang Gerharz, wenn es um ein konkretes künstlerisches Vorhaben geht. Da wird so mancher kurzfristig in die Schweiz eingeladen. Einige Male ist auch sein Sohn Jörg aus der ersten Ehe in Lugano zugegen.

Freundschaftliche Beziehungen haben die Leifheits über all die Jahre mit Landrat Walther Meyer-Delvendahl (+1979) und seiner Ehefrau (+2013) gepflegt und sich in Lugano und an der Lahn getroffen. Sie ist 101 Jahre alt geworden und hat bis zuletzt zum Geburtstag stets ein Geschenk von Ilse Leifheit aus der Schweiz erhalten. Da werden zahlreiche Geburtstags- und Weihnachts- und Neujahrsgrüße mit vielen Nassauer Freunden und Bekannten gewechselt und viele Schachteln Pralinen verschenkt, eingepackt mit dem Bild von Günter und Ilse Leifheit. Vilja Steinhäuser berichtet von Weinpräsenten, die es für sie stets an Weihnachten gegeben habe. Und zu etlichen Geburtstagen ist ein Fresskorb oder ein Blumenstrauß in Nassau eingetroffen.

Mit seinen zahlreichen Besuchen in Nassau beweist Günter Leifheit seine enge Verbundenheit mit der Stadt und den Bürgern. Er versteht es, mit seiner freundlichen und herzlichen Art auch Jahrzehnte nach seinem Wegzug auf die Bürger zuzugehen und sich nach ihrem Befinden zu erkundigen oder Erinnerungen auszutauschen. Da liefert Günter Leifheit manches Meisterstück in Sachen Gedächtnis. Günter Leifheit liebt es, vertraute Gesichter um sich zu haben. So verwundert es nicht, dass er sich bei seinen Besuchen in Nassau dort die Haare von Manfred Landsrath schneiden lässt. Günter Leifheits Verwandte befinden sich alle in Deutschland. Deshalb reist er hin und wieder auch nach Düsseldorf, etwa zu den Geburtstagen des Vaters (+15.2.1983) und der Mutter (+12.5.1988) oder zu besonderen Familienereignissen. Seine Nichte Monika Thiem ist mit ihrem Mann Wolfgang 2-3mal im Jahr in Lugano oder Gstaad zu Gast. Eine Reise nach Düsseldorf wird oft mit einem Besuch in Nassau verbunden.

Häufiger haben ihn Kommunalpolitiker und Freunde, Bekannte auch in Lugano besucht, um die Verbindung aufrecht zu erhalten und auch, um ihm Dank abzustatten. Einige besuchen den Förderer, andere den Freund, in einigen Fällen fällt es auch zusammen. Günter Leifheits Interesse an einigen Nassauer Vereinen schwindet nicht in der Schweiz. Als Beweis seiner Verbundenheit, so Dr. Meinhard Olbrich, schenkt er dem RSV Oranien-Nassau das Weltmeister-Trikot des Radprofis Moser, das er diesem bei einer Radsportveranstaltung „abgekauft" hat. Viele private Beziehungen werden aufrechterhalten, so mit Verbandsbürgermeister Klöckner und seiner Frau, mit der Familie Steinhäuser und einem „Freundeskreis", der sich in Nassau gebildet hat, um nur einige Namen beispielhaft zu nennen.

1990 UND 2000: VERSTÄRKTE HINWENDUNG ZU NASSAU

Mit dem Wunsch des Ehepaars Leifheit, seine Grabstelle in Nassau zu errichten und mit der Verleihung der Ehrenbürgerschaft wächst die Bindung zu Nassau. Ingeborg Leifheit ist in ihren letzten Lebensjahren gesundheitlich stark beeinträchtigt. Günter Leifheit hat sich sehr um sie gekümmert. Ein Jahr nach ihrem Tod, am 2. Juni 2000, heiratet Günter Leifheit in Saanen Ilse Melbert. Sie ist in Nassau geboren und hat dort die Schule besucht und in der gerade erst gegründeten Firma LEIFHEIT ab 1960 eine kaufmännische Lehre absolviert. Sie hat Kontakt zur dortigen Familie, zur Mutter (+2003) und zum Bruder, zu zwei Halbschwestern und zu Freunden, insbesondere auch aus ihrer früheren Aktivität im Turnverein 1860 Nassau e.V. Die Ehe entwickelt sich zu einer harmonischen Beziehung. Ingeborg Leifheit hat in den Schweizer Jahren keine weiten Reisen mehr unternehmen wollen. Sein Interesse an der Geschichte veranlasst Günter Leifheit nun, mit seiner Frau Ilse etliche Museen zu besuchen, auch nach Potsdam zu reisen und in Ungarn Orte seines letzten Kampfeinsatzes im verlustreichen Rückzug 1944/45 aufzusuchen.

In den Jahren 2004-2006 muss sich Günter Leifheit zwei schweren Herzoperationen unterziehen. In Nassau weiß man zunächst wenig davon. Als man von seiner Krankheit erfährt, unterschreibt der ganze Stadtrat am 9.2.2006 Genesungswünsche an Günter Leifheit. Er selbst nimmt die offiziellen Anlässe wahr, möglichst ohne sich etwas anmerken zu lassen. Seine Frau Ilse kümmert sich sehr um ihn. In den letzten Lebensjahren ist er immer noch bemüht, viel zu lesen, aber seine Konzentrationsfähigkeit nimmt ab, und manches Wochenmagazin wie „Die Zeit", „Focus" und

„Spiegel" oder die „Zeitschrift für Management" bleibt ungelesen, ebenso auch manches Buch, das er anderen verschenkt.

Eine wichtige Rolle spielen die Geburtstage, insbesondere der 80ste und der 85ste, aber auch die anderen. Günter Leifheit liebt Geselligkeit, und für ihn sind festliche Geburtstagsfeiern im Kreis von Freunden selbstverständlich, denen sein herzhaftes, ungezwungenes und unverwechselbares Lachen unvergesslich bleibt. Karl-Heinz Dieckmann steht bis zuletzt in Kontakt mit Ilse und Günter Leifheit. Er weiß von ihm, dass er mit seiner Frau im Juni 2009 eine Reise nach Düsseldorf plant. Man trifft sich dort und verbringt mit den Ehefrauen einen gemeinsamen, unterhaltsamen Abend. Hier entsteht eines der letzten Fotos, das die Dieckmanns in geselliger Runde mit Günter Leifheit zeigt. Da ist kein Gedanke an Abschied oder Tod, der Günter Leifheit neun Tage später ereilt.

2009 machte Martin Steinhäuser mit seiner Familie Campingurlaub am Lago Maggiore. Er packte endlich die Gelegenheit beim Schopf, einen Besuchstermin mit „Onkel Günter" zu vereinbaren. Im Gespräch erwähnt Günter Leifheit, „dass es sein Wunsch gewesen war, drei Personen noch einmal in seinem Leben zu treffen. Im Jahre 2009 habe er auch die beiden anderen Personen getroffen und ich war nun der letzte dieser drei Personen." [14] Zwei Tage später musste Martin Steinhäuser auf dem Campingplatz vom plötzlichen Tod Günter Leifheits erfahren. Mit seiner Frau machte er sich sofort auf den Weg, um am offenen Sarg von „Onkel Günter" Abschied zu nehmen. Martin Steinhäuser war der letzte „Nassauer", der ihn getroffen hat.

Vermutlich ist es das letzte Bild von Günter Leifheit: Am 23.6.2009, neun Tage vor seinem Tod, treffen sich Ilse und Günter Leifheit im Parkhotel in Düsseldorf mit Karl-Heinz Dieckmann und seiner Frau. Zu Karl-Heinz Dieckmann, der als Handelsvertreter für die Firma seit 1966 tätig gewesen ist, haben sich freundschaftliche Beziehungen entwickelt.

1: Erich Pfaff, langjähriger Verkaufsleiter Inland, mit seiner Frau zu Besuch bei Günter Leifheit in Garmisch
2: Günter Leifheit mit Marga Maxheimer in Lugano
3: Das Ehepaar Leifheit mit Ruth Matti in Gstaad
4: Günter Leifheit mit Willi Steinhäuser und Gattin
5: Das Ehepaar Leifheit mit dem Ehepaar Schwarz in Gstaad

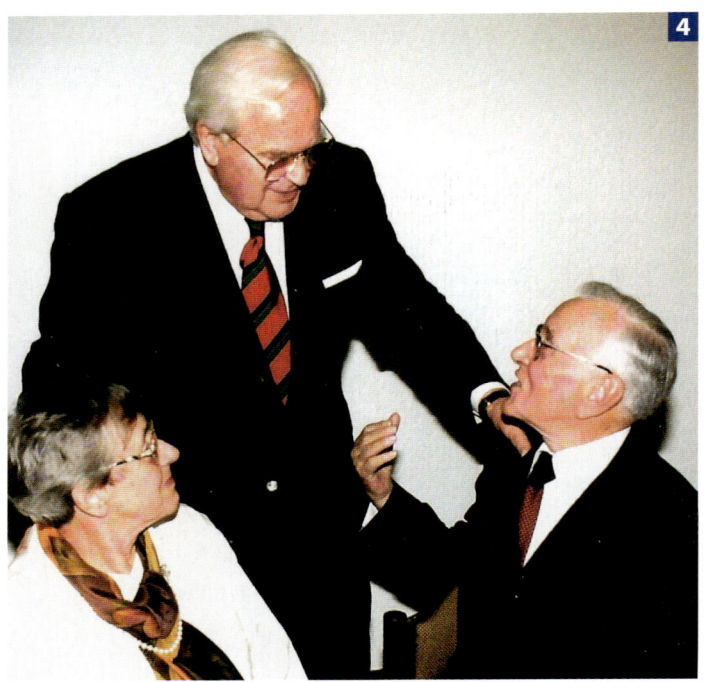

6: Gerd Steinert und Günter Leifheit im Mai 2009 in Lugano
7: Günter und Ellen Schadeck mit Günter Leifheit
8: Letzter Geburtstag von Günter Leifheit, 13.12.2008, in Gstaad im Chesery
9: Anlässlich des Feuerwerks in Campione.
v.l.: Elke Kloss, Ilse und Günter Leifheit, Rosel Schwarz
10: Erwin Biswanger mit Begleitung und Günter Leifheit in Lugano

BESUCHER UND FREUNDE

225

Das Ehepaar Leifheit
1: *in Marbella,* **2:** *auf Sylt*
3: *im Garten in Lugano,*
4: *Hochzeitsfeier am 2. Juni 2000 in Gstaad*

ILSE & GÜNTER LEIFHEIT

Hochzeitsfeier am 2. Juni 2000 in Gstaad
1: *v.l.: Carmen, Tochter von Ilse Leifheit, Kerstin,*
Nichte von Günter Leifheit mit Ehemann
2: *Das Ehepaar Leifheit mit Ellen und Günter Schadeck*
3: *Ilse Leifheit mit ihren Töchtern Carmen (l.) und Marion (r.)*

ILSE LEIFHEITS FAMILIE

1: *In Garmisch-Partenkirchen*
2: *In seinen geliebten Bergen*
3: *An der Côte d'Azur*
4: *Erstmals am Niederwalddenkmal in Rüdesheim*

GÜNTER LEIFHEIT AUF REISEN

DAS WIRKEN DER G. UND I. LEIFHEIT STIFTUNG

IN DER TRADITION DER NASSAUER DENKSCHRIFT: „BELEBUNG DES GEMEINGEISTES UND DES BÜRGERSINNS"

Günter Leifheit neben der Büste des Freiherrn vom Stein im Turm des Stein'schen Schlosses in Nassau – Im Hinblick auf bürgerliches Engagement und Gemeinsinn darf man da eine Brücke schlagen.*

In der Freiherr-vom-Stein-Stadt kommt man nicht umhin, über Bürgersinn und kommunale Selbstverwaltung der „Nassauer Denkschrift" nachzudenken, vor allem auch immer unter der Fragestellung: Was können die Stein'schen Ideen Günter Leifheit bedeuten? Wie sind sie auf die „Zeichen der Zeit", auf Gegenwart und Zukunft anzuwenden? Günter Leifheit ist in erster Linie ein Handelnder, ein Mann der Praxis, aber auch sehr belesen und an Historie und am Zeitgeschehen interessiert. Er verfügt über einige Eckpunkte in seinem Weltbild – und weit mehr noch in seinem Handeln –, die deutliche Brücken zu den Gedanken des Freiherrn vom Stein zu bauen vermögen.

2007 hat man im Doppeljubiläum an den 250. Geburtstag von Karl Reichsherr vom und zum Stein und das Erscheinen seiner „Nassauer Denkschrift" aus dem Jahr 1807 erinnert. Nicht ohne Stolz ehrt man in ihm den bedeutendsten deutschen Reformer, der nach den Niederlagen gegen Napoleon in Theorie und Praxis in Preußen wichtige politische und gesellschaftliche Veränderungsprozesse in Gang gebracht hat. Dass der im Staatsdienst tätige Freiherr vom Stein nach der Entlassung durch den preußischen König Friedrich Wilhelm III. im Frühjahr des Jahres 1807 ausgerechnet auf dem Stammschloss der Familie die „Nassauer Denkschrift" verfasst hat, erfüllt hier umso mehr mit Stolz. Als entscheidenden Kernsatz für Überwindung absolutistischer Strukturen und der Kabinettspolitik dieser Zeit formuliert und postuliert er in der „Nassauer Denkschrift": „Belebung des Gemeingeistes und des Bürgersinns, die Benutzung der schlafenden und falsch geleiteten Kräfte und zerstreut liegenden Kenntnisse, der Einklang zwischen dem Geist der Nation, ihren Ansichten und Bedürfnissen und denen der Staatsbehörden, die

Wiederbelebung der Gefühle für Vaterland, Selbständigkeit und Nationalehre, ein lebendiger, fest strebender, schaffender Geist an Stelle von Formenkram und Dienst-Mechanismus". [1)]

Auf den unteren Ebenen des Staates sollten die Bürger, nach Freiherr vom Stein – allerdings auf die „eingesessenen Eigentümer" begrenzt – an der Provinzial- und Lokalverwaltung beteiligt werden. Er skizziert eine neue Städteordnung. Ausgerechnet auf Rat von Napoleon holt König Friedrich Wilhelm III. am 10.7.1807 Karl Freiherr vom Stein zurück und macht ihn zum Leiter der Staatsgeschäfte. Nun kann dieser seine Ideen umsetzen. Die von Freiherr vom Stein verfasste, am 19. November 1808 erlassene Städteordnung hält die Ziele, Funktionen und Organe der Gemeindeverfassung zur Belebung des Gemeingeistes und des Bürgersinns fest. Ausgehend von der selbstverwalteten Gemeinde sollten Kreistage und Provinziallandtage als weitere Stufen der Bürgerbeteiligung folgen. Insgesamt sollten staatliche Bürokratie und Selbstverwaltung verzahnt werden.

Damit leistet Freiherr vom Stein einen wesentlichen Anteil zur Reformierung des absolutistischen Untertanenstaates hin zu einem Bürgerstaat mit kommunaler Selbstverwaltung. Mit gutem Grund wird in vielen Bundesländern die Freiherr-vom-Stein-Plakette, in Rheinland-Pfalz seit 1954, an Bürgerinnen und Bürger als Auszeichnung ihres kommunalpolitischen Engagements verliehen. Die „Nassauer Denkschrift" darf man durchaus als eine „Geburtsurkunde der kommunalen Selbstverwaltung" bezeichnen.

Stiftungen: Engagement für das Gemeinwohl

Man kann Freiherr vom Stein nicht als Vater des Stiftungsgedankens bezeichnen, aber sein Grundgedanke „Belebung des Gemeingeistes und des Bürgersinns, die Benutzung der schlafenden und falsch geleiteten Kräfte und zerstreut liegenden Kenntnisse" ist zweifellos auch eine Wurzel für diese Form des gesellschaftlichen Engagements. „Viele Menschen, die in einem erfüllten Berufsleben sehr erfolgreich tätig waren, stellen sich irgendwann die Frage, wie sie etwas Nachhaltiges und Dauerhaftes erhalten können" [2)]

Mit dem Namen Leifheit sind zwei Stiftungen verbunden, die auseinander gehalten werden müssen, damit es nicht zu Irritationen kommt. Da ist zum Einen die „Günter und Ingeborg Leifheit Stiftung", die bereits 1985 in der Schweiz gegründet wurde und sich mittlerweile in Auflösung befindet. Und da ist zum Anderen die im Jahr 2006 gegründete G. und I. Leifheit Stiftung, die für Projekte in Nassau und in der engeren und weiteren Region relevant ist, und um die es hier schwerpunktmäßig geht.

Die G. und I. Leifheit Stiftung

Die G. und I. Leifheit Stiftung wurde im Jahr 2006 von Günter Leifheit mit der Unterstützung seiner Ehefrau Ilse Leifheit gegründet und am 19. Dezember 2006 von der Aufsichts- und Dienstleistungsdirektion in Trier anerkannt. Im Stiftungsverzeichnis von Rheinland-Pfalz wurde der Zweck verankert:

„Die Stiftung verfolgt ausschließlich und unmittelbar gemeinnützige und mildtätige Zwecke i.S.d. §§ 51ff. Abgabenordnung 1977 und zwar durch:

a) Förderung und Unterhaltung von Alters- und Pflegeheimen in Nassau und Umgebung
b) Maßnahmen zur Verbesserung der Lebensverhältnisse alter Menschen, insbesondere durch Unterstützung entsprechender Forschungsprogramme
c) Förderung der medizinischen Forschung in Deutschland
d) Förderung der Pflege der deutschen Kultur, Geschichte und Schulbildung
e) Zuwendungen an andere gemeinnützige Einrichtungen, die ähnliche Zwecke wie die Stiftung verfolgen."

Die Stiftung hat in Nassau ihren Sitz, wobei Günter und Ilse Leifheit nach wie vor in der Schweiz wohnen. Bis zu seinem Tod hat Günter Leifheit den Vorsitz inne und ab 2009 seine Witwe Ilse. Zieht man die frühere Stiftung als Vergleich heran, fallen vier Merkmale auf:

1. Am vorrangigen Zweck der Stiftung, vor allem die Lebensverhältnisse älterer Menschen zu verbessern, hat sich gegenüber der „Günter und Ingeborg Leifheit Stiftung" nichts geändert, sei es durch die Förderung von Alters- und Pflegeheimen, sei es durch medizinische Forschung. Das belegt die besondere Bedeutung, die diesem Stiftungsziel zukommt.

2. Neu hinzu gekommen ist der Schwerpunkt der „Pflege der deutschen Kultur, Geschichte und Schulbildung". Das hat sich mit der Förderpraxis und Sponsortätigkeit von Günter Leifheit bereits angedeutet und entspricht seiner Wertschätzung für Kultur und historische Bildung.

3. Die Stiftung sieht von vornherein vor, andere Initiativen und deren Träger zu unterstützen, die mit den Stiftungszielen übereinstimmen bzw. „ähnliche Zwecke" verfolgen. Das hat den Vorteil, dass man an vorhandene Aktivitäten anknüpfen, diese unterstützen und Synergieeffekte schaffen kann. Man fördert „subsidiär", in der Regel nicht „all-inclusive", und man entlässt die Partner nicht aus der Eigenverantwortung, was auf alle Stiftungsziele zutreffen kann. Subsidiarität ist ein Grundprinzip sowohl liberaler als auch christlicher Sozialethik. Papst Pius XI. hat es in der Sozialenzyklika „Quadragesimo anno" (1931) sehr präsize – im Wortlaut der Zeit – beschrieben: "… so muss doch allzeit unverrückbar jener höchst gewichtige sozialphilosophische Grundsatz festgehalten werden, an dem nichts zu rütteln und zu deuten ist: wie dasjenige, was der Einzelmensch aus eigener Initiative und mit seinen eigenen Kräften leisten kann, ihm nicht entzogen und der Gesellschaftstätigkeit zugewiesen werden darf, so verstößt es gegen die Gerechtigkeit, das, was die kleineren und untergeordneten Gemeinschaften leisten und zum guten Ende führen können, für die weitere und übergeordnete Gemeinschaft in Anspruch zu nehmen; … Jedwede Gesellschaftstätigkeit ist ihrem Wesen und Begriff nach subsidiär; sie soll die Glieder des Sozialkörpers unterstützen, darf sie aber niemals zerschlagen oder aufsaugen."(79) Sprachlich geringfügig angepasst, ist es ein hochaktuelles Prinzip, das als eines der Grundprinzipien gesellschaftlicher Ordnung auch von der heutigen „Freiherr-vom-Stein-Gesellschaft" ganz in den Vordergrund gerückt wird. Wenn mit diesem Prinzip vor allem staatliche Instanzen in die Pflicht genommen werden, sowohl im Hinblick auf gebotene Zurückhaltung, als auch auf Förderpflichten, so offenbart sich darin auch eine Maxime für Stiftungen. Dabei umfasst die Subsidiarität noch eine völlig andere Dimension: Stiftungen verfügen über die Möglichkeit, sich besonders dort zu engagieren, wo weder der Einzelne noch die kommunale oder noch die staatliche Ebene über hinreichende Ressourcen verfügen, um dringende Aufgaben in zufriedenstellender Weise wahrzunehmen.

4. Eine regionale Umgrenzung und Festlegung der Aktivitäten ist nur in Ziffer (a) der Stiftungsziele zugunsten von „Nassau und Umgebung" enthalten. Das ermöglicht es sowohl, Nassau und die Region in den Mittelpunkt zu stellen, aber auch kreisweit und überregional zu agieren.

Es ist mit Sicherheit im Sinne von Günter und Ilse Leifheit, vorrangig Nassau und Umgebung zu unterstützen. 2005 antwortet Günter Leifheit auf die Frage des Redakteurs Carlo Rosenkranz, warum er so viel von seinem Reichtum mit anderen teile, schlicht und einfach so: „Mein Vermögen ist so, dass ich mir das leisten kann. Ich mache das mit Überlegung, weil ich hier eine Kleinstadt fördern kann, in der die Leute nicht mehr so viel investieren. Das mache ich mit ganzem Herzen." [3] Im gleichen Artikel antwortet der 84jährige auf die Frage: „Haben Sie einen Traum, den Sie sich in Ihrem Leben noch erfüllen möchten?" „Ja ..." Leifheit denkt schweigend nach und sagt mit Tränen in den Augen: „Ich möchte Nassau weiterhelfen, und helfen, dass es weiter voran kommt. Meine erste Frau (korrekt: zweite, der Autor) ist hier begraben, und auch ich habe meine Grabstätte hier. Ich fühle mich sehr nach Nassau gezogen." Und Ilse Leifheit ist Nassauerin, was diese Bindung sicherlich noch erheblich intensiviert hat. Diese in den letzten Lebensjahren geäußerten Gedanken lassen sich durchaus auch als Interpretationshilfe für die Auslegung und Realisierung der Stiftungsziele auslegen.

Freiherr vom Stein würde sich heute sicherlich Gedanken machen, über „Leben in ländlichen Regionen", vermutlich den ungebrochenen Drang in die Städte und Megazentren nicht gutheißen, sondern darüber nachdenken, wie man „Landflucht" stoppen und ländliche Regionen und Nassau als Kleinstadt stärken kann. Er würde – und müsste – auf den demographischen Wandel eingehen. Da sind Assoziationen zu Günter Leifheits Grundüberzeugungen vorhanden. Zudem ist die Stadt Nassau chronisch verschuldet, so dass aufgrund des Haushaltsdefizits freiwillige Leistungen nur eingeschränkt bzw. unmöglich sind und die Verbands- und Vereinsförderung zu erliegen droht. Auch die Selbständigkeit der Verbandsgemeinde Nassau steht auf dem Spiel, gibt es doch Pläne der Landesregierung, hier größere Verwaltungseinheiten zu schaffen.

Führt man die Gedanken von Günter Leifheit weiter, und übersetzt man sie in die Sprache aktueller Programmatik, dann ist man schnell bei der Förderung und Unterhaltung von Alters- und Pflegeheimen und ambulanter Betreuungsmöglichkeiten, Schaffung neuer Arbeitsplätze etwa in Pflegeberufen, Fortführung der Innenstadtsanierung, Förderung regionaler Unternehmen, Sicherstellung der ärztlichen Versorgung, Verkehrsanbindung, Tourismusförderung, Erhaltung und Förderung von Bildungseinrichtungen u.a., also bei einer integrierten Entwicklung und Stärkung des ländlich-regionalen Raums. Einige dieser Ziele sind im Zweck der G. und I. Leifheit Stiftung expressis verbis festgehalten. Ein Vergleich mit der Förderpraxis von Günter Leifheit zu seinen Lebzeiten macht jedoch auf einen grundsätzlichen und gravierenden Unterschied aufmerksam. Günter Leifheit hat aus seinem Privatvermögen alles fördern können, was ihm wichtig gewesen ist. Einer öffentlich-rechtlichen Stiftung sind Grenzen durch die Ziele der Stiftung auferlegt, in deren Rahmen sie sich bewegen muss. Günter Leifheit konnte auch alleine entscheiden; in einem Stiftungsvorstand bedarf es der Abstimmung und ggfs. der Mehrheitsfindung. Die G. und I. Leifheit Stiftung ist eine rechtsfähige öffentliche Stiftung mit festem Stiftungsstock. Für konkrete Förderungen stehen der Stiftung die Erlöse aus dem Stiftungsstock zur Verfügung, der über familiäre Erbregelungen kräftig erhöht worden ist.

„Tue Gutes und rede darüber", lautet ein Ratschlag, der auch an Stiftungen gerichtet wird. Stiftungen müssen erlebbar sein und sollten sich moderner Kommunikationsformen bedienen, um auf diese Weise die Stiftungsziele und die Stiftungspraxis einer breiten Öffentlichkeit zugänglich zu machen. Ab 2016 ist die G. und I. Leifheit Stiftung mit einer Homepage im Internet vertreten, und auch die vorliegende Dokumentation über Günter Leifheit dient der Transparenz.

Stiftungen verlangen ein besonderes Fingerspitzengefühl, sowohl von der „Geber-" als auch von der „Empfängerseite" her. Wenn Stifter bevorzugt ihre Heimatstadt bedenken, zu der auch enge und vielfältige zwischenmenschliche Beziehungen bestehen, ist wechselseitige Sensibilität im besonderen Maße am Platz, vor allem auch zwischen der Stiftung und den kommunalpolitisch Handelnden und anderen gesellschaftlich engagierten Personen und Gruppen.

Im Jahr 2012 erscheint ein Grundsatzartikel über mögliche künftige Schwerpunkte der G. und I. Leifheit Stiftung, die nach eigener Einschätzung bisher noch wenig bekannt ist. Im Gespräch mit Redakteur Rosenkranz[4] erläutert Werner Stump, Generalsekretär der Stiftung von 2011 bis 2016, die aktuellen Stiftungsziele, die vor allem auf eine größere Präsenz in Nassau und Umgebung hinweisen.

1. „Die in der Öffentlichkeit noch wenig bekannte G. und I. Leifheit Stiftung und eine gegründete Immobilien und Beteiligungsgesellschaft der Stiftung werden in naher Zukunft Büroräume in Nassau beziehen und damit vor Ort Präsenz zeigen und dauerhaft einen Ansprechpartner in der Stadt haben. … Wir wollen den Namen Leifheit weiter fest in der Stadt verankern." Die LIB Leifheit Immobilien und

Beteiligungen GmbH, derzeit mit Sitz in Ludwigsburg bei Stuttgart, wird Anfang 2017 ihren Firmensitz nach Nassau verlegen. Im Sommer 2016 ist dann auch der Kauf des ehemaligen Modehauses Bläsche in der Nachbarschaft des Günter-Leifheit-Kulturhauses erfolgt. Nach erforderlichen Umbauten könnte es im Zusammenhang mit der Errichtung einer Seniorenresidenz als Sitz der G. und I. Leifheit Stiftung sowie der LIB dienen.

2. Die „Nassauer Gespräche" der Freiherr-vom-Stein-Gesellschaft sollen zurück nach Nassau geholt werden.

3. Im Bereich von Senioreneinrichtungen mit unterschiedlichen Schwerpunkten kann die Stiftung in Nassau tätig werden.

4. Konkretes Handeln der Stiftung ist in der Regel auf Voraussetzungen angewiesen. „Wir setzen auf Initiativen vor Ort und prüfen, ob wir dazu einen finanziellen Beitrag leisten können Voraussetzung seien jeweils Akteure, die eine der Satzung der Stiftung entsprechende Sache mit Herzblut vorantreiben."

Die G. und I. Leifheit Stiftung ist im Jahr 2006 anerkannt und in das rheinland-pfälzische Stiftungsverzeichnis eingetragen worden. Dem ersten Vorstand gehörten Günter Leifheit als Vorsitzender, Ilse Leifheit als stellvertretende Vorsitzende, Angelika Bellinger und Dr. Gerhard Lempenau an. Seit dem Tod von Günter Leifheit nimmt Ilse Leifheit den Vorsitz wahr. Aktuell – 2016 – gehören außerdem Dr. Josef Peter Mertes als stellv. Vorsitzender, Dr. Frank Grischa Feitsch und Bernhard A. Rebel dem Vorstand an. Von 2011 bis April 2016 war Werner Stump als Generalsekretär der Stiftung tätig. Ab Mai 2016 bis 30.4.2017 sind Dr. Josef Peter Mertes und Werner Stump gemeinsam als Stiftungsbeauftragte in geschäftsführender Funktion für die Stiftung tätig. Derzeit wird eine hauptamtliche Geschäftsführung gesucht, die die mit der Geschäftsführung verbundenen Arbeiten mit einem Büro in Nassau verantwortlich übernimmt.

Die Sitzungen des Vorstandes vom 1. und 2. Juli sowie vom 17. September 2016 sind für die weitere Entwicklung der Stiftung von besonderer Bedeutung. Eine neue Satzung ist verabschiedet worden; nach der erfolgten Abstimmung mit dem Finanzamt und der Genehmigung durch die Stiftungsbehörde ist sie am 20. September 2016 wirksam geworden. Sie wird die Arbeit der Stiftung in den nächsten Jahren prägen. Bezogen auf die Stiftungszwecke heißt es nun im Paragraphen 2, Abs. 2:

„Zweck der Stiftung sind die Förderung der Altenhilfe, die Förderung von Wissenschaft und Forschung, die Förderung der Erziehung und Bildung, die Förderung von Kunst, Kultur und Sport sowie die Förderung mildtätiger Zwecke."

Der §2, Abs. 3 (Stiftungszweck) gibt den Stiftungstext von 2006 wieder mit einer Präzisierung in Ziffer (a): Lautete es zunächst „Förderung und Unterhaltung von Alters- und Pflegeheimen in Nassau und Umgebung". So heißt es nun „vorrangig in Nassau und Umgebung." Man kann davon ausgehen, dass die Ergänzungen und „geringfügigen Änderungen" mit Bedacht vorgenommen worden sind. Statt „Schulbildung" ist nun von „Erziehung und Bildung" die Rede, und statt der „deutschen Kultur" heißt es nun „Kunst und Kultur". Und neu aufgenommen ist der Sport. Darin kann man eine eindeutige Interpretation des Stifterwillens sehen. Günter Leifheit würde dieser Präzisierung und Konkretisierung, gerade auch hinsichtlich aktueller gesellschaftlicher Herausforderungen, vorbehaltlos zustimmen. Wer Bildung erfolgreich fördern will, setzt im frühkindlichen Bereich, jedenfalls in den Kitas an. Auch außerschulische Bildung ist unverzichtbar, sowohl im Hinblick auf erforderliche Kompensationen, auf Integrationsaufgaben, als auch für Konzepte eines lebenslangen Lernens. „Sport" ist fester Bestandteil des Bildungskanons für Kinder und Jugendliche, der sich in der Kinder- und Jugendarbeit der Sportvereine fortsetzt.

Es ist sinnvoll, ab 2012 die bisher weitgehend chronologische Betrachtung zu verlassen und die Projekte, nach Stiftungszielen geordnet, im Einzelnen zu verfolgen. Von Interesse ist die Vorgehensweise bei den verschiedenen Projekten, die die G. und I. Leifheit Stiftung bisher gefördert hat. Wer wird initiativ, wer gibt den Anstoß für eine nähere Prüfung eines Projektes im Hinblick auf Realisierbarkeit? Wie vollzieht sich die Zusammenarbeit zwischen Stiftung und Stadtverwaltung oder mit Vereinen und Verbänden, mit Ministerien? Da ist Einiges, aber längst nicht alles dokumentiert, vieles ist auch im Fluss und in der Entwicklung, aber es gibt durchaus einige erkennbare Muster der Vorgehensweise.

Eine der aktuellem Fördermaximen besteht darin, Förderintentionen von Günter Leifheit fortzusetzen, Kontinuität zu wahren, bei allem, was ihm Herzensangelegenheit gewesen ist. Darauf legt Ilse Leifheit großen Wert, insbesondere bei den von ihr ins Leben gerufenen Heiligabend-Treffs, Pralinen für Advents-und Weihnachtsfeiern, Unterstützung für die „Netten Nachbarn". Ilse Leifheit springt in einigen Fällen auch persönlich ein, wenn sich sonst kein Sponsor findet, z.B. bei einem Klavierkauf, der

Anschaffung von eines Defibrillatoren, untergebracht im Tag und Nacht offenen Vorraum einer Bank und bei der Herz-Sportgruppe, der Restzahlung für den Hohe-Lay-Aufgang und Unterstützungen für den Sport. Vieles geht dann auch auf die Stiftung über. Die Stiftung unterstützt auch das Nassauer Kleinkunstfest, das seit 15 Jahren vom Land bzw. dem Kultusministerium finanziell gefördert wird. „Nachdem die Stadt Nassau aufgrund ihrer Haushaltslage für das Festival keine Mittel mehr zur Verfügung stellen kann, ist Leifheit als Hauptsponsor eingesprungen." [5]

Für die lokalen Initiativen spielt das Zusammenwirken der Stiftung mit den beiden Bürgermeistern der Verbandsgemeinde und der Stadt Nassau, mit Udo Rau und Armin Wenzel, eine wichtige Rolle. Am Anfang stehen in der Regel interne Gespräche, mal von der Kommunalpolitik, mal von der Stiftung initiiert, um Chancen auszuloten. Vertrauensvolle Vorgespräche sind in der Regel förderlich für das Gelingen dieser Projekte; ein zu rasches Vorpreschen in die Öffentlichkeit ist nicht immer hilfreich, vor allem dann, wenn eine der beiden Seiten kaum Realisierungschancen für ein Projekt sieht. Man will möglichst keine unerfüllbaren Erwartungshaltungen wecken und sich nicht wechselseitig unter Druck setzen. Entscheidungen bei Nassauer Projekten liegen in der Zuständigkeit der Gremien – Verbandsgemeinderat und Stadtrat auf der einen Seite und Vorstand der G. und I. Leifheit Stiftung auf der anderen Seite.

Die G. und I. Leifheit Stiftung (s.u.) macht es sich in besonderer Weise zur Aufgabe, an Günter Leifheit zu erinnern. Jeweils am Geburtstag von Günter Leifheit, am 13. Dezember, als auch am Todestag, am 2. Juli, findet ein Gedenken an seinem Grabmal statt. Familienmitglieder, frühere Mitarbeiterinnen und Mitarbeiter, Befreundete und einige offizielle Vertreter finden sich ein, um seiner in Dankbarkeit zu gedenken. Das Gedenken wird dabei häufig umrahmt vom Männergesangverein und von jungen Musikern des Lahn Sin(n)fonie Blasorchesters Nassau und dem Glockengeläut der von Günter Leifheit restaurierten Friedhofskapelle.

Das Logo der G. und I. Leifheit Stiftung mit dem Bergfried der Burg Nassau

"FÖRDERUNG VON ALTERS- UND PFLEGEHEIMEN VORRANGIG IN NASSAU UND UMGEBUNG"

„Alters- und Pflegeheime" sind eingebunden in ein System unterstützender Maßnahmen, die vor allem auch dazu dienen, dass ältere Menschen möglichst lange selbstbestimmt in ihrem Wohnumfeld verbleiben können. Diesem Ziel können förderungswürdige Einzelaktionen ebenso dienen wie die Unterstützung von auf Dauer angelegten Maßnahmen von Vereinen und Verbänden. Schließlich geht es um die Schaffung neuer Wohn- und Betreuungsmodelle, was in der Regel auch größere bauliche Vorhaben erforderlich macht. In allen drei Bereichen ist die Stiftung engagiert.

Unterstützung von lokalen Initiativen für die Seniorenarbeit

Die „Netten Nachbarn", für die sich die Kurzform „NeNas" eingebürgert hat, sind ein Nachbarschaftshilfe-Projekt des Seniorenbüros „Die Brücke". Die NeNas sind ehrenamtlich tätig; sie besuchen Ältere und Kranke, sei es zu Hause oder in Heimen, „begleiten bei Spaziergängen, Besorgungen und Arztbesuchen, erledigen kleinere Einkäufe oder unterstützen durch Hilfe daheim. ... Die Nassauer Familie Leifheit ist von den Aktivitäten der NeNas und der AWO so überzeugt, dass sie regelmäßig die Gruppe aus Nassau und Bad Ems über ihre Stiftung unterstützt." [1] Das ist Grund für die Stiftung, den Dank in Form einer Besichtigungsfahrt oder eines geselligen Treffens auszudrücken. So wird den NeNas jährlich ein Ausflug ermöglicht, der sie nach Speyer, Trier, Rüdesheim und nach Wiesbaden führt.

Auch die „Heiligabend-Treffs" für ältere und alleinstehende Menschen, die „Die Brücke" organisiert, werden von der Stiftung mit einer Spende unterstützt.[2] Das gilt auch für die folgenden Jahre. Neben den Pflegestützpunkten und den „Netten Nachbarn" aus Bad Ems und Nassau gehören auch der Deutsche Hausfrauenbund Ortsverein Diez, die katholische Herz-Jesu-Gemeinde und die evangelische Stiftskirchengemeinde Diez, die evangelische und die katholische Altenheimseelsorge Lahnstein, das AWO-Zentrum Nassau, die Pro-Senioren Residenz Lahnstein und der Förderverein dieser Einrichtung zum Kreis der Organisatoren. Hier wird im besonderen Maße die ehrenamtliche Tätigkeit mehrerer Organisationen gefördert und gebündelt, und zwar an der gesamten Lahnschiene von Lahnstein bis Diez. Unterstützt werden auch die Grünen Damen, die Hospizbewegung und die Weihnachtsfeiern der Seniorinnen und Senioren.

Die Netzwerkmitglieder des Sozialkompass Nassau e.V. präsentieren sich in einer gemeinsamen Veranstaltung in der Nassauer Stadthalle.

Der „Sozialkompass Nassau e.V."

Unter dem Namen „Sozialkompass Nassau" haben sich mittlerweile rund 30 Institutionen und Personen zusammengeschlossen, um ihre Kräfte zu bündeln und Menschen in besonderen Lebenssituationen zur Seite zu stehen. Die Vernetzung der Partner soll dazu beitragen, Menschen zu erreichen, die Hilfe benötigen. Herzstück des Netzwerks ist das Beratungszentrum, das von der G. und I. Leifheit Stiftung 2012 initiiert wurde und seither gefördert wird. Dieses von der G. und I. Leifheit Stiftung geförderte Beratungs- und Betreuungszentrum knüpft an eine vorhandene Einrichtung an. In Nassau hat ein AWO-Beratungs- und Informationsbüro in der Schlossstraße existiert, in dem Peter Nettesheim und Günther Höltken fachkundig insbesondere älteren Bürgerinnen und Bürgern beratend zu Seite gestanden haben. Das Zentrum hat Lebensberatung in vielen Bereichen angeboten, bei Vorsorgevollmacht, Betreuungs- und Patientenverfügung, Rehabilitation und Teilhabe behinderter Menschen sowie bei Fragen zum Betreuungsrecht und zur Sozialgesetzgebung bis zur Unterstützung bei der Ausfüllung von Formularen und dem Angebot von Hol- und Bringdiensten, etwa für Einkaufshilfen und Arztbesuche. Diese Angebote sind gut angenommen worden. Allerdings droht aus finanziellen Gründen eine Schließung des Büros. Die G. und I. Leifheit Stiftung springt mit „ideeller und finanzieller Unterstützung" ein, so dass die Angebote aufrecht erhalten werden können,[3] ganz im Sinne des Stiftungsziels, „Zuwendungen an andere gemeinnützige Einrichtungen, die ähnliche Zwecke wie die Stiftung verfolgen", zu unterstützen.

2014 weitet die Stiftung ihr Engagement hier erheblich aus. Unter dem neuen Namen „Sozialkompass Nassau" wird das bisherige AWO-Angebot zum Beratungszentrum eines sozialen Netzwerkes. Darin finden nahezu alle Akteure, Vereine, Verbände, Kirchen, Parteien, ehrenamtliche Initiativen zusammen. Um das ehrenamtliche Angebot zu sichern, unterstützt die Stiftung die Verwaltungs-, Fach- und Sachbearbeitung mit bis zu 40.000 Euro pro Jahr. Um die Qualität der Arbeit zu gewährleisten und zu dokumentieren ist als Qualitätsmanagementsystem eine Zertifizierung nach der ISO 9001 vorgesehen. Am 26. November 2014 präsentiert sich der Sozialkompass der Öffentlichkeit.

2015 startet nach einigen Komplikationen der Verein „Sozialkompass Nassau e.V.", der nun Träger des Beratungsbüros wird. Der neue Verein muss vor allem auch den für die Förderung durch die Leifheit Stiftung erforderlichen gemeinnützigen Charakter widerspiegeln. Der Notar Joachim Mädrich, selbst eines der zwölf Gründungsmitglieder, hat dabei kompetent mitgewirkt. Im Juli 2015 folgte ein zweiter Info-Tag in der Stadthalle. Seit September 2015 stehen auch Experten für die Bereiche Arbeitsrecht, Zivil- und Familienrecht sowie Schuldner- und Rentenberatung zur Verfügung. Im Dezember 2015 kann der Sozialkompass Nassau e.V. neue Räumlichkeiten beziehen. Die Verbandsgemeinde begrüßt diese Angebote und weiß deren Aufgaben in guten Händen. In dieser Vernetzung, das ist die Intention, soll die Weiterentwicklung sozialer Kompetenzen im Hinblick auf neue Herausforderungen wachsen.

Unterstützung einer ökumenischen Flüchtlingsinitiative

Im Januar 2016 stellt die G. und I. Leifheit Stiftung Räume in den ehemaligen „Nassauer Stuben" als „beheizbare und wasserdichte Bleibe" für eine Kleiderkammer zur Verfügung. Mit „St. Martins Mantel" hat diese Einrichtung einen programmatischen Namen erhalten. Die Stiftung unterstützt damit wirksam die ehrenamtliche Arbeit vieler engagierter Bürgerinnen und Bürger in Nassau. [5]

Senioreneinrichtungen in Nassau

Sowohl Stiftung als auch Stadt und Verbandsgemeinde Nassau sind sehr an der Schaffung von Senioreneinrichtungen interessiert, gerade auch im Hinblick auf die demographische Entwicklung. Es ist nachvollziehbar, dass Planung und Verwirklichung solcher Projekte Zeit benötigen. Da ist zum Einen die Bedarfsanalyse, die sowohl quantitative Aspekte, aber mehr noch qualitative Schwerpunkte umfassen muss. Da bildet häufig ein Auftrag für eine professionelle Konzepterstellung den ersten Schritt. Es gibt ganz unterschiedliche Zielvorstellungen und Modelle. Geht es um eine „Seniorenresidenz" im Sinne eines Altersheims, um betreutes Wohnen für ältere Menschen, um Wohnmodelle, die mehrere Generationen umfassen, um eine palliative Betreuung, um ein Hospiz?

Da ist zum Anderen die Frage der Trägerschaft. Wer ist bereit und fähig, eine solche Einrichtung zu betreiben, sowohl eine adäquate Konzeption zu entwickeln als auch Eigenkapital einzusetzen? In welcher Weise gelingt es, „Drittmittel" neben dem Zuschuss der Stiftung und des Trägers für eine solches Projekt zu gewinnen? Auch bauliche Voraussetzungen sind zu klären, vom Grundstückserwerb bis hin zum konkreten Baubedarf und etwaigen Bebauungsplanänderungen. Der Kontakt mit der Landesregierung kann wichtig sein, um ein lokales Projekt ggfs. in landesplanerische Ziele zu integrieren. So verwundert es nicht, dass bereits Planungsschritte viel Zeit benötigen, nicht jeder Versuch gleich zu Erfolg führt und mitunter etliche Hindernisse aus dem Weg zu räumen sind.

a) Seniorenresidenz auf dem Gelände der „Alten Brauerei"

2011 gab es die Absicht, das Altenwohn- und -pflegeheim Haus Hohe-Lay zu erweitern. Aufgrund von wirtschaftlichen Überlegungen hat man diesen Plan, wie Stadtbürgermeister Armin Wenzel berichtet, wieder aufgeben müssen.

Sowohl die G. und I. Leifheit Stiftung als auch die Stadt Nassau halten am Vorhaben fest, „auf dem ehemaligen Gelände auf der Brauerei eine Einrichtung für betreutes Wohnen zu errichten".[6] Im Sommer 2016 erwirbt die Stiftung von der LIB Leifheit Immobilien und Beteiligungen GmbH das Grundstück, das zurzeit als Parkplatz dient. Man kann davon ausgehen, dass die schon länger bestehende Planung für diese Seniorenresidenz nun Fahrt aufnimmt.

Die Stadtverwaltung Nassau ist sehr an diesem Projekt interessiert, ebenfalls die Verbandsgemeinde, die für den Bebauungsplan zuständig ist. Die Rede ist auch von einer möglichen Einbeziehung der L330 im Bereich „Unterer Bongert" in das Projekt, die dann zu entwidmen wäre. Die Lokalpolitik hofft auf das Engagement der G.und I. Leifheit Stiftung, ohne die das Projekt nicht realisiert werden kann.

Unter anderem könnten dort 16 Plätze in einer „Betreuten Wohngemeinschaft" vorgesehen werden, wo Seniorinnen und Senioren unter Wahrung ihrer Selbständigkeit wohnen können, soweit dies möglich ist. Zudem sind Wohnungen für das Betreute Wohnen vorgesehen. Es soll eine offene Einrichtung sein, die neben der Betreuung der Bewohnerinnen und Bewohner auch „Quartiersarbeit" leisten soll. Die in Nassau politisch Verantwortlichen gehen von einem entsprechend großen Bedarf aus und warten auf den Baubeginn, der für 2017 vorgesehen ist.

b) Überlegungen für eine Palliativeinrichtung in Nassau

Die Stiftung ist 2016 mit einer kompetenten Stelle über einen Bedarf für eine Palliativeinrichtung in der Region in Kontakt getreten. Der Stiftungsvorstand ist mit dem Orden als Träger des Marienkrankenhauses in Nassau und der ärztlichen Leitung im Gespräch, um in Verbindung mit dem bestehenden Krankenhaus eine Palliativversorgung am Ort zu verwirklichen. Eine Zusammenarbeit mit der von der Stiftung finanzierten Stiftungsprofessur für Geriatrie an der Universitätsmedizin Mainz wird dabei angestrebt. (s.u.) Die Stiftung legt Wert darauf, dass neben der Vergabe einer Bedarfsanalyse und -planung die Landesregierung und die Krankenhausgesellschaft vor der Einleitung weiterer Schritte kontaktiert werden sollen, um dort Stellungnahmen zur Thematik einzuholen. Sollte das Projekt sich als realisierbar erweisen, sind im Bereich des Marienkrankenhauses ggfs. Gebäudeteile und Grundstücke zu erwerben.

c) Ein stationäres Hospiz in Nassau

Unabhängig von diesem Vorhaben existieren seit 2010 auch Bemühungen um die Einrichtung eines stationären Hospizes in Nassau sowie der Verbesserung der Betreuung demenzerkrankter Menschen. Auch in diesen Bereichen will sich die Stiftung engagieren.

Dabei wird zurzeit eine engere Zusammenarbeit mit der Stiftung Scheuern angestrebt, die sich seit langen Jahren und mit viel Erfahrung um behinderte Menschen kümmert. Das deckt sich mit der Absicht der Stiftung Scheuern, ihre Aufgaben neu zu strukturieren, vor allem mit dem Schwerpunkt von „Demenz im Alltag". Dafür möchte sie gerne federführend Angebote an die Menschen vor Ort richten. Die G. und I. Leifheit Stiftung rät zu weiteren konzeptionellen Überlegungen und zu Abstimmungen mit dem Sozialkompass e.V.

Demografie-orientiertes Quartiersprojekt am Caritas-Altenzentrum St. Martin in Lahnstein

Unter dem sperrigen Arbeitstitel verbirgt sich ein vielfach vernetztes Projekt. Für das Teilprojekt 5: „Leben im und für das Quartier" hat der Caritasverband Westerwald-Rhein-Lahn die G. und I. Leifheit Stiftung vor zwei Jahren um Unterstützung gebeten.

Der Träger selbst erläutert das Konzept so: „Ausgehend von unserer Einrichtung der stationären Altenhilfe soll in Kooperation mit der Kirchengemeinde und allen relevanten Akteuren im Quartier ein tragfähiges und nachhaltiges Netzwerk im Bereich der Altenhilfe geschaffen werden. Dies soll auf den Grundlagen der Prinzipien der gemeinwesenorientierten Seniorenarbeit und des Quartieransatzes geschehen. Aus diesem Grund konzentrieren sich die Inhalte des Projektes auf den Stadtteil Oberlahnstein, in dem das Caritas-Altenzentrum St. Martin liegt. ... „Im Sinne des offenen Quartiergedankens sollte den Bewohnern und Quartiersbewohnern die Möglichkeit gegeben werden, an kirchlichen, kulturellen Veranstaltungen sowie dem örtlichen Vereinsleben teilzunehmen. Für die Bewohner des Hauses wie auch die Bewohner des Quartiers wären die Begegnung und die sich daraus möglicherweise entwickelnden gemeinsamen Aktivitäten eine Bereicherung ihres Alltags. Die Cafeteria sowie die öffentlichen Räume im EG sollten zu diesem Zweck auch Dritten zur Nutzung zur Verfügung gestellt werden (z.B. Mutter-Kind-Gruppen, Elternfrühstück, Seniorenfrühstück, Seniorenmittagstisch). Hier soll zukünftig ein Treffpunkt für alle Generationen (Generationenbegegnungsstätte) entstehen."

Es versteht sich, dass dazu der Aufbau eines Pools von Ehrenamtlichen für ein solches Projekt unabdingbar ist. Die G. und I. Leifheit Stiftung ist bereit, diese besondere Form der Seniorenarbeit zu unterstützen, bei der sich auch der Träger finanziell beteiligen muss und für die aus dem europäischen Förderprogramm „Leader" Mittel einfließen. Der Caritasverband hat bereits die Bewilligung für die beantragte Fördersumme erhalten.

Finanzierung einer Stiftungsprofessur für Geriatrie

Die Überlegungen im Stiftungsvorstand reichen einige Jahre zurück, um hier konkret tätig zu werden. Es besteht Einvernehmen, dass man ein solches Projekt nur an einer universitären Einrichtung ansiedeln könne, wobei möglichst eine Kooperation mit einheimischen stationären und ambulanten Einrichtungen vorgesehen werden soll, insbesondere mit Nassau, aber auch mit dem gesamten Rhein-Lahn-Kreis. Es geht darum, den Nutzen eines solchen Projekts möglichst auch für den ländlichen Raum wirksam werden zu lassen.

Nach verschiedenen Erkundungen und Vorprüfungen gelingt es, an der Universität Mainz 2015 ein solches Projekt anzustoßen und auf den Weg zu bringen. Vor allem der stellvertretende Vorsitzende der Stiftung Dr. Josef-Peter Mertes hat als ehemaliger rheinland-pfälzischer Landtagsabgeordneter und Präsident der Aufsichts- und Dienstleistungsdirektion Trier die Kontakte zur Unimedizin in Mainz und zu den zuständigen Ministerien für Gesundheit und Wissenschaft hergestellt.

Ilse Leifheit überreicht die Bewilligung für eine Professur für Geriatrie an der Uniklink Mainz, v.l.: Dr. Josef Peter Mertes, stellvertretender Vorsitzender der G. und I. Leifheit Stiftung, Wissenschaftsministerin Vera Reiß, Vorsitzende Ilse Leifheit, Prof. Dr. Babette Simon, Medizin-Vorstand der Universitätsmedizin Mainz, Sabine Bätzing-Lichtenthäler, Gesundheitsministerin.**

Unter der Überschrift „Die gute Nachricht – Stiftungsprofessur soll älteren Menschen helfen" berichtet die Rhein-Zeitung am 15.12. auf der Seite 1: „In Rheinland-Pfalz soll ein Versorgungsnetz für Geriatrie entwickelt werden – die G. und I. Leifheit Stiftung (Nassau) gibt einen wichtigen Impuls dazu. Sie finanziert mit Mitteln in siebenstelliger Höhe eine Professur an der Universität Mainz. Die Kernfrage der Forschung lautet dort: Wie lässt sich in Anbetracht des demographischen Wandels die Eigenständigkeit der älter werdenden Menschen verbessern beziehungsweise möglichst lange erhalten? Die neue Stiftungsprofessur für Geriatrie, die 2016 ausgeschrieben wird, ist dem Zentrum für Allgemeinmedizin und Geriatie zugeordnet. Dessen Gründung hatte der Aufsichtsrat der Universitätsmedizin Mainz Anfang des Monats beschlossen."

Es versteht sich, dass die Berichterstattung der Rhein-Lahn-Zeitung da stärker in die Details geht. Der gesamte Vorstand der G. und I. Leifheit Stiftung ist in Mainz anwesend, als die Vorsitzende Ilse Leifheit im Beisein der damaligen Wissenschaftsministerin Vera Reiß und der Gesundheitsministerin Sabine Bätzing-Lichtenthäler

Dr. Josef Peter Mertes (r.) mit RA Dr. Wolfgang Petereit (l.) **

Ilse Leifheit im Gespräch mit Prof. Dr. Ulrich Förstermann, wissenschaftlicher Vorstand der Universitätsmedizin Mainz (l.) und Wolfgang Hempler, Leiter des Kompetenzzentrums Stiftungen der Deutschen Bank, Frankfurt (Mitte) **

die Bewilligung für eine Professur für die Geriatrie am 14. Dezember 2015 an die Vorstandsvorsitzende und den Medizinischen Vorstand der Universitätsmedizin, Prof. Dr. Babette Simon, überreicht. „Es war der Wille meines Ehemannes, des Stifters und Unternehmers Günter Leifheit, sowohl etwas für ältere Menschen als auch für die wissenschaftliche Forschung zu tun", so erläutert sie die Stiftungsintention. „Sie haben ein großes Werk getan", antwortet der Wissenschaftsvorstand der Universitätsmedizin, Prof. Dr. Ulrich Förstermann, da „Professuren im Fachbereich Geriatrie in Deutschland immer noch rar seien. Die Stiftung verschaffe dem Standort Mainz damit ein gewisses ‚Alleinstellungsmerkmal'. ... Gesundheitsministerin Bätzing-Lichtenthäler bezeichnete die Stiftungsprofessur als Krönung des Geriatriekonzepts in Rheinland-Pfalz. Sie werde die Grundlage für Forschung, Lehre und Versorgung liefern. Landesweit gebe es mehr als 20 Geriatriestandorte in Krankenhäusern, wozu auch das Nassauer Marienkrankenhaus mit 30 Betten im akut-stationären Bereich und mit 35 Reha-Plätzen gehöre.[8] Da Forschung Zeit benötigt, geht es um ein langfristiges Projekt. Die Stiftungsprofessur ist deshalb zunächst für sieben Jahre vorgesehen, wobei nach dem 5. Jahr eine externe Evaluation erfolgen soll.

Die Projektbeschreibung der Universität Mainz geht in Ziel- und Umsetzung noch weiter ins Grundsätzliche und ins Detail, wie es in den folgenden Passagen zum Ausdruck kommt: „Zielsetzung aller Bemühungen muss im Generellen das Konzept ‚Gesundes Altern (Healthy Aging)' der Menschen in Rheinland-Pfalz sein.

In Bezug auf die demographische Entwicklung muss im Besonderen im Mittelpunkt die Verbesserung bzw. möglichst lange Erhaltung der Eigenständigkeit der älter werdenden Menschen durch Sicherung einer guten sowohl präventiven als auch therapeutischen, medizinischen und pflegerischen Versorgung stehen. ... Der zunehmende Fachkräftemangel in den Gesundheitsfachberufen, insbesondere der Pflege, führt bereits jetzt zu Engpässen in der Versorgung auch älterer Menschen und wird vermutlich weiter voranschreiten. Auch der Mangel an ärztlicher Versorgung in ländlichen Gebieten wird im Flächenland Rheinland-Pfalz in den nächsten Jahren zunehmend an Bedeutung gewinnen. ... Wichtig ist dabei ein enges Netzwerk von Universität, Krankenhäusern, Rehabilitationseinrichtungen, niedergelassenen Ärzten, Apothekern, Medizintechnik- und anderen Technologiekonzernen sowie Sekundärversorgern, welche eine ressourcenschonende und optimale Patientenversorgung, auch sektorübergreifend, ermöglichen müssen." [9]

Man kann davon ausgehen, dass die G. und I. Leifheit Stiftung einen besonderen Wert auf die Stärkung des Nassauer Marienkrankenhauses im Rahmen dieses Projektes legt. Das Marienkrankenhaus Nassau mit seinen Abteilungen für Innere Medizin mit Schwerpunkt Altersmedizin und altersmedizinische Rehabilitation wendet sich besonders dem älteren Teil der Bevölkerung zu, widmet sich aber auch der internistischen Akutversorgung in der Region und bringt somit beste Voraussetzungen für eine Kooperation mit.

„FÖRDERUNG DER PFLEGE DER DEUTSCHEN KULTUR, GESCHICHTE UND SCHULBILDUNG"

Ein lebendiges und breit gefächertes Kultur- und Bildungsangebot hat vielfältige Funktionen für eine Kleinstadt im ländlichen Raum. Es ist in Zeiten zurückgehender Einwohnerzahlen ein wichtiger Standortfaktor, der die Lebensqualität der Menschen positiv beeinflusst, eine Region lebenswert erhält und identitätsstiftend unter den Menschen an der Lahn wirkt. Zugleich stärkt ein anspruchsvolles Kulturangebot die Attraktivität einer Region für Tagesgäste und Urlauber. Die wirtschaftlichen Impulse für eine Stadt wie Nassau sind unverkennbar.

Eine Dreiteilung nach Geschichte, Kultur und Schulbildung bietet sich für die Darstellung an, wenn auch einige Überschneidungen dabei kaum vermeidbar sind.

Förderung der Pflege der deutschen Geschichte

Für die Pflege der deutschen Geschichte ist die Stadt Nassau mit ihrer historischen Bedeutung geradezu prädestiniert. Die Stiftung bekennt sich dazu augenfällig in ihrem Logo, welches ein Wahrzeichen der Stadt, den Burgturm, zeigt.

Einige wichtige Aktivitäten der Stiftung können hier nur aufgezählt werden. In Nassau weniger präsent sind Unterstützungen für nationale Geschichtsausstellungen und von Geschichtsstudien. Auch Beiträge zur Heimatgeschichte und Chroniken können Förderung erfahren. Auch der Sozialverband VdK Deutschland e.V. kann mit jährlicher Förderung rechnen.

Von den „Nassauer Gesprächen" zum „Nassauer Dialog"

„Es gibt Hoffnung, dass die Stadt Nassau in der öffentlichen Wahrnehmung wieder enger mit dem Freiherrn vom Stein in Verbindung gebracht wird. Stadtbürgermeister Armin Wenzel ist nach eigenen Worten in Kontakt mit dem Generalsekretär der G. und I. Leifheit Stiftung, der Gespräche mit Stein-Nachfahr Sebastian Graf von Kanitz und der in Münster ansässigen Freiherr-vom-Stein-Gesellschaft geführt hat. Graf von Kanitz ist Präsidiumsmitglied der Gesellschaft. Diese versteht sich als „Anwalt des Föderalismus und der kommunalen Selbstverwaltung". Ziel sei es, die traditionsreiche Veranstaltungsreihe „Nassauer Gespräche" in diesem Jahr an ihren Ursprungsort zurückzuholen. Die Freiherr-vom-Stein-Gesellschaft hat 1962 an der Lahn die „Nassauer Gespräche" ins Leben gerufen als ein Forum für qualifizierte Nachwuchskräfte aus Wirtschaft und Verwaltung sowie für junge Wissenschaftler ... Nur zur zweiten Auflage 1982 und zur siebten Auflage im November 2000 kam man im ursprünglichen Veranstaltungsort, dem Nassauer Schloss, zusammen."[1)]

2015 ist es dann soweit. Vom 11.-13. September findet der „Nassauer Dialog" statt, der jungen Führungskräften ein Forum bietet, um sich mit prominenten Referenten über aktuelle gesellschaftliche Themen auszutauschen. Ziel ist es, verantwortungsbewusste und politisch-gesellschaftlich interessierte Young Professionals für die Arbeit an aktuellen politischen Fragen zu begeistern und sie in ihrem Engagement zu fördern. Zudem können sie Teil des Alumni-Netzwerks der Freiherr-vom-Stein-Gesellschaft werden. Das Förderprogramm soll jährlich in Nassau stattfinden, unter anderem im Geburtshaus des Freiherrn vom Stein, im Stein'schen Schloss.

*Das Stein'sche Schloss ist einbezogen in den „Nassauer Dialog"
und in die Günter-Leifheit-Gedächtniskonzerte.* **

Am 11. September 2015 findet zunächst ein Empfang im Stein'schen Schloss statt, bei dem Graf von Kanitz die Gäste begrüßt. Die Premiere des Förderprogramms im September 2015 ist dem Thema „Bürgernähe – Wie schaffe ich Vertrauen gegen Staats- und Politikverdrossenheit?" gewidmet. In einer öffentlichen Veranstaltung referiert zum Auftakt der ehemalige Ministerpräsident von Sachsen-Anhalt, Prof. Wolfgang Böhmer, über das Thema „Zukunft des Parteienstaates – Gibt es eine Alternative zu den Parteien als zentralem Element der politischen Willensbildung?" Die beiden nächsten Tage sind der internen Seminararbeit gewidmet. Im Sinne des Freiherrn vom Stein sollen Freiräume zur Entfaltung schöpferischer Kräfte erschlossen und bürgerliches Engagement und Identifikation mit dem Gemeinwesen gestärkt werden. Dazu dient das Gespräch zwischen Politik und Wissenschaft. „Dass die Gesellschaft nun wieder mit einer Veranstaltung nach Nassau kommt, hat mit der G. und I. Leifheit Stiftung zu tun, die auf uns zugekommen und nun unser Kooperationspartner ist." So erläutert es der FAZ Redakteur Dr. Jasper von Altenbockum, der in Nassau geboren und Präsidiumsmitglied der Freiherr-vom-Stein-Gesellschaft ist.[2)]

Die Rhein-Lahn-Zeitung berichtet am 2. Oktober 2015 unter der Überschrift „‚Nassauer Dialog' soll jährlich stattfinden": „In Nassau gibt es eine einmalige Konstellation', sagt Professor Bernd Walter, geschäftsführendes Präsidialmitglied. Am Geburtsort des Freiherrn vom Stein gebe es mit der G. und I. Leifheit Stiftung einen für die Stadt und die Region engagierten Förderer. Zudem sei Nassau für die Freiherr-vom-Stein-Gesellschaft ein bedeutender Ort." Der „Nassauer Dialog" hat auch 2016 stattgefunden und sich dabei mit der Rolle der Medien in der heutigen Zeit beschäftigt. In der öffentlichen Veranstaltung hat Prof. Markus Schächter, der frühere Intendant des ZDF, die Festrede gehalten. Ilse Leifheit hat dabei die Schirmherrschaft übernommen.

Forschungsprojekt zum Herzogtum Nassau

Die G. und I. Leifheit Stiftung fördert seit Mitte 2015 ein auf zwei Jahre angelegtes Forschungsprojekt zum Verfassungsrecht des Herzogtums Nassau zwischen 1806 und 1866. Die Forschungsarbeit ist eingebettet in ein langfristig angelegtes verfassungshistorisches Projekt, das 1999 am Lehrstuhl des Rechtswissenschaftlers Prof. Dr. Michael Kotulla an der Universität Bielefeld begonnen wurde. Dabei geht es um eine umfangreiche Darstellung der Verfassungen und Verfassungsentwürfe aller deutschen Einzelstaaten in der Zeit von 1806 bis 1918. Das Herzogtum Nassau spielt dabei insofern eine besondere Rolle, da es zu den zwei oder drei deutschen Staaten gehört, die schon früh eine geschriebene Verfassung hatten.

Prof. Dr. Kotulla und seine Mitarbeiter beziehen sich ausschließlich auf Originaldokumente aus Archiven und Bibliotheken, die fotografiert und originalgetreu abgeschrieben werden, um ein authentisches Bild zu geben. Für das Herzogtum Nassau wurden mehr als 400 relevante Dokumente recherchiert. Die dokumentierten Quellen sollen Grundlage weiterer Forschungsarbeit sein. Mit einer Veröffentlichung des rund 1000 Seiten umfassenden Bandes über das Herzogtum Nassau ist voraussichtlich 2017 oder 2018 zu rechnen.

Bergbahn zur Burg – Wunschtraum oder Realutopie?

Die Stammburg des Hauses Nassau-Oranien ist ein weithin sichtbares und die Stadt Nassau überragendes Bauwerk; es fristet vor allem wegen der schwierigen Verkehrsanbindung und Erreichbarkeit bisher jedoch eher ein Schattendasein. Nun gibt es Ideen, es aus dem „Dornröschenschlaf" zu wecken, allerdings kostspielige. Nach verschiedenen Sondierungen, auch mit der Kreisverwaltung, der

Generaldirektion kulturelles Erbe und dem Landesbetrieb Mobilität werden die planerischen Schwierigkeiten und die finanziellen Hürden deutlich.

Stadtbürgermeister Armin Wenzel gewinnt in Timm Waldorf einen ehemaligen Schüler dazu, als Student in einer Projektarbeit einmal vorzudenken, ohne dass dafür Kosten entstehen. Die Arbeit wird betreut von Prof. Dirk Fischer vom Fachbereich Bauwesen und von Prof. Ulrike Kirchner für Raum und Umweltmanagement. Am 1. Oktober 2015 präsentiert Timm Waldorf in öffentlicher Ratssitzung seine Vorstellungen. Die Lage der Burg und der Naturschutz erschweren dabei die verkehrsmäßige Erschließung ganz erheblich. Nach der Prüfung mehrerer „konventioneller" Überlegungen mit Straßenführung und Parkmöglichkeiten bleibt für ihn nur eine Option realisierbar: ein „Schrägaufzug mit selbsttätig fahrender geschlossener Passagierkabine". „Dieser würde die mehr als 100 Höhenmeter mit einer Steigung von 70 Prozent überwinden." Das wäre die steilste Bergbahn dieser Art, die es zur Zeit gibt, und würde eine erhebliche Attraktivierung für den Tourismus bedeuten. Die Kosten dafür schätzt Timm Waldorf auf 1,3 bis 2,3 Millionen Euro; ein Beispiel für eine solche Bahn existiert in Koblenz-Ehrenbreitstein als Ergänzung zu der großen, den Rhein überquerenden Seilbahn.[3]

Die Burg Nassau überragt weithin sichtbar die Stadt Nassau. **

Bürgermeister Armin Wenzel kann sich das allenfalls im Rahmen einer Gesamtattraktivierung des Burgberges vorstellen. Man denkt an ein in den Berghang und die Landschaft eingepasstes Bauwerk, das ganzjährig für Tagungen und Fortbildungen nutzbar sein könnte, an mehrtägige Tagungen und Schulungen mit unterschiedlichen Kooperationspartnern, an die Integration eines Museums – da klafft in Nassau noch eine große Lücke – und an die Ausweitung des touristisch-gastronomischen Angebotes. Das alles denkt man sich baulich und planerisch in den drei Bezugspunkten Burg, Bergbahn und Tagungshaus. Außerdem erhofft man sich einen mehrfachen Nutzen in der Stärkung des Einzelhandels für Nassau und eine städtebauliche Lösung für den maroden Nassauer Hof, der Platz für die Talstation dieser Bergbahn machen würde.[4]

Man erinnere sich an Günter Leifheit, der in solchen Fällen – wie bei der Lahntalklinik – die Wirksamkeit und die Rentabilität eines Projektes sorgfältig durchgerechnet und davon seine Entscheidung abhängig gemacht hat. Die Stiftung ist jedenfalls daran interessiert, dass der Turm eine neue Wertschätzung erfahren soll. Der Burg sollte eine Ausstrahlungs- und Anziehungskraft für die Entwicklung der Stadt Nassau verliehen werden. Die weitere Diskussion bleibt abzuwarten.

Der Freiherr-vom-Stein-Lehrpfad in Nassau

In seiner Heimatstadt Nassau empfing Freiherr vom Stein Gäste wie Goethe, Lavater, Alexander von Humboldt, Ernst Moritz Arndt und viele mehr. Hier spazierte er durch das malerische Mühlbachtal und zog sich dann und wann in das rustikale Bauernhäuschen zurück, von dem er einen Blick auf die Ruine der Burg seiner Ahnen hatte.

Die Idee zu einem Lehrpfad entstand bereits 2007. Der Geschichtsverein Nassau hat 2011/12 die Initiative ergriffen, um vor diesem Hintergrund einen Freiherr-vom-Stein-Weg als „naturkundlichen und historischen Erlebnisrundgang" zu gestalten. An 13 Stationen erfährt der Besucher „Interessantes über das Leben des Reichsfreiherrn und Wissenswertes über Pflanzen und Tiere". In einem Flyer werden die Stationen näher erläutert. Dr. Meinhard Olbrich hat dabei die geschichtlichen Fakten, und Manfred und Ursula Braun haben die naturkundlichen Erläuterungen aufbereitet. [5)] Im Juni 2014 kann Stadtbürgermeister Armin Wenzel im Rahmen einer Begehung den Lehrpfad offiziell eröffnen. Die Stadtverwaltung Nassau hat das Projekt unterstützt, ebenso einheimische Institutionen und mit 10.000 Euro auch der Europäische Landwirtschaftsfonds zur Entwicklung des ländlichen Raumes. Auch die G. und I. Leifheit Stiftung fördert das Projekt, für das in einem zweiten Schritt ein Audioguide erarbeitet wird. „Die kostenlose App ... ist für mobile Geräte mit den Betriebssystemen iOS und

Flyer und App für Smartphones mit Erläuterungen zum Freiherr-vom-Stein-Lehrpfad in Nassau **

Android verfügbar. In den Stores von Apple und Google ist sie unter dem Stichwort ‚Lehrpfad Nassau' zu finden." ⁶⁾ Außerdem wurden mehrere Leihgeräte angeschafft, die man bei der Touristik oder der Burg bekommen kann.

Grundschüler „entstauben" Freiherr vom Stein

Die Grundschule in Nassau trägt zwar den Namen des Freiherrn vom Stein, aber im Gebäude ist wenig davon zu bemerken. Der Vorsatz, das zu ändern, stammt von Rektor René A. Schermuly. Die Künstlerin Nicole Peters wird als Mitarbeiterin gewonnen, und zwei FSJ-ler ergänzen das für das Projekt verantwortliche Team. Sie haben sich zum Ziel gesetzt, den Namenspatron der Schule möglichst nachhaltig im Bewusstsein der Schülerinnen und Schüler zu verankern. Dafür muss jedoch zunächst die Finanzierung stimmen, da insgesamt mit Kosten von 6.000 Euro gerechnet wird. Nach Kontaktaufnahme und schriftlicher Anfrage durch den Schulleiter ist die G. und I. Leifheit Stiftung gerne bereit, das Projekt zu unterstützen. Mit 3.000 Euro trägt sie den Löwenanteil des Projekts, das auch vom Kulturbüro Rheinland-Pfalz als Träger des Freiwilligen Sozialen Jahres unterstützt wird und ebenso vom Förderverein der Schule.

Schülerinnen und Schüler der Stein-Schule malen und zeichnen Freiherr vom Stein und wichtige Zeitgenossen. **

Mit den Kindern, die zunächst das Stein'sche Schloss und auch die Stein'sche Familiengruft in Frücht bei Bad Ems besucht haben, wird unter anderem ein Kartenspiel entwickelt, damit der Reformer einschließlich wichtiger Zeitgenossen wie Napoleon, Goethe, Zar Alexander, Mozart und James Watt (Erfinder der Dampfmaschine) allen Grundschülern ein Begriff wird. Mit den Bildern wird das Foyer der Schule eindrucksvoll gestaltet. Am 2. Mai 2014 präsentiert die Grundschule mit Stolz die Ergebnisse der Projektarbeit in einer Vernissage. Horst Houben (88 J.) hat sich dafür noch einmal als Freiherr vom Stein verkleidet, wie er es früher als Stadtführer getan hat.

Neugestaltung des Nassauer Ehrenfriedhofes am Eimelsturm

Gedenkarbeit ist ein wichtiger Pfeiler historischer, politischer und kultureller Bildung und Traditionspflege und somit auch ein Element des Stiftungsziels und ganz besonders ein Anliegen von Günter Leifheit. Ehrenfriedhöfe sind Mahnmale, die an die unzähligen Menschen erinnern, die in den beiden Weltkriegen ihr Leben ließen. Sie erinnern an das Grauen jedes Krieges und mahnen zum Frieden. Auf Wunsch der Aufsichts- und Dienstleistungsdirektion, die für alle Ehrenfriedhöfe in Rheinland-Pfalz zuständig ist, werden die Wege im Nassauer Ehrenfredhof in Naturstein gefasst, neue Hecken gepflanzt und Basaltkreuze errichtet. Zwei Ginkgo-Bäume werden gepflanzt, die als Symbole für das Leben und die Hoffnung, mit einer in die Zukunft gerichteten Botschaft, gelten. Außerdem werden zwölf Basaltkreuze aufgestellt. Auf dem Friedhof „erinnern ziegelförmige dunkle Steine an rund 250 Menschen, die in Nassau im Ersten und im Zweiten Weltkrieg getötet wurden – darunter jene, die bei der Bombardierung des ehemaligen Kurhauses, das als Lazarett diente, umkamen. ..."

Finanziert wurden die Maßnahmen von der Stadt Nassau, dem Land Rheinland-Pfalz und der G. und I. Leifheit Stiftung, die den überwiegenden Teil übernimmt und das Projekt mit 65.000 Euro fördert. Folgt man der Zeitungsnotiz vom 17. Oktober 2015, „dann hat die G. und I. Leifheit Stiftung sogar den städtischen Anteil ganz übernommen."

Im Juni 2016 beraten Ilse Leifheit, Dr. Josef Peter Mertes, Patrick Gerz und Martin Steinhäuser auf dem Ehrenfriedhof die Gestaltung eines Hinweisschildes, das in Form eines bronzenen Ginkgo-Blattes gefertigt werden soll. Ähnlich wie ihr Mann Günter das getan hat, nimmt auch Ilse Leifheit auf Details der Gestaltung Einfluss. Das Schild soll auf den Beitrag des Landes Rheinland-Pfalz und der Stiftung aufmerksam machen.

Ausstellung über das Herzogtum Nassau und das Haus Nassau-Oranien in 2016

Eine solche Ausstellung ist jedenfalls die Absicht von Stadtbürgermeister Armin Wenzel. Als Ausstellungsort ist das Günter-Leifheit-Kulturhaus vorgesehen. [7] Sollte es dazu kommen, wird die G. und I. Leifheit Stiftung sicherlich unter den Förderern sein.

PROJEKTE KULTURELLER FÖRDERUNG

Die G. und I. Leifheit Stiftung ist als ortsansässige Stiftung sehr daran interessiert, ein kulturelles Netzwerk in Nassau/Lahn zu fördern. Ankerpunkt wird hierbei das mitten in der Stadt gelegene Günter-Leifheit-Kulturhaus sein. Kulturelle Initiativen entwickeln und etablieren sich häufig kreisweit und überregional. Es gibt auch darüber hinaus rheinland-pfalz- und deutschlandweite Projekte, bei denen die Stiftung sich engagiert.

Letzteres ist etwa für nationale Kulturausstellungen vorgesehen, ebenso für die Unterstützung der Kulturstiftung deutscher Länder. Auch das Rheinleuchten im Weltkulturerbe soll davon profitieren. Schwerpunkt der Förderung bleibt jedoch die Region. Initiativen, in die Nassau einbezogen ist – sei es das Festival „Gegen den Strom", die Kulturarbeit der Stadt und einzelne Projekte – sind prioritär.

Die Stiftung fördert Einzelprojekte und lokale und kommunale Initiativen im kulturellen Bereich.

Das gilt für die Mitgliedschaft von Nassau im Verein Rheinvokal, das Kleinkunstfestival „NachtAktiv" und eine Theaterreihe in Zusammenarbeit mit dem Volxtheater in Dörnberg. Die Stadt Nassau möchte die Organisation aller städtischen Kulturveranstaltungen in die Hand des Vereins KulturWerk Nassau übergeben. Das KulturWerk ist von Nassauer Bürgern gegründet worden, um das kulturelle Leben in der Stadt zu unterstützen. Mit der gezielten Förderung des KulturWerks soll in der Form eines Vereins oder einer Genossenschaft ein Kulturnetzwerk gestärkt werden, das Impulse für die Region setzen kann. Damit kann auch eine Möglichkeit geschaffen werden, diese Mittel „aus dem politischen Betrieb" herauszunehmen.[1]

Es gibt einzelne Fördermaßnahmen für die musische Arbeit in den Kindertagesstätten und den Grundschulen, „Momo" wird in der Stadthalle aufgeführt; das sind Projekte, die bald auf den „Bildungspakt Nassau" übergehen (s.u.). Die Stiftung fördert die Arbeit der Stadtbibliothek. Ilse Leifheit unterstützt als Schirmherrin die Ausstellung „Tanzender Elefant" von Künstlern der Stiftung Scheuern. Dass der Männergesangverein Nassau jährlich eine Spende erhält, ist eine Fortsetzung der Förderung, die Günter Leifheit dem Verein stets hat angedeihen lassen, um deutsches Liedgut zu fördern.

Das Kloster Arnstein in Obernhof ist eine der Spielstätten des Festivals „Gegen den Strom". ****

„Gegen den Strom"

„Gegen den Strom" haftet etwas Ungewöhnliches, Wunderbares an; man knüpft mit dem Namen an die Legende vom Begräbnis des Priesters Lubentius an, dessen Sarg „gegen den Strom" lahnaufwärts geschwommen sein soll. Man will mit neuen Perspektiven überraschen und Lust auf Kultur machen. „Gegen den Strom" ist sowohl eine Kulturinitiative mit einem einzigartigen Spektrum inhaltlicher Art als auch mit einer ungewöhnlichen Bandbreite von Publikumsinteressen zwischen elitärem und breitem Geschmack für nahezu alle Altersgruppen, dazu mit etlichen kostenlosen Angeboten. Das von Diethelm Gresch ins Leben gerufene Lahnfestival gehört mit gut 40 Veranstaltungen im Jahr in den Bereichen Musik, Film, Literatur, Philosophie und Religion zu den bedeutendsten kulturellen Angeboten der Region. Jedes Jahr zwischen Mai und Oktober finden die Veranstaltungen an unterschiedlichen Spielstätten entlang der Lahn zwischen Lahnstein und Diez statt. Dabei werden Musik, Literatur und Philosophie abseits des Mainstreams auf einzigartige Weise miteinander verwoben – stets unter dem jährlich wechselnden Motto des Kultursommers Rheinland-Pfalz. Zu den Spielstätten gehören herausragende Orte der Region wie das Stein'sche Schloss in Nassau, das mittelalterliche Kloster Arnstein in Obernhof, der prunkvolle Marmorsaal in Bad Ems und die St.-Castorkirche in Dausenau und auch das Günter-Leifheit-Kulturhaus.

Der künstlerische Leiter und Festivalgründer Diethelm Gresch bietet mit dem Lahnfestival etablierten Künstlern und auch jungen aufstrebenden Talenten ein Forum. Die meisten von ihnen sind bereits mehrfach mit renommierten Preisen bedacht worden. Die Schriftsteller Martin Walser und Patrick Roth, der Wagner-Experte Prof. Dr. John Deathridge, der Kunsthistoriker Prof. Dr. Eberhard König und der Dirigent Thomas Jung sind an der Lahn gern gesehene Gäste. Abgerundet wird das Programm jeweils durch ein mehrtägiges Filmmusikfestival Anfang Oktober in Bad Ems, das der Komponist und Musiker Matthias Frey leitet.

Das Lahnfestival ist eine aus privatem Engagement hervorgegangene und gewachsene Reihe von kulturellen Veranstaltungen auf hohem Niveau, vor allem wegen des unermüdlichen und kompetenten Engagements von Diethelm Gresch. Das anspruchsvolle Programm rund um das Festival bedarf bei aller Ehrenamtlichkeit einer wirkungsvollen administrativen Unterstützung. Seit 2013 fördert die G. und I. Leifheit Stiftung das Lahnfestival „Gegen den Strom" als Hauptsponsor. Die Stiftung finanziert unter anderem eine Assistenz mit halber Stelle für den ehrenamtlich tätigen Festivalleiter, um ihn von organisatorischen Aufgaben zu entlasten. Die Administration dafür ist in der Stadtverwaltung Nassau angesiedelt. Geplant ist eine gemeinnützige Stiftung mit Sitz in Nassau, in der die Verbandsgemeinden Nassau und Bad Ems Gesellschafter werden könnten. Die G. und I. Leifheit Stiftung wird sich voraussichtlich beteiligen. Die neue Konstruktion würde es erlauben, einen Geschäftsführer einzustellen, wofür die Stiftung gerne Diethelm Gresch vorsehen möchte, der damit seine prägende Rolle für die Gestaltung behalten würde. Zurzeit ist man dabei, eine überzeugende Konstruktion zu erarbeiten, die möglichst breite Zustimmung findet. Die Vorbereitung einer neuen Trägerschaft soll möglichst im Herbst 2016 abgeschlossen werden, um die Zukunft des Festivals zu sichern. Da sind vor allem interne Fragen der Ausgestaltung zu klären, die ein möglichst optimales Miteinander von hauptamtlichem und ehrenamtlichem Engagement fördern. Und da bleibt auch die Frage zu klären, wie kulturelle Initiativen außerhalb dieses Netzwerkes gewürdigt und gefördert werden können.

Die Stiftung hilft auch mit, bei einem großen Teil der Veranstaltungen auf die Erhebung eines Eintrittsgeldes zu verzichten. Kinder und Jugendliche haben generell kostenlos Zutritt. Weitere wichtige Förderer des Lahnfestivals sind der Kultursommer des Landes Rheinland-Pfalz und das Bistum Limburg. Für das Jahr 2016 will die Stiftung 45.000 Euro beitragen. 2016 ist Ilse Leifheit Schirmherrin des Lahnfestivals „Gegen den Strom".

Gedächtniskonzerte für Günter Leifheit

Im Rahmen des Lahnfestivals „Gegen den Strom" findet im Juni 2015 im Hof des Stein'schen Schlosses erstmals ein Günter-Leifheit-Gedächtnis-Konzert statt. Festivalleiter Diethelm Gresch kann dazu die Vorsitzende Ilse Leifheit und den Vorstand der G. und I. Leifheit Stiftung begrüßen. Zu Gast ist das Flora Sinfonie Orchester unter der Leitung des Dirigenten Thomas Jung. Am 2. Juli 2016 findet das zweite Gedächtnis-Konzert für Günter Leifheit im Hof des Stein'schen Schlosses, wiederum mit dem Flora Sinfonie Orchester Köln, in dem Amateure gemeinsam mit Profis musizieren.

FÖRDERUNG DER SCHULBILDUNG – SICHERUNG DES SCHULSTANDORTES NASSAU

Ein „Bildungspakt für Nassau"

Mitten in die Auseinandersetzung über die angestrebte Sicherung einer Realschule plus in Nassau (s.u.), fällt die Gründung des „Bildungspakts für Nassau" in Form einer Stiftung. Damit ist auch die Absicht verbunden, den Schulstandort zu erhalten. Die Stiftungsziele sind jedoch deutlich weiter gefasst, und sie entfalten ihre Wirksamkeit unabhängig von diesem Ziel.

Im Verbandsgemeinderat steht am 13.11.2013, angestoßen von der G. und I. Leifheit Stiftung, ein „Bildungspakt für Nassau" auf der Tagesordnung: „Es besteht die Empfehlung der G. und I. Leifheit Stiftung, eine unselbständige Stiftung mit dem Namen „Bildungspakt für Nassau" zu gründen. Die Stiftung soll auf dem Gebiet der Kinder- und Jugendarbeit in der Stadt Nassau tätig werden. Mit diesen Finanzmitteln ausgestattet, können zusätzliche Bildungsangebote finanziert werden, von denen die Schülerinnen und Schüler der gesamten Region profitieren."

Dazu soll eine Zuwendung von 500.000 Euro aus dem Nachlass des verstorbenen Günter Leifheit dienen. Die Mittel stammen nicht aus der G. und I. Leifheit Stiftung, sondern aus dem privaten Nachlass von Günter Leifheit, der gemeinnützigen Zielen zugedacht ist, insbesondere der Jugendförderung in Nassau. Das bedeutet auch, dass die Stiftung nicht nur den Ertrag, sondern das Vermögen im Sinne der Ziele sogar „aufzehren" kann. Die G. und I. Leifheit Stiftung sieht jedoch die Möglichkeit von Zustiftungen, so dass für den „Bildungspakt Nassau" ein dauerhaftes und nachhaltiges Engagement möglich wird.

Im § 2 der Satzung ist der Stiftungszweck verankert:

„(1) Zweck der Stiftung ist die Förderung von Bildung und Erziehung innerhalb der Verbandsgemeinde Nassau.

(2) Der Stiftungszweck der Bildung und Erziehung wird verwirklicht insbesondere durch die Unterstützung des allgemeinbildenden Schulwesens in staatlicher wie auch in privater Trägerschaft, sowie durch die Unterstützung einer Realschule plus am Standort Nassau, sowie durch die Unterstützung von Projekten zur Begabtenförderung, der frühkindlichen Erziehung im schulischen und außerschulischen Bereich."

Daraus lässt sich eine wichtige Intention einschließlich ihrer Umsetzungsabsicht erschließen: Man will die konkrete Förderung von Projekten frühkindlicher Förderung, von Kita- und Grundschularbeit nicht selbst von Jahr zu Jahr im Vorstand der G. und I. Leifheit Stiftung leisten, sondern die Bearbeitung, Prüfung von Anträgen und die konkrete Förderung in die Hände kompetenter, erfahrener Bürgerinnen und Bürger legen, die über Ortskenntnis verfügen und in nahem Kontakt zu den Institutionen und Initiativen stehen, die auf Unterstützung angewiesen sind. Damit delegiert die G.und I. Leifheit Stiftung sowohl Geldmittel als auch Verantwortung, bleibt aber über Satzungsbestimmungen in der Mitverantwortung.

Stiftungsträger ist die Verbandsgemeinde Nassau. Das zweite Organ der Stiftung ist das Kuratorium, bestehend aus fünf natürlichen Personen. Die G. und I. Leifheit Stiftung macht darin ihren Einfluss geltend, indem sie ein „geborenes Mitglied" entsendet, das auch den Vorsitz im Kuratorium innehat. Für die nichtselbständige Stiftung ist keine Zustimmung der staatlichen Aufsichtsbehörde erforderlich. Hier genügt die Anerkennung der Gemeinnützigkeit durch das Finanzamt Montabaur-Diez, die auch bald erteilt wird. Vorsitzender der Stiftung ist Helmut Klöckner, ehemaliger Bürgermeister der Verbandsgemeinde Nassau und lange Jahre als Erster Beigeordneter auch Vertreter des Landrats. Vom Verbandsgemeinderat sind in das Kuratorium gewählt worden: Wilhelm Herm, ehemaliger Abteilungsleiter in der Struktur- und Genehmigungsdirektion Nord und langjähriges Vorstandsmitglied der Stiftung Scheuern; Walter Ellermayer, Leiter des Referats Schulaufsicht, Schulentwicklung an Berufsbildenden Schulen bei der Aufsichts- und Dienstleistungsdirektion in Koblenz und Stadtbürgermeister Armin Wenzel. Verbandsbürgermeister Udo Rau obliegt als Vertreter des Stiftungsträgers die Vorbereitung der Sitzungen und die Durchführung der Beschlüsse. Er ist jedoch kein stimmberechtigtes Mitglied im Kuratorium. In der ersten Sitzung am 25.2.2014 wird Wilhelm Herm zum stellvertretenden Vorsitzenden gewählt. Nach dem Ausscheiden von Walter Ellermayer folgt Susanne Heck-Hofmann als Mitglied im Kuratorium.

Nach der Anerkennung der Gemeinnützigkeit wird der Abruf der 500.000 Euro über den Testamentsvollstrecker veranlasst, so dass das Kuratorium die inhaltliche Arbeit aufnehmen kann. Dazu gehören vor allem ein mittelfristiges Finanzkonzept und der Entwurf von Förderrichtlinien. Schwerpunkte der Förderung sind die fünf Kindertagesstätten und die zwei Grundschulen der Verbandsgemeinde, im außerschulischen Bereich das Volksbildungswerk im Nassauer Land.

Wie kreativ diese Unterstützungen im Sinne musischer Bildung genutzt werden, zeigt exemplarisch ein Projekt der Freiherr-vom-Stein-Grundschule Nassau, das die Bezeichnung „Instrumentenkarussell" trägt. In dem an den „Bildungspakt Nassau" gerichteten Bericht heißt es: „Die zugrundeliegende Idee war, dass die Kinder bereits möglichst früh Freude an der Musik bekommen, einen Einblick in die Vielfalt der Musikinstrumente erhalten und im Idealfall dabei ihr Lieblingsinstrument entdecken sollten. Den Schülerinnen und Schülern sollte die Möglichkeit geboten werden, die musikalische Fähigkeit an verschiedenen Instrumenten zu wecken und sie für Musik und Rhythmus zu begeistern. ... Es wurden dann verschiedene Instrumente aus den Bereichen der Tasteninstrumente (Keyboard), Blasinstrumente (Blockflöte und Querflöte), Zupfinstrumente (Gitarre), und Rhythmusinstrumente (kleine Trommeln) angeschafft bzw. bereits vorhandene Ressourcen genutzt. Auch die Finanzierung der anzuschaffenden Instrumente wurde vom ‚Bildungspakt für Nassau' übernommen." Eine derartige musische Bildung trägt Früchte, und die Schülerinnen und Schüler von heute bilden durchaus das Nachwuchspotential von morgen für Instrumental-, Sing- und Chorgruppen, zunächst innerschulisch, später aber auch im Vereinsbereich der Region.

Musische Bildung ist jedoch nicht der einzige Schwerpunkt des „Bildungspakts für Nassau". Das Volksbildungswerk bietet Förderunterricht für Schüler und Auszubildende an, die Unterstützung benötigen, aber auch für jene, die ihre bereits guten Kenntnisse vertiefen wollen. In Kleingruppen mit drei bis fünf Teilnehmern wird auf den individuellen Bedarf eingegangen. Neben Mathematik, Englisch und Deutsch werden auch für technische und kaufmännische Bereiche Kurse angeboten. Im April 2016 kann Kuratoriumsvorsitzender Helmut Klöckner mitteilen, dass die G. und I. Leifheit Stiftung dem aus dem Erbe von Günter Leifheit gespeisten Stiftungskapital 50.000 Euro hinzugefügt hat. Der „Bildungspakt für Nassau" stellt in 2016 den Kindertagesstätten und Grundschulen rund 75.000 Euro zur Verfügung. Man prüft auch Möglichkeiten, wie man Kinder und Jugendliche aus der Verbandsgemeinde Nassau bei Schuldefiziten und mangelnden Sprachkenntnissen unterstützen kann und inwieweit das mit bestehenden Einrichtungen und Initiativen der Schüler- und Flüchtlingshilfe realisiert werden kann. Der „Bildungspakt Nassau" ermöglicht vielfältige Unterstützung im Bildungsbereich und setzt dafür mit gutem Grund bei den Jüngsten, bei Kita und Grundschule an.

Munteres Trommeln im Kindergarten als musikalische Früherziehung **

Die Gründung des Leifheit-Campus in Nassau

Die Stadt Nassau steht nach 2010 vor einer dramatischen Herausforderung. Sie läuft Gefahr, gänzlich ohne eine Schule im Sekundarbereich dazustehen und nur noch im Grundschulbereich über ein Angebot zu verfügen. Das wird sowohl in schulischer Hinsicht als auch im Hinblick auf die strukturelle Entwicklung von Nassau als Bedrohung empfunden. Die Rolle von Schule, Bildung und Kultur als weiche Standortfaktoren für die wirtschaftliche Entwicklung ist hinlänglich bekannt. Das Wegbrechen einer weiterführenden Schule wird als ein nicht hinnehmbarer Verlust empfunden. Die Attraktivität von Nassau könnte für Familien und schließlich auch für Unternehmen stark zurückgehen. Ein wichtiger Baustein der städtischen Infrastruktur würde damit entfallen.

Und da stellt sich auch für die G. und I. Leifheit Stiftung eine große – die bis zu diesem Zeitpunkt wohl größte – Herausforderung. Es ist ein spannender Vorgang, der es verdienen würde, ausführlich dargestellt zu werden, nicht zuletzt wegen der Vielzahl der betroffenen und handelnden Akteure, der Eltern, der örtlichen Parteien, der Stadt Nassau und der Verbandsgemeinde, des Rhein-Lahn-Kreises, der ADD und des Bildungsministeriums und nicht zuletzt der G. und I. Leifheit Stiftung, der bald die Schlüsselrolle zufällt und die gleichsam als „deus ex machina" – wie in den griechischen Dramen der Antike – die überraschende Lösung bereit hält.

Sowohl die Schulstrukturreformen dieser Jahre als auch der Rückgang der Schülerzahlen führen zu einer akuten Gefährdung des Schulstandortes Nassau. Das Landesgesetz zur Änderung der Schulstruktur sieht nur noch bis 2013 Hauptschulen vor. Sofern sie sich nicht vorher in eine Realschule plus – oder unter bestimmten Voraussetzungen in eine Integrierte Gesamtschule – umwandeln können, werden sie 2013 auslaufen. Für eine Realschule plus ist eine Dreizügigkeit vorgeschrieben, wozu mindestens 51 Schülerinnen und Schüler erforderlich sind. Insofern kommt dem Anmeldetermin Anfang Februar 2013 eine Schlüsselrolle zu. Alle Versuche mit Angeboten einer dislozierten Realschule plus mit Standort Bad Ems und Nassau, mit Druck durch Resolutionen, Bildung einer Bürgerinitiative, einer Demonstration und einer Podiumsdiskussion unter Beteiligung der ADD führen nicht zum gewünschten Erfolg. Die erforderliche Anmeldezahl von 51 Schülern für eine Realschule plus wird im Februar 2013 nicht erreicht. Mit nur 43 Schülern wird die Dreizügigkeit verfehlt. Am 25. November 2013 ergeht der Ablehnungsbescheid der ADD, womit die Auflösung endgültig ist.

Für viele kommt im September 2012 in Nassau und im Landkreis Rhein-Lahn völlig überraschend – und für Etliche zunächst auch störend – die Idee eines privaten Gymnasiums auf die Agenda. Urheber der Idee ist Stadtbürgermeister Armin Wenzel selbst. Er ist selbst pensionierter Gymasiallehrer und holt sich Anregungen von Dr. Jens Feld, der an der Entstehung des Raiffeisen-Campus in Wirges – ab Schuljahresbeginn 2014/15 in Dernbach – beteiligt und mittlerweile Schulleiter und Vorstand des Oranien-Campus in Altendiez ist. Das Vorbild des geplanten Raiffeisen-Campus beeinflusst das Vorhaben, dem sich bald einige Nassauer Bürger anschließen. Dr. Thomas Klimaschka arbeitet unermüdlich an der Realisierung dieser Idee. Es gelingt diesen Initiatoren, Ilse Leifheit und den ganzen Stiftungsvorstand für diese Idee zu gewinnen. Auch Dr. Gerhard Lempenau trägt zum Projektfortschritt bei. Die Kommunalpolitik sieht in der Idee zunächst sowohl eine Ergänzung zum erhofften Erhalt einer Realschule, als auch eine „Drohkulisse" in Richtung Schulbehörde, um Druck zum Verbleib der Realschule aufzubauen, aber ganz eindeutig auch eine Alternative, falls man dieses Ziel nicht erreicht. Gemeinsam mit Verbands- und Stadtbürgermeister bringt die Stiftung im Januar 2013 eine Machbarkeitsstudie auf den Weg, deren Kosten in Höhe von 16.000 EUR die Stiftung zur Hälfte übernimmt. In der Sitzung vom 14. Februar 2013 muss der Stadtrat nachträglich 4.000 Euro, das ist der städtische Anteil, für die Machbarkeitsstudie bewilligen; Armin Wenzel räumt den Fehler ein, so dass das parteipolitische Gerangel darüber nicht ausufert. Die Zweigleisigkeit in der Bemühung um eine Realschule plus und ein privates Gymnasium wird zwar noch kurz aufrecht erhalten, aber realistisch erscheint bald nur noch die Möglichkeit einer privaten Schule. Mit Unterschrift vom 5.Juli 2014 hat der Vorstand der G. und I. Leifheit Stiftung folgenden Beschluss gefasst:

„1. Der Vorstand erklärt sich bereit, dass sich die Stiftung an der Gründung eines privaten Gymnasiums in privater oder öffentlicher Trägerschaft in der Verbandsgemeinde Nassau beteiligt. Die gemeinnützigen Voraussetzungen sind zu beachten.
2. Der Vorstand erklärt sich darüber hinaus bereit, im Rahmen seiner mittelfristigen Finanzplanung (3-4 Jahre) das Projekt Gymnasium mit jährlich bis zu 750.000 Euro zu fördern.
3. Voraussetzung ist, dass die Schulplanung von den zuständigen Behörden genehmigt und der Schulbeginn zum Schuljahr 2015/2016 gesichert ist." [1)]

Für die Gründungsphase des angestrebten Gymnasiums hat die Stiftung weitere 500.000 Euro zugesagt.

Das Bildungsministerium erteilt in solchen Fällen, wenn die Voraussetzungen vorliegen, zunächst für 3 Jahre eine vorläufige Genehmigung und erst 3 Jahre später nach Prüfung der Vorlaufphase die endgültige. Bis dahin übernimmt das Land weder Baukosten noch Lehrergehälter. So gesehen ist die G. und I. Leifheit Stiftung der eigentliche und entscheidende Geburtshelfer eines privaten Gymnasiums in Nassau. Mit der angestrebten staatlichen Anerkennung wird das Land ab dem vierten Schuljahr die Personalkosten übernehmen, sowie rückwirkend auch einen Teil der Unterhaltungs- und Baukosten. Auch danach soll die Qualität des Leifheit-Campus durch die weitergehende finanzielle Unterstützung seitens der Stiftung sichergestellt werden.

Die Rhein-Lahn-Zeitung gibt die Intention der Stiftung detailliert wieder: „Die Absicht einer Schulgründung passt zu den Interessen der G. und I. Leifheit Stiftung. ‚Diese Stadt hat einen Stifter, und der Stifter hat einen Willen hinterlassen, und dieser Wille heißt Bildung'" [2)]. Der Landkreis ist bereit, die benötigten Räume an die zu gründende Genossenschaft zunächst zu vermieten und später zu verkaufen, die Träger des Gymnasiums werden soll. Im Januar 2015 wird mit Hochdruck daran gearbeitet, die Anforderungen für die Antragstellung an die ADD bis zum 31. Januar zu erfüllen. Das betrifft vor allem die Gründung der geplanten Genossenschaft und das Konzept für den zweizügig geplanten Leifheit-Campus und die Information interessierter Eltern. Man ist sich bewusst, dass es ein „historischer Moment für Nassau" ist.

Ein Kreis engagierter Nassauer Bürger hat die Gründung einer eingetragenen Genossenschaft vorbereitet, die am 15. Januar 2015 von 13 Mitgliedern ins Leben gerufen worden ist. Bei der Entwicklung der Satzung hat sich Notar Dr. Joachim Mädrich besonders verdient gemacht. Die Genossenschaft ist Träger der Schule. Die 13 Mitglieder – darunter auch die G. und I. Leifheit Stiftung und auch Ilse Leifheit als Person – wählen den Rechtsanwalt Dr. Jörn-Peter Kukuk, Vorstand des Wirgeser Raiffeisen-Campus, Helmut Klöckner, und Wolf Meyer, ehemaliger Vorstand der LEIFHEIT AG und Erster Beigeordneter der Verbandsgemeinde in den Aufsichtsrat. Wolf Meyer übernimmt den Vorsitz. Der Aufsichtsrat wiederum beruft Margarethe Deinet, ehemalige Grundschulleiterin, und Dr. Thomas Klimaschka, Allgemeinmediziner in Nassau und „Motor des Projektes", so Wolf Meyer, in den

Neben dem Portrait des Nassauer Ehrenbürgers Günter Leifheit und in Anwesenheit seiner Witwe Ilse Leifheit (l.) unterzeichnen die Genossenschaftsvorstände Dr. Thomas Klimaschka, Martina Düring, Jörn-Peter Kukuk und Margarethe Deinet (v.l.) den Kooperationsvertrag für den Nassauer Leifheit-Campus und den Raiffeisen-Campus. **

Vorstand. Der Vorstand führt die Geschäfte, und der Aufsichtsrat beaufsichtigt und berät. Die G. und I. Leifheit Stiftung stellte der Genossenschaft die Mittel für die Sanierung der Räumlichkeiten im Schulgebäude sowie für die Möblierung und die technische Einrichtung zur Verfügung und trägt die Kosten für das Personal.

Im März wird der Kooperationsvertrag zwischen dem Raiffeisen-Campus und dem Leifheit-Campus im Günter-Leifheit-Kulturhaus neben dem Bildnis von Günter Leifheit unterzeichnet. Der Notar Dr. Joachim Mädrich, Mitglied der Genossenschaft und wichtiger Berater bei der Genossenschaftgründung, schlägt eine Brücke von Raiffeisen, dem soziales Engagement und Bildung wichtig gewesen seien, zur G. und I. Leifheit Stiftung. „Beides ist auch der Stiftung wichtig" sagte Mädrich. … Die Form der Genossenschaft ist laut Mädrich die geeignetste, weil die Rechte und Pflichten gesetzlich detaillierter geregelt seien als im Vereinsbereich." Und Bernhard Meffert fügt ein Zitat von Raiffeisen hinzu. „Was dem Einzelnen nicht möglich ist, das vermögen viele." [3] Bilanziert man die Entwicklung zum Leifheit-Campus, dann könnte man mit Blick auf Günter Leifheit das Zitat auch ergänzen: „Bisweilen bedarf es auch des Engagements eines Einzelnen, damit viele darauf aufbauen können."

Fristgerecht reicht die Genossenschaft am 28.01.2015 den Antrag mit mehr als 100 Seiten für die Errichtung des privaten Gymnasiums ein, für den Leifheit-Campus e.G.i.G. Die Abkürzung eGiG bedeutet „eingetragene Genossenschaft in Gründung". Beantragt wird ein „G8GTS"-Gymnasium, ein Gymnasium mit achtjähriger Schulzeit und Ganztagsangebot, das in diesem Fall schon ab der Klassenstufe 5 verbindlich ist. Man kann davon ausgehen, dass der stellvertretende Vorsitzende der Stiftung Dr. Peter-Josef Mertes aktiv unterstützend in diesen Prozess eingreift. In der ADD ist er als Präsident auch landesweit für Schulen zuständig gewesen und hat auch bei Privatschulgründungen schon administrativ Pate gestanden. Er hat sicherlich zur Beschleunigung des Verfahrens beigetragen und geholfen, mögliche Hindernisse aus dem Weg zu räumen. Auch der „Bildungspakt Nassau" steht keineswegs abseits. So hat Wolf Meyer dessen Bereitschaft erläutert, dass man auch bei Gebäudeumbau und -sanierung sich mit einem Beitrag, etwa für den Einbau eines Aufzugs, engagieren könne und dabei einen Betrag von 200.000 Euro als mögliche Fördersumme genannt.

Die Gründungsmitglieder der Leifheit-Campus Genossenschaft: v.l.: Armin Wenzel, Hans-Peter Kohn, Jörn-Peter Kukuk, Martina Düring, Dr. Thomas Klimaschka, Wolf Meyer, Helmut Klöckner, Werner Stump, Dr. Joachim Mädrich, Judith Ridder, Margarethe Deinet und Petra Schönrock-Wenzel **

Bei der Vorstellung der Konrektorin Ina Illert für den Leifheit-Campus wird auch deutlich, dass sich der Kreis als Träger zugunsten der Eltern auch in der Schülerbeförderung und bei der Schulbuchbeschaffung über Ausleihmöglichkeiten engagieren will.

Kurz vor den Sommerferien, am 22. Juli 2015, gibt das Kultusministerium „grünes Licht" für die Errichtung des Leifheit-Campus durch die Erteilung der vorläufigen Genehmigung. Erhebliche Umbau- und Renovierungsarbeiten müssen geleistet werden, die bis zum Ende der Sommerferien abgeschlossen sein sollen. Am 9. September 2015 können 36 Jungen und Mädchen den Unterricht im neuen Leifheit-Campus aufnehmen. Der Leifheit-Campus steht unabhängig vom Einkommen der Eltern allen Jungen und Mädchen offen, die den Anforderungen des Gymnasiums entsprechen können. Die vom Leifheit-Campus erbetene Spende von 85 Euro pro Monat und Kind steht dazu nicht im Widerspruch, zumal die Möglichkeit von Stipendien vorgesehen ist.

Die LEIFHEIT AG ist erster Wirtschaftspartner des Leifheit-Campus. Vorstandsvorsitzender Thomas Radke hat eine entsprechende Zusage schriftlich bestätigt. Demnach übernimmt die LEIFHEIT AG im laufenden Schuljahr Stipendien. Auch für

Blick auf den Leifheit-Campus – 2015 nimmt das private Gymnasium erstmals Schüler auf. **

die Jahre 2016 und 2017 hat das Unternehmen eine solche Unterstützung bereits zugesichert. „Damit trägt das Unternehmen dazu bei, dass Kinder ungeachtet ihrer finanziellen Verhältnisse am Campus lernen können" [4], der eine Spende von 85 Euro pro Monat und Kind erwartet. Als Wirtschaftspartner will die LEIFHEIT AG zudem Praktika, Betriebserkundungen und Bewerbungstraining mit den Campus-Schülern durchführen. „Das ist für die Zukunft ganz wichtig. Denn wir wollen die Kinder auf eine globalisierte Welt vorbereiten. Da gehören Praktika in großen weltweit agierenden Unternehmen dazu", sagt Genossenschaftsvorstand Margarethe Deinet. [5] Auch beim jährlichen „Girls- und Boys-Day" ist die LEIFHEIT AG mit im Boot, allerdings auch weitere Firmen in der Region. Margarethe Deinet hat mit ihrer pädagogischen Erfahrung und ihrem strukturierten Vorgehen wesentlich zum Erfolg der Gründungsphase beigetragen.

Es liegt nun an der Schule, ihr pädagogisches Profil Schritt für Schritt zu entwickeln und zu schärfen. Der Leifheit-Campus ist das bisher größte Projekt, das mit Unterstützung der G. und I. Leifheit Stiftung in Nassau verwirklicht werden konnte.

Unter den Ehrengästen der offiziellen Gründungsfeier: Ilse Leifheit, Dr. Josef Peter Mertes, Werner Stump, Udo Rau und Armin Wenzel (v.r. in der ersten Reihe:) **

Die G. und I. Leifheit Stiftung wird auch nach der endgültigen Anerkennung durch das Bildungsministerium den Erwerb des Schulgebäudes, das dem Landkreis gehört, wesentlich unterstützen und sowohl den 50%igen Anteils des Trägers übernehmen als auch die Vorfinanzierung der zu erwartenden Landesmittel, die in der Regel in mehreren Tranchen, über einige Jahre gestreckt, geleistet wird.

Die G. und I. Leifheit Stiftung hat erkennbar Fahrt aufgenommen und im Sinne der Stiftungsziele viele lokale Initiativen unterstützt und große Projekte angeschoben. Von ihr wird auch in naher Zukunft viel zu erwarten sein. Das Wirken der Stiftung bedarf jährlich einer Fortschreibung. Einige beschriebene Projekte sind auf Kontinuität angelegt, andere auf den Weg gebracht, in einer Phase der Realisierung und Weiterentwicklung. Und wer weiß, welchen Herausforderungen sich die G. und I. Leifheit Stiftung in den nächsten Jahren stellen wird.

GÜNTER LEIFHEITS VERMÄCHTNIS

Für jeden heutigen Unternehmer, Manager und Dienststellenleiter kann es sich lohnen, sich mit Günter Leifheits Unternehmerrolle auseinanderzusetzen, Grundsätze und Verhaltensweisen zu reflektieren, auch wenn die Zeitumstände andere sind. Unternehmer und Manager haben zu jeder Zeit eine weitreichende soziale Verantwortung, die sich nicht auf die Interessen des Eigentümers und der Aktionäre reduzieren darf, sondern auch die Arbeitnehmerinnen und Arbeitnehmer, die Kunden, die Zulieferer und die Region im Blick haben muss.

Günter Leifheit ist darüber hinaus häufiger in seiner Bürgerrolle ein Vorbild. Da geht es sowohl um sein starkes finanzielles Engagement für das Gemeinwesen und vor allem auch um die Art und Weise, wie er sich als Förderer in Nassau eingebracht hat. Günter Leifheits wichtigstes Vermächtnis ist die G. und I. Leifheit Stiftung selbst. Damit wirkt Günter Leifheit in die Gegenwart und in die Zukunft hinein. Bei allen Förderungen liegt ihm sein geliebtes Nassau besonders am Herzen, auch wenn die Stiftungsziele überwiegend keinerlei räumlicher Beschränkung unterliegen. Die Stadt, in der er 20 Jahre gewohnt und gelebt und mit der er – die Schweizer Jahre kann man da durchaus hinzurechnen – insgesamt 55 Jahre lang enge Beziehungen gepflegt hat, ist seine Heimat, und hier hat er nach seinem Willen auch die letzte Ruhestätte gefunden.

Auf die Frage, warum er so viel von seinem Reichtum mit anderen teile, antwortet Günter Leifheit der Rhein-Lahn-Zeitung: „Mein Vermögen ist so, dass ich mir das erlauben kann. Ich mache das mit Überlegung, weil ich hier eine Kleinstadt fördern kann, in der die Leute nicht mehr so viel investieren. Das mache ich mit ganzem Herzen. Es ist wichtig, dass Gleichgesinnte zusammenkommen." [1] Die Schlussfrage, ob er noch einen Traum habe, den er sich in seinem Leben erfüllen möchte, beantwortet er so: „Ja, ich möchte Nassau weiterhelfen und helfen, dass es weiter vorankommt." Da knüpft auch die Stiftung an, insbesondere seine Witwe Ilse Leifheit, die mithelfen will, diese Wünsche wahr werden zu lassen.

Es lohnt sich, auch Fördergrundsätze von Günter Leifheit in Erinnerung zu rufen, die bei etlichen Projekten deutlich geworden sind. So verknüpft er eine Spendenzusage für die Orgel in Winden mit dem ausdrücklichen Wunsch, dass der noch fehlende Betrag anderweitig aufgetrieben werden könne, da man ja in Winden bestimmt Interesse an einer funktionierenden Orgel habe. Ein deutsches Märchen drückt es sehr plastisch aus. Weder er noch die von ihm ins Leben gerufene Stiftung verstehen sich als „Tischlein-deck-dich" und als „Goldesel", bei dem die

Dukaten auf Zuruf zum Vorschein kommen. Günter Leifheit appelliert in mehrfacher Hinsicht an die Mitverantwortung der Bürgerinnen und Bürger und der Kommune. Er will, wie es im Interview zum Ausdruck kommt, „helfen", „weiterhelfen", nicht den Part anderer überflüssig machen. Er appelliert an den aktiven Bürgersinn, ganz im Sinne von Freiherr vom Stein, wie dieser es in der Nassauer Denkschrift" verfasst und postuliert hat: „Belebung des Gemeingeistes und des Bürgersinns."

Auch die Kommunalpolitik muss klug die vorhandenen Mitteln einsetzen, um Nassau zukunftsfähig zu machen und darf dabei nicht das Land und den Bund, die den Raum und die Rahmenbedingungen für kommunale Verantwortung schaffen müssen, aus der Pflicht entlassen, und erst recht nicht sich selbst. Das gilt etwa bei Städtebauförderungs-, Sanierungs- und Revitalisierungsprogrammen. Das Günter-Leifheit-Kulturhaus ist ein gutes Beispiel für ein solches Zusammenwirken. Die Kommune darf sich nicht allein auf die Stiftung verlassen. Das alles erfordert einen konstruktiven, sensiblen und von wechselseitigem Respekt getragenen Umgang zwischen Stiftung und kommunalen Gremien. Und man darf in Nassau erst gar nicht den Gedanken aufkommen lassen, dass die Stiftung nur für die eigenen städtischen Anliegen da sei. Man kann allerdings davon ausgehen, dass Günter Leifheit sich die Umsetzung seiner Stiftungsziele mit Priorität auf Nassau und seine Region in Deutschland wünscht. Schon die „Günter und Ingeborg Leifheit Stiftung" in der Schweiz hatte die Absicht, dass die Mittel, bis auf die wegen des Wohn- und Stiftungssitzes vorgeschriebenen 10%ige Bindung, ausschließlich in deutsche Projekte fließen sollten. Umso mehr gilt das für die G. und I. Leifheit Stiftung.

Günter Leifheit vertritt einen subsidiären Ansatz und ist auch bereit und fähig, in eine „Subsidiaritätslücke" einzuspringen und diese zu schließen, wenn weder der Einzelne noch die Kommune oder Land und Bund zu wesentlichen Maßnahmen für die Zukunftssicherung hinreichend in der Lage sind. Das Subsidiaritätsprinzip ist keine Formalie. Fördert man unbedacht und zu großzügig, kann man damit auch Eigeninitiative und ehrenamtliches Engagement ersticken. Vor allem in den Bereichen Soziales, Kultur und Sport geht es darum, dass hauptamtliche Strukturen, die häufig unverzichtbar sind, ehrenamtliche Tätigkeiten stärken und vermehren, auf keinen Fall mindern. Sowohl in traditionellen Vereinen und Institutionen als auch in neuen bürgerschaftlichen Initiativen ist auf eine Balance von Hauptamt, Ehrenamt mit Aufwandsentschädigung und Ehrenamt ohne jedwede Vergütung zu achten, nicht zuletzt im Hinblick auf Sensibilitäten untereinander. Bei Förderungen ist in der Regel der Blick auch auf „Risiken und Nebenwirkungen" zu richten.

Günter Leifheit fordert dazu heraus, Zukunft zu gestalten; dazu gehört es, die Lebensqualität im ländlichen Raum zu sichern und dem demographischen Wandel konstruktiv zu begegnen. Letzteres ist in den Stiftungszielen besonders nachdrücklich festgehalten. Nassau muss sich weiterentwickeln, ohne dabei die geschichtlich gewachsene Identität in der Lahnlandschaft zu verlieren. Für die Stadt ist die Attraktivität für den Tourismus ein wichtiges Ziel. Der Förderung von Kindern und Jugendlichen in Bildung und Freizeit kommt eine wichtige Rolle zu. Für finanzschwache Kommunen ist es nicht leicht, ihrer Aufgabe im kulturellen Bereich nachzukommen, zumal es sich um sog. „Freiwillige Aufgaben" handelt, bei denen der Rotstift zuerst angesetzt werden müsste. Substantiell ist Kulturförderung durchaus eine „Pflichtausgabe". Da ist es gut, dass die Stiftung als Unterstützerin wirkt.

Es versteht sich, dass man in Zukunft vieles nur im regionalen Verbund über die Grenzen von Nassau hinaus gestalten kann, was auch kreisweite Projekte notwendig macht. Örtliche Identität ist in der Region verwurzelt und wird durch Geschichtsbewusstsein und Kultur in vielerlei Facetten lebendig erhalten und gefördert. Da gibt es ja auch noch den Willen der Landespolitik, die Verbandsgemeinde Nassau aufzulösen und mit einer benachbarten Verbandsgemeinde zu einer größeren Einheit zusammenzulegen. Wenn das eintritt, kann das auch einige Auswirkungen auf die Stiftungspraxis und auf einige der von ihr geförderten Einrichtungen haben.

Günter Leifheit ist zu Recht als „Glücksfall" für Nassau bezeichnet worden, als „Alleinstellungsmerkmal" dieser Stadt und der Verbandsgemeinde, man hat ihn auch als „Vorbild" und als den „größten Bürger der Stadt" bezeichnet und das primär auf seinen Gemeinsinn bezogen, auf seine Bereitschaft, sich in sozialen und kulturellen Bereichen und in wichtigen Fragen der Stadtentwicklung einzubringen. Ein Gang durch die Stadt bestätigt das, da man überall auf Spuren seines Wirkens trifft. Man kann sich Nassau ohne das Engagement von Günter Leifheit nur noch schwer vorstellen. Es gibt kaum eine andere Stadt, für die eine finanzkräftige Stiftung eine derartige Unterstützung leistet. Man bedenke dabei vor allem die Größenverhältnisse. Eine doch recht opulent ausgestattete Stiftung kann im besonderen Maße einer Kleinstadt mit rund 5.000 Einwohnern, die in der Landesplanung nur als

Grundzentrum ausgewiesen ist, zugute kommen. Dazu gehört auch die Einsicht der Nassauer, dass die Stiftung nicht nur für sie da ist. Die Errichtung der Stiftungsprofessur an der Universität Mainz ist zudem ein ausgezeichnetes Beispiel dafür, wie sich überregionale Förderungen und lokale Auswirkungen möglicherweise konstruktiv verzahnen lassen.

Die Stiftung selbst tut einiges, um die Erinnerung an Günter Leifheit wachzuhalten. Viel wichtiger ist jedoch, wie und in welcher Form die Bürgerinnen und Bürger und ihre kommunalen Repräsentanten die Erinnerung bewahren. Günter Leifheit ist längst ein Mann, dem in einer aktuellen Stadtgeschichte ein fester Platz gebührt, ein Denkmal im Sinne von „Denk mal!", wer da was geleistet hat. Viele Projekte sind sichtbar mit seinem Namen verbunden. Günter Leifheit ist viel zu bodenständig, um auf einen „Sockel" gestellt zu werden. Er hat jedoch ein Anrecht auf einen Platz in den Herzen und Köpfen der Nassauer, in all seiner Farbigkeit. Es ist deren Aufgabe – noch mehr als die der Stiftung –, einen geeigneten Weg zu finden, der langfristig in angemessener Weise Erinnerung wahrt und würdigt. Dabei ist auch darauf zu achten, welchen Platz dabei seine beiden Ehefrauen Ingeborg und Ilse und die Stiftung insgesamt einnehmen. Vielleicht ist in einem künftigen Museum der Stein-Stadt Nassau einmal Platz für eine adäquate Würdigung.

Auf keinen Fall sollte Günter Leifheits Optimismus, sein ansteckender Humor und sein Lachen in Vergessenheit geraten. Der Text aus der Danksagungsanzeige nach seinem Tod gehört ebenfalls zu seinem Vermächtnis, nämlich der Spruch des „Kleinen Prinzen" von Antoine de Saint-Exupéry:

„WENN IHR BEI NACHT DEN HIMMEL ANSCHAUT,

WIRD ES EUCH SEIN, ALS LACHTEN ALLE STERNE,

WEIL ICH AUF EINEM VON IHNEN WOHNE,

WEIL ICH AUF EINEM VON IHNEN LACHE."

GÜNTER LEIFHEIT

ANMERKUNGEN

In einigen Fällen sind die Quellenangaben im laufenden Text genau angegeben und erscheinen dann nicht mehr unter „Anmerkungen". Zitate von Günter Leifheit, soweit nicht anderweitig vermerkt, stammen alle aus der „Firmengeschichte in den Worten von Günter Leifheit". Die vollständigen Titel der benutzten Bücher und Aufsätze finden sich im Literaturverzeichnis:

Auf den Spuren von Günter Leifheit – ein Streifzug durch Nassau
- 1) in: Stadt Nassau, Ursprung und Gestaltung, S. 215

Zeitzeugen und Dokumente – Zur Quellenlage

Die „KAISER"-Zeit von Beierfeld über Witten nach Nassau
- 1) Dokument, Marga Maxheimer
- 2+3) Kaiser Backform. Die Firmengeschichte, S. 1
- 4) RLZ, 21.01.1995
- 5) Udo Steinhäuser, schriftliche Erinnerung
- 6) Nassauer Anzeiger, 4. Mai 1954, Stadtarchiv Nassau
- 7) Kaiser Backform. Die Firmengeschichte S.1
- 8) Brief von Günter Leifheit vom 31.5.1974, Stadtarchiv Nassau
- 9) „Richtigstellung", Rhein-Lahn-Zeitung 21.1.1995

Die Gründung der Günter Leifheit KG im Jahr 1959
- 1) Bauscheinverzeichnis, Stadtarchiv Nassau
- 2) in: Stadt Nassau, Ursprung und Gestaltung, S.45
- 3) Hans-Peter Kohn, Die Entwicklung der Firma Leifheit
- 4) Hans Erich Slany, S.72

Günter Leifheits unternehmerisches Wirken

„Aller Anfang ist schwer" –
der Start der Günter Leifheit KG Metallwarenfabrik
- 1) Dokument, Stadtarchiv Nassau
- 2) Hans Erich Slany, S.72
- 3) RLZ, 24.6.2011
- 4-6) Hans Erich Slany, S.69, S.69f., S.72f.
- 7) RLZ, 24. 6. 2011
- 8) Stadtarchiv Nassau, „Leifheit"; Briefwechsel, 1. Brief: 25.5.1959; 2. Brief o..J.; 3. Brief: 25.8.1959
- 9+10) Hans Erich Slany S.76, S.72

LEIFHEIT wird INTERNATIONAL – Zur Entwicklung der Firma bis 1974

1) Skizze von Hans-Peter Kohn
2+3) Bilddokumente, Günter Röckel
4) form -Zeitschrift für Gestaltung, Sonderdruck 46, Mai 1969, Westdeutscher Verlag Opladen
5) „Eine Unternehmergeschichte"
6) RLZ, 24.6.2011
7) Hans Erich Slany, S.71.
8) Eisenwaren-Zeitung, 1975/1, S.12
9) RLZ, 24.6.2011

Die Personalrekrutierung

1-2) „Eine Unternehmergeschichte"
3) Rosel Schwarz, schriftliche Erinnerung, 2005

„Ausbildung ist das A und O"

1) Dokument, Bernd Stötzer
2) Dokumente, Karin Herm
3) RLZ, 30.9.2005

Die Produktion – „Ordnung, Sauberkeit und die Maschinen müssen laufen."

1) „Eine Unternehmergeschichte"
2+3) Dieter Schüfer, Schriftliche Erinnerung, 2005
4) Dokumente, Horst Müller
5) Dieter Schüfer, Rede bei der Trauerfeier für Günter Leifheit

„Zuerst kommt das Verkaufen, dann die Produktion" – Vertrieb und Marketing

1) Heinz Höning, schriftliche Erinnerung
2-4) Dokument, Karl Heinz-Dieckmann
5) Dr. Gerhard Lempenau, Schriftliche Erinnerung
6) Dokumente, Dieter Moog und Karl-Heinz Dieckmann
7) Dokumente, Karl Heinz Dieckmann und Günter Röckel
8-12) Dokumente, Karl-Heinz Dieckmann
13) Dokument, Familie Kohn
14) Ajahn Brahm, Die Kuh, die weinte. Buddhistische Geschichten über den Weg zum Glück, Lotos Verlag München, 9. Aufl. 2011, S.128

Haben Sie auch soviel Freizeit wie ich?" – Die Rolle der Werbung
- 1) Dokument, Stadtarchiv Nassau
- 2) Die folgenden Beispiele aus der Werbung sind, soweit nicht anders vermerkt, dem Archiv Kohn entnommen
- 3+4) Bild/Foto, Günter Röckel

Günter Leifheits Führungsstil in der Firma
- 1) Dokument, Karl-Heinz Dieckmann
- 2+4) Marga Maxheimer, schriftliche Erinnerung, 2005
- 3) Rosel Schwarz, schriftliche Erinnerung, 2005
- 5) Nassauer Anzeiger, 1967, Kopie im Stadtarchiv Nassau ohne Datum.
- 6-7) vgl. Aus Politik und Zeitgeschichte, S.15 u. S.5

„Bei Leifheit wird nicht gebremst" – Anekdotische Begebenheiten
Zur sozialen Leistung des Unternehmens
- 1) Dokument, Rosel Schwarz

Günter Leifheit – ein Unternehmer mit Charisma
- 1) Dr. Claudia E. Enkelmann „10 Grundbausteine" für Charisma, Internet

Abschied aus Nassau
- 1,7,9) Dokument, Dr. Rudolf Bock
- 2) Dokument, Udo Steinhäuser
- 3) Dokument, Horst Müller
- 4,6) Dokument, Karl-Heinz Dieckmann
- 5) Foto Günter Röckel, Fotostudio Jörg
- 8) Dokument, Helmut Klöckner, S. 137
- 10) Dr. Gerhard Lempenau, schriftliche Erinnerung

Die Verleihung der Ehrenbürgerwürde an Günter Leifheit
- 1+2) Helmut Klöckner, S.137f. u. 138
- 3) RLZ, 30.1.1991
- 4) Dokument, Stadtbürgermeister Wolfgang Knoth
- 5) Aus Politik und Zeitgeschichte, S.6
- 6+7) RLZ, 24. Juni, 2011 u. vom 6. Juli 2011
- 8) Dr. Gerhard Lempenau, Schriftliche Erinnerung

Günter Leifheit als Förderer der Stadt Nassau und der Region

Erste Sponsortätigkeiten in Leifheits aktiver Unternehmerzeit (1954 bis 1974)

1) Dr. Meinhard Olbrich in: Stadt Nassau, S. 294
2-4) Dr. Meinhard Olbrich, Schriftliche Erinnerung und Dokumente

Die Zeit von von 1974 bis 2000

1) Dokument, Dr. Meinhard Olbrich
2-3) vgl. RLZ 19.3.1996 - RLZ 26.7.97
4) Dokument, Dr. Meinhard Olbrich
5) Dokument, Wolfgang Knoth

Die Jahre 2000-2009: Ein Förderboom für Nassau

2000-2003

1) Herbert Baum. Nahezu alle Briefe von Günter Leifheit und an Günter Leifheit stammen aus dem Bestand von Herbert Baum, der von 1999-2009 Stadtbürgermeister ist und weitgehend die Kommunikation und Korrespondenz mit Günter Leifheit geführt hat. Soweit keine weitere Quellenangabe erfolgt, sind die Zitate im Kapitel „Günter Leifheit als Förderer der Stadt Nassau und der Region" aus diesem Bestand übernommen.
2) Reinhard Müller-Mehlis, Helmut Bourger.1929-1989, Hirmer Verlag München 1998, S.29
3) Patrick Gerz, schriftliche Erinnerung
4-6) vgl. RLZ 13.12.2000, - RLZ, Bernd-Chr. Matern, RLZ 7.9.2000 - RLZ vom 7.7.2001, Jürgen Heyden
7) Dokument, Herbert Baum
8) RLZ vom 7.7.2001, Jürgen Heyden
9-11) RLZ, 31.5.2003, Bernd-Christoph Matern
12-13) RLZ, 31.5.2003, Jürgen Heyden - vgl. RLZ, 12.3.2004

2004-2005

1-2) Helmut Klöckner, S.137 u. S.138
3-8) RLZ, 13./14.3.2004 - vgl. Rhein-Lahn-Zeitung 30.9.2005 - RLZ, 6.12.2004 - RLZ, 5.12.2005 - RLZ, 15.12.2005 - RLZ, 16.12.2005

2006-2009
1) Stadtgeschichte, Karl-Heinz Schönrock, S.239
2) Stadtgeschichte, S. 96
3) Dokument Staatskanzlei
4) Stadtgeschichte, Karl-Heinz Schönrock, S.96
5+6) Flyer Freiherr-vom-Stein Lehrpfad
7-9) vgl. RLZ, 29.10.2007 - RLZ, 13.10.2008 - RLZ, 14.4 u. 6.6.2009
10) Helmut Klöckner, S.124

Nassau trauert um den Ehrenbürger Günter Leifheit
1) „Nassauer Land", Nr. 34, 2009
2) H&E Handelszeitung 4/2009, S.10
3-7) RLZ, 7.9.2009 - RLZ, 10.12.2009 und 16.12.2009 - RLZ, 23.9.2010 - RLZ, 14.10.2010 - RLZ, 13.7.2011

Biographische Ergänzungen
1) Monika (Nichte v. Günter Leifheit) und Wolfgang Thiem, schriftliche Erinnerung 2015
2) Dr. Dietrich Thier, Kopie der Zeugnisliste
3) Inge Scholl, Die weiße Rose, Verlag der Frankfurter Hefte, 1952 8. Aufl., S.9-11
4) Charakterisierung von Karl-Heinz Dieckmann in einem Kondolenzbrief an Ilse Leifheit, 2009
5+6) RLZ, 26.10. 2010) - RLZ, 30.9.2015
7) Hans Erich Slany, S.30
8) Titel der Yehudi Menuhin gewidmeten Broschüre der DTE, Down to Earth, Berlin 2016
9) Dr. Rolf Steiger - Kopien der Zeitungsartikel und der Briefauszüge, die die Internationale Yehudi-Menuhin-Akademie betreffen
10) Urs von Grüningen, Notar, Schriftliche Erinnerung, 2015
11) Patrik Gerz, Brief-Dokument und schriftliche Erinnerung, 2015
12) Helmut Klöckner, S.132
13) Rhein-Lahn-Zeitung 30.9.2005
14) Martin Steinhäuser, schriftliche Erinnerungen 2005

Das Wirken der G. und I. Leifheit Stiftung
- 1) Bruno Gebhardt, Handbuch der deutschen Geschichte, Bd. 3, S.63
- 2) Stiftungen – Das besondere Magazin, 2013, S.9
- 3) RLZ, 30.9.2005, Carlo Rosenkranz, „Ich möchte Nassau weiterhelfen."
- 4) RLZ, 19.3.2011
- 5) RLZ, 13.2011, Carlo Rosenkranz

„Förderung und Unterhaltung von Alters- und Pflegeheimen in Nassau und Umgebung"
- 1-8) RLZ, 13.8.2011 - RLZ, 10.12.2011 - RLZ, 5.6.2011 - RLZ, 26.11.2014 - RLZ, 21. u. 26.1.2016 - RLZ, 5.2.2015 - RLZ 14.6.2016 - RLZ 15.12.2015, Carlo Rosenkranz
- 9) Interner der Stiftung vorliegender Konzeptentwurf der Uni Maniz

„Förderung der Pflege der deutschen Kultur, Geschichte und Schulbildung"
- 1-4) Carlo Rosenkranz, RLZ, vom 8.2.2012 - RLZ, 10.9.2015 - vgl RLZ vom 26.9.15 und vom 29.12.2015
- 5) Flyer zum Freiherr-vom-Stein-Weg Nassau
- 6) RLZ 22.4.2015
- 7) RLZ, 27.11.2015

Projekte kultureller Förderung
- 1) RLZ, 10.08.2015

Förderung der Schulbildung – Sicherung des Schulstandortes Nassau
- 1) Dokument der Stiftung
- 2-4) RLZ, 4.12.2014 - RLZ, 14.3.2015 - RLZ, 8.9.2015

Günter Leifheits Vermächtnis
- 1) RLZ, 23.9.2005

Quellenverzeichnis

I. **Literatur/Schriftliche Quellen**
   1. Archivmaterialien:
      – Stadtarchiv im Günter-Leifheit-Kulturhaus Nassau
      – Protokolle der öffentlichen Ratssitzungen der Stadt Nassau
      – Herbert Baum, Quellenmaterial – Briefe, Reden –
      für die Zeit von 1999-2009
      – Archiv der Familie Kohn; die Werbung der Firma
      – Standes- und Einwohnermeldeämter:
      Wetter (Ruhr), Witten, Dormagen, Nassau
      – Mehrere kleinere Dokumentensammlungen von Zeitzeugen.
   2. Aus Politik und Zeitgeschichte, Unternehmertum, Beilage zur Wochenzeitung „Das Parlament", 66. Jahrgang 16-17/2016, 18. April 2006, „Unternehmer und Unternehmerinnen in Deutschland", „Management und Erfolgsfaktoren von Familienunternehmen"
   3. Bildband „Günter Leifheit", O.J. Vorwort von Bgm. Udo Rau; Fotos, Layout und Gestaltung Achim Steinhäuser, 56377 Nassau (nach der Enthüllung des Freiherr-vom-Stein-Denkmals 2007)
   4. Der Landesorden 2006, Staatskanzlei Rheinland-Pfalz
   5. form-Zeitschrift für Gestaltung, Westdeutscher Verlag, Opladen form-Zeitschrift für Gestaltung, Sonderdruck 46, Mai 1969
   6. Bruno Gebhardt, Handbuch der Deutschen Geschichte, Bd. 3, Union Verlag Stuttgart 1960, 8.Aufl.
   7. Leifheit AG, „Eine Unternehmergeschichte", verfasst von Mitarbeiterinnen und Mitarbeitern der LEIFHEIT AG als Beitrag zur Ausstellung „Günter Leifheit – Unternehmer, Ehrenbürger, Mensch" 2005; 14 S. DIN A 4
   8. „Günter Leifheit – Unternehmer, Ehrenbürger, Mensch"; gewidmet von der Stadt Nassau, 13. Dezember 2005.
      Das Buch (3 Exemplare) basiert nahezu vollständig auf den Materialien der gleichnamigen Ausstellung von 2005; es beinhaltet Würdigungen, die Firmengeschichte in Kurzform und die Sponsorentätigkeit in Nassau mit Bildern und Zeitungsartikeln

9. Günter Leifheit, „Die Firmengeschichte in den Worten von Günter Leifheit", 2005, für die Ausstellung „Günter Leifheit – Unternehmer, Ehrenbürger, Mensch; 18 S. DIN A4
10. Internetadressen:
    Internet-Auftritt der G. und I. Leifheit Stiftung: www.leifheit-stiftung.de
    Internet-Auftritt des Leifheit-Campus: www.leifheit-campus.de.
11. Kaiser Backform. Die Firmengeschichte,
    hrsg. 1994 zum 75jährigen Jubiläum, 4 Seiten
12. Magazin Stiftungen, Engagement für das Gemeinwohl,
    Rheinische Post 2013
13. Ralph Klein, Manfred Rupalla, Die Wickmann-Werke. Vom Reparaturbetrieb zum Weltunternehmen, 2014, Klartext Verlag Essen
14. Helmut Klöckner, 70 Jahre Windener. 40 Jahre Kommunalpolitiker, 2011
15. Hans-Peter Kohn, Die Entwicklung der Firma Leifheit, 12 S., 1966
16. Reinhard Müller-Mehlis, Helmut Bourger 1929-1989,
    Hirmer Verlag München u. Atelier B. Gerz, Nomborn 1998
17. Hans Erich Slany, Stefanie Leisentritt, Industriedesign – Eine Erfolgsgeschichte, Verlag Sindlinger-Burchartz, Nürtingen/Frickenhausen 2013
18. Stadt Nassau. Ursprung und Gestaltung – Geschichte und Geschichten,
    Selbstverlag der Stadt Nassau 1997,
19. Superbrands Germany Volume VI – Eine Präsentation der stärksten Marken Deutschlands, Kösel GmbH & Co.KG 2015
20. Bruno Weinberger, Heinrich Friedrich Karl Reichsfreiherr
    vom und zum Stein, in: Personen und Wirkungen. Biographische Essays,
    Hrsg. Landesbank Rheinland-Pfalz Girozentrale, Verlag Dr. Hanns Krach
    Mainz, 1979
19. Zeitungen:
    – Rhein-Lahn-Zeitung (RLZ)
    – Nassauer Anzeiger; Lokalzeitung für Nassau und Umgebung
      Amtliches Bekanntmachungsblatt für die Stadtverwaltung Nassau und
      die Gemeindeverwaltung Bergnassau-Scheuern;
    – Neue Nassauische Zeitung

Literatur, die nur an einer einzigen Stelle herangezogen worden ist,
wird in den Anmerkungen vollständig zitiert.

II. **Befragungen/Interviews mit Zeitzeugen**

Der Autor dankt allen Zeitzeugen, die es mit ihren Erinnerungen möglich gemacht haben, ein anschauliches Bild von Günter Leifheit zu gewinnen. Viele haben sich dafür gerne Zeit genommen und auch Dokumente der unterschiedlichsten Art beigesteuert. In etlichen Fällen ist es nicht bei einem Gespräch geblieben.

1. Mitarbeiterinnen und Mitarbeiter der Firma Leifheit KG, einschließlich einiger der für die Firma tätigen, selbständigen Handelsvertreter: Karl-Heinz Dieckmann, Hans Gritzner, Karin Herm, Rudolf Hofmann, Johannes Liebscher (Tel.), Christa Kunde, Hans-Werner Knopp, Gisela u. Reinhard May, Dieter Moog, Ernst Müller, Horst Müller, Wolfgang Schön, Rosel Schwarz, Dieter Schüfer, Rolf Schülein, Hans Rinke, Günter Röckel, Dieter Schüfer, Udo Steinhäuser, Vilja Steinhäuser, Bernd Stötzer, Wilfried Treis

2. Kommunale Mandatsträger: Die Stadtbürgermeister Wolfgang Knoth (1988-1999), Herbert Baum (1999-2009) und Armin Wenzel (seit 2009); die Verbandsbürgermeister Helmut Klöckner (1982-2001) und Udo Rau (seit 2001)

3. Weitere Personen, die in Beziehung zu Günter Leifheit und/oder Projekten der G. und I. Leifheit Stiftung stehen:
   – Dr. Rudolf Block, Wirtschaftsprüfer bei der Schwäbischen Treuhand AG
   – Dorothee Brown, Stadtarchiv Nassau
   – Petra Dombrowsky, Referentin des Vorstandsvorsitzenden der Leifheit AG
   – Patrick Gerz, Bildhauerwerkstatt Nomborn.
   – Diethelm Gresch, Festivalgründer „Gegen den Strom"
   – Wolfgang Gerharz, Natursteinwerk Bad Ems
   – Harald Gerharz, Regierungsrat in der Schulabteilung der ADD
   – Urs von Grüningen, Notar in Gstaad (Mails)
   – Wilhem Herm, Bildungspakt für Nassau
   – Heinz Höning, Vermögensverwalter
   – Pater Heinz Klapsing (Tel.), Pfarrei St. Bonifatius, Nassau
   – Dr. Thomas Klimaschka, Vorstand Leifheit-Campus eG
   – Hans-Peter Kohn, Werbeagentur Nassau
   – Wolfgang Lamché, Künstler (Tel. u. Mail)

- Dr. Gerhard Lempenau – Steuerberater und Vorstandsmitglied
  in der G. und I. Leifheit Stiftung bis Mai 2011
- Dr. Josef-Peter Mertes, Stellv. Vorsitzender der G. und I. Leifheit Stiftung
- Wolf Meyer, ehemaliger Vorstandsprecher der Leifheit AG,
  nun Vorstand der Leifheit-Campus eG
- Dr. Meinhard Olbrich, RSV Oranien-Nassau
- Gisela u. Manfred Riege, Buchhandlung Nassau
- Dr. Rolf Steiger, Präsident des Menuhin Center Saanen (Mails)
- Werner Stump; Landrat a.D.; Generalsekretär (2011-2016) und
  Stiftungsbeauftragter der G. und I. Leifheit Stiftung
- Dr. Dietrich Thier, Leiter des Fachbereiches Schule, Sport,
  Kultur und Bürgerdienste der Stadt Wetter

4. Familie von Günter Leifheit: Ilse Leifheit; Monika, Nichte v. Günter Leifheit und Wolfgang Thiem

5. (a) Reden, Grußworte und (b) kurze schriftliche Erinnerungen/Ereignisse, Anekdoten, Charakterisierungen zu Günter Leifheit, die herangezogen worden sind:

    (a) Herbert Baum, Dr. Gerhard Lempenau, Pater Heinz Klapsing, Wolfgang Knoth, Helmut Klöckner, Udo Rau, Dieter Schüfer, Armin Wenzel

    (b) Dr. Rudolf Block, Patrick Gerz, Urs von Grüningen, Heinz Höning, Rudolf Hofmann, Dr. Gerhard Lempenau, Marga Maxheimer, Gisela May, Dr. Meinhard Olbrich, Dr. Rolf Steiger, Martin Steinhäuser, Udo Steinhäuser, Rosel Schwarz, Monika u. Wolfgang Thiem

6. Videos: Von einigen Veranstaltungen existieren Videos, so von der Verleihung der Ehrenbürgerwürde in Gstaad und von der Einweihung des Günter Leifheit Kulturhauses; diese beiden sind herangezogen worden.

DANK

Der Autor dankt allen Zeitzeugen, die es mit ihren Erinnerungen möglich gemacht haben, ein sehr anschauliches Bild von Günter Leifheit zu gewinnen und darzustellen. Viele haben sich dafür gerne Zeit genommen und auch Dokumente der unterschiedlichsten Art beigesteuert. In etlichen Fällen ist es nicht bei einem Gespräch geblieben. Sehr häufig hat es noch telefonische Kontakte zur weiteren Klärung von Fragen gegeben. Alle befragten Zeitzeugen sind im Anhang (S. 282) aufgeführt.

Da sind zum einen die Mitarbeiterinnen und Mitarbeiter der Firma Leifheit KG, einschließlich einiger der für die Firma tätigen selbständigen Handelsvertreter; zum anderen sind da kommunale Mandatsträger in Nassau und viele weitere Personen, die mit Günter Leifheit in besonderer Weise in Beziehung gestanden haben. Dem Autor ist es ein Anliegen, einigen von ihnen einen besonderen Dank auszusprechen, auch wenn dieser im Grunde allen gebührt.

Dr. Rolf Steiger und Urs von Grüningen haben wesentliche Informationen zu den Schweizer Jahren beigetragen, so z.B. zu Günter Leifheits Mitwirkung bei der Gründung der „internationalen Menuhin Musik Akademie" in Gstaad.

Dr. Dietrich Thier aus Wetter ist es zu verdanken, dass die Noten von Günter Leifheits schulischem Abschlusszeugnis (1935) ausfindig gemacht werden konnten.

Dr. Gerhard Lempenau und Dr. Rudolf Block haben einiges Licht in fiskalische Fragen und in die Verkaufsverhandlungen an ITT im Jahr 1972 bringen können.

Dr. Josef-Peter Mertes und Werner Stump haben zu Projekten der G. und I. Leifheit Stiftung ab 2012 viele aktuelle Informationen beigetragen.

Dorothee Brown hat als Archivarin im Stadtarchiv Nassau die Recherche stark unterstützt, ebenso Petra Dombrowsky als Referentin des Vorstandsvorsitzenden der Leifheit AG.

Hans-Peter Kohn hat mit seinen Erinnerungen und Archivmaterialien eine ausführliche Darstellung der Werbung bei LEIFHEIT ermöglicht.

Pater Heinz Klapsing hat sehr gerne über seine Kontakte mit Günter Leifheit in Nassau berichtet.

Verbandsbürgermeister Helmut Klöckner (1982-2001) hat u.a. wesentlich die Vorgeschichte der Verleihung der Ehrenbürgerwürde erhellen können.

Herbert Baum, Bürgermeister in den Jahren 1999-2009 in Nassau, hat sehr detaillierte Unterlagen zum Mäzenatentum von Günter Leifheit beigesteuert und viel Hintergrundwissen eingebracht.

Karl-Heinz Dieckmann hat in mehreren langen Gesprächen umfänglich zum gesamten Marketing-Bereich beigetragen – einem Kerngeschäft von Günter Leifheit – und auch viele Details wie den Unterschied zwischen „Hinein-" und „Hinausverkaufen" und die sich rasch wandelnden Vermarktungsstrategien dem Autor erläutern können. Er hat außerdem einen großen Fundus privater Dokumente zur Verfügung gestellt. Das gilt auch für Günter Röckel und Dieter Moog.

Ein ganz besonderer Dank gilt Rosel Schwarz. Sie hat zunächst als Mitarbeiterin in der Firma seit 1960 und in ihrer Funktion als Leiterin des Lohn- und Personalbüros viele Informationen beigetragen und auch bei zeitlichen Einordnungen wertvolle Hilfe geleistet. Darüber hinaus hat sie sowohl bei der gesamten textlichen Überprüfung konstruktiv mitgewirkt als auch bei der Bildbeschaffung und der Gestaltung der Unterzeilen mit der Identifikation von Personen und Ereignissen.

Auch von Mitgliedern der Familie Leifheit sind wertvolle Anregungen gekommen, vor allem auch von Ilse Leifheit selbst, besonders bei der Bildbeschaffung und bei der Kontaktaufnahme mit wichtigen Zeitzeugen.

Der Autor hat es als wohltuend empfunden, die Bereitschaft und Offenheit aller Gesprächspartner zu erleben, die ausgesprochen gerne ihre Kenntnisse mitgeteilt und von Erlebnissen und Begegnungen mit Günter Leifheit berichtet haben. Etliche von ihnen haben auch am Fortgang der weiteren Bearbeitung regen Anteil genommen.

DER AUTOR

Wolfgang Redwanz, geb. 1944, hat nach dem Studium der Germanistik, Geschichte und Politikwissenschaft als Realschullehrer, Schulleiter und zuletzt als Abteilungsdirektor für Schulen bei der Aufsichts- und Dienstleistungsdirektion (ADD) in Koblenz gearbeitet.

Als Autor hat er bisher pädagogische Beiträge, insbesondere Schülerarbeitshefte zur politischen Bildung publiziert. Viele Jahre hat er sich kommunalpolitisch im Stadtrat in Andernach und im Kreistag des Landkreises Mayen-Koblenz engagiert.

Bildnachweis:

*	*Foto Jörg / Riege*
**	*Carlo Rosenkranz*
***	*Achim Steinhäuser*
****	*Werbeagentur KOHN GmbH / Archiv*
*****	*wikipedia AERIAL*
******	*Archiv Touristik im Nassauer Land*

Sonstige Bilder aus Privatarchiven

Gestaltung und Satz:
Werbeagentur KOHN GmbH, Nassau

Druck:
Görres-Druckerei und Verlag GmbH, Neuwied